Estudos de Literatura
Brasileira e Portuguesa

Paulo Franchetti

Estudos de Literatura Brasileira e Portuguesa

Ateliê Editorial

Copyright © 2007 by Paulo Franchetti

Direitos reservados e protegidos pela Lei 9.610 de 19 de fevereiro de 1998.
É proibida a reprodução total ou parcial sem autorização, por escrito, da editora.

Dados Internacionais de Catalogação na Publicação (CIP)
(Câmara Brasileira do Livro, SP, Brasil)

Franchetti, Paulo
 Estudos de literatura brasileira e portuguesa /
Paulo Franchetti. – Cotia, SP: Ateliê Editorial,
2007.

 Bibliografia.
 ISBN: 978-85-7480-353-1

 1. Literatura brasileira – Estudo e ensino
 2. Literatura portuguesa – Estudo e ensino I. Título

07-3655   CDD-869.907
                                                          -869.8707

Índices para catálogo sistemático:

1. Literatura brasileira: Estudo e ensino
     869.907
2. Literatura portuguesa: Estudo e ensino
     869.8707

Direitos reservados à
Ateliê Editorial
Estrada da Aldeia de Carapicuíba, 897
06709-300 – Granja Viana – Cotia – SP
Telefax: (11) 4612-9666
www.atelie.com.br
atelieeditorial@terra.com.br

Printed in Brazil   2007
Foi feito depósito legal

SUMÁRIO

Apresentação 7

1. As Aves que Aqui Gorjeiam: A Poesia Brasileira do Romantismo ao Simbolismo 9

2. O Sonho Brasileiro de Garrett 43

3. I-Juca Pirama 49

4. O Indianismo Romântico Revisitado: *Iracema* ou a Poética da Etimologia 75

5. A Novela Camiliana 87

6. História e Ficção Romanesca: Um Olhar sobre a Geração de 70 em Portugal 101

7. Oliveira Martins e o Brasil 113

8. *O Primo Basílio* 135

9. Um Patife Encantador? 159

10. *O Primo Basílio* e a Batalha do Realismo no Brasil 171

11. Etnia e Julgamento Literário: O Caso B. Lopes 193

12. Utopias Agrárias na Literatura Brasileira do Começo do Século XX 207

13. Um Certo Poeta Japonês 215

14. Wenceslau de Moraes e o Exotismo 219

15. Wenceslau de Moraes e o Haicai. 233

16. Guilherme de Almeida e a História do Haicai no Brasil. 245

17. Pós-tudo: A Poesia Brasileira depois de João Cabral. 253

Nota Bibliográfica 291

APRESENTAÇÃO

Os textos que compõem este livro foram quase todos publicados anteriormente, em papel ou na internet. O mais antigo deles foi escrito há 20 anos. Alguns integravam volumes coletivos; outros foram publicados em revistas acadêmicas e suplementos de jornais de circulação variada. Há também os que ficaram, por alguma razão, inéditos ou foram estampados apenas em páginas de internet.

Procedendo de três núcleos de interesse de meu trabalho de pesquisa – a poesia brasileira, o romance oitocentista em português e o exotismo –, o que os estudos escolhidos para integrar este volume possuem em comum e faz deles um conjunto não é o tema, nem a cronologia dos assuntos, mas o fato de serem destinados a um público amplo e não necessariamente especializado.

Os estudos mais alentados, por exemplo, foram escritos ou tendo em vista um leitor estrangeiro, ou prevendo um leitor em formação. Os demais foram originalmente palestras, apresentação de livros e artigos destinados a revistas de circulação ampla ou páginas literárias de jornais.

Apenas uns poucos, dentre os aqui recolhidos, foram escritos para integrarem publicações especializadas. Mas se foram incluídos neste volume é porque sua concepção e redação obedeceram ao mesmo princípio que animou os demais: buscar o equilíbrio entre a apresentação histórica, a análise rigorosa de uma obra ou problema literário e o balanço da melhor fortuna crítica, numa linguagem que evita o jargão acadêmico.

Ao reuni-los, evitei reescrevê-los, limitando-me a corrigir gralhas e a suprimir, em alguns poucos casos, pequenos trechos: ou para evitar redundância, já que o assunto seria mais bem desenvolvido em outro texto recolhido neste volume, ou porque a passagem suprimida dizia respeito exclusivamente ao contexto da primeira publicação.

Na seleção dos textos, contei com o apoio e a ajuda de Leila Guenther, que foi ainda quem me estimulou a empreender esta publicação. Fica, pois, registrada aqui, logo à entrada do livro que lhe deve tanto, a minha gratidão.

Paulo Franchetti

1

AS AVES QUE AQUI GORJEIAM: A POESIA
BRASILEIRA DO ROMANTISMO AO SIMBOLISMO

A Poesia Romântica

Costuma-se datar de 1836 o surgimento do Romantismo no Brasil.
Nesse ano, edita-se em Paris a revista *Nitheroy*, dirigida por Gonçalves de
Magalhães (1811-1882), Torres Homem (1812-1876) e Araújo Porto-Alegre
(1806-1879). No primeiro número, Magalhães publica um estudo intitulado
"Ensaio sobre a História da Literatura do Brasil", considerado o manifesto
romântico brasileiro. A idéia básica desse texto é a de que "cada povo tem
a sua Literatura, como cada homem o seu caráter, cada árvore o seu fruto".
Mas, assim como as árvores admitiam enxertos, de forma a produzir duas ou
mais espécies de frutos, assim também as literaturas incorporavam traços de
outras culturas, gerando obras em que vigoram costumes e crenças que não
eram mais os seus. Na tipologia de Magalhães tínhamos, então, ao lado de literaturas autóctones (cujo exemplo maior era a da Grécia), literaturas em que
se identificavam, a par dos produtos da cultura nacional, conceitos e crenças
derivadas de outras formações culturais. Era o caso das literaturas modernas
européias, que, apesar de cristãs, ainda se valiam do aparato mitológico gre-
co-latino. Finalmente, como terceira e última espécie, Magalhães afirma a
existência de literaturas que, por se originarem de culturas compósitas, apresentam obras em que diferentes elementos culturais aparecem mesclados,
integrados e inseparáveis. Para voltar à sua própria metáfora, tratar-se-ia não
mais de enxertos, mas de cruzamento de espécies diversas. O exemplo, aqui,
era a literatura espanhola medieval, em que se fundiam a cultura cristã e os
restos da cultura árabe.

A partir desse quadro, Magalhães vai proceder a um panorama da produção literária no Brasil e tentar discernir a sua linha de evolução. De seu ponto de vista, a simples importação fora a tônica do primeiro período de história brasileira – que se estendera do início da colonização até a vinda de D. João VI, em 1808. Perdida a produção oral indígena, que ele afirmava copiosa, tudo o que teria havido até essa época era a transplantação de uma literatura que já continha ela mesma vasta importação de temas, formas e crenças. De 1808 em diante, dadas as condições culturais mais favoráveis – notadamente depois da independência política – viveria o Brasil um segundo momento: aquele em que o país ia tomando consciência de sua especificidade e se constituindo como nação. A argumentação de Magalhães caminha no sentido de rastrear através da história a ação do que ele denominou "instinto oculto". Com essas palavras designava uma determinante da percepção da realidade que, informada pela natureza e pelas condições de vida nesta parte do mundo, acabaria por se sobrepor à força da tradição e da educação europeizante. A esse "instinto oculto" – que Machado de Assis, quarenta anos depois, glosaria como "instinto de nacionalidade" – caberia operar, ao longo dos anos, a transformação completa da musa européia e greco-latina em musa americana. Magalhães não é explícito quanto à situação da jovem literatura nacional no quadro tipológico que traçara. Mas, como em vez de "uma grega vestida à francesa, e à portuguesa, e climatizada no Brasil" queria "uma indígena civilizada", podemos concluir que o seu ideal era a construção de uma literatura do terceiro tipo (do tipo composto), na qual o cristianismo se amalgamasse aos resíduos da cultura autóctone primitiva.

Do ponto de vista teórico, como se vê, o texto de Magalhães representa o momento da incorporação, por um literato brasileiro, do lugar-comum da época. Os europeus que por essa época se ocuparam de letras brasileiras – Almeida Garrett, Ferdinand Denis, Friedrich Bouterweck – já insistiam na conveniência ou necessidade de a nova literatura enfatizar a cor local, a temática e a ambientação americana. O que há de específico nesse texto inaugural é a forte identificação entre nacionalismo e antilusitanismo, que se desdobra na oposição clássico/romântico. Considerando Portugal o antigo opressor, Magalhães se esforça por demonstrar sua influência nociva em todos os estágios da constituição da cultura brasileira. Reprova-lhe a opção por colonizar o Brasil com criminosos degredados, por usar da mais extremada barbárie no trato com os indígenas e por impor a ignorância coletiva como instrumento de dominação. Finalmente, deplora o lusitanismo por ser a implantação na América de uma literatura eivada de enxertos clássicos e atribui à pequena penetração do idioma português na Europa o desconhecimento da obra dos poucos porém significativos autores brasileiros. O Brasil, há algum tempo independente politicamente, começava também a tornar-se independente do formalismo neoclássico, com o qual identifica a cultura portuguesa, e caminhava para a "revolução" romântica. Dessas equações montadas sobre a oposição à antiga metrópole resulta outro traço notável do texto, que é a substituição de Portugal pela França como matriz e guia do desenvolvimento cultural da jovem nação americana: "Com a expiração do domínio português, desenvolveram-se as idéias. Hoje o Brasil é filho da civilização francesa". Motivo que retoma em versos, nos *Suspiros Poéticos e Saudades*, publicados no mesmo ano:

Ó Brasil, [...] Donde te veio
A Ciência das Leis, a Medicina,
A Moral, os costumes que hoje ostentas? [...]
    Responda a gratidão. – Avulta, ó França!
    Marcha, prospera; e tu, Brasil, prospera;
    Estes meus votos são, outros não tenho.
Um povo sempre é filho de outro povo;
Um homem sem cultura não avança;
Sem ensino os espíritos não brilham.

                               (*Ao Deixar Paris*)

O Brasil se tornara independente em 1822, mas para Magalhães só depois da abdicação de D. Pedro I (1831) parecia completar-se simbolicamente a constituição da nacionalidade política brasileira: "e a coroa, que cingia a fronte de um Príncipe Português, [...] cujo coração não palpitava de amor por sua Pátria adotiva, passou para o Jovem Imperador, que fora ao nascer pelas auras da América bafejado, e pelo sol dos trópicos aquecido". Naquele momento, portanto, impunha-se ao literato o dever de criar uma literatura nacional, à altura da nação que emergia, distinta da metrópole. A geração de Magalhães, da qual ele foi o líder incontestável, esforçou-se por realizar a missão que sentia ser urgente. Mas, se do ponto de vista da agitação das idéias com eles começa de fato o romantismo brasileiro, do ponto de vista da realização poética nem ele nem o seu amigo e dedicado escudeiro Porto-Alegre foram poetas à altura da tarefa que se propunham. *Suspiros Poéticos e Saudades* tem muito pouco a oferecer além da tematização das mesmas questões melhor apresentadas no artigo da *Nitheroy*. Nem mesmo os indígenas, que Magalhães considerava os reais antepassados dos brasileiros e a quem dedica várias páginas de prosa, comparecem nesse primeiro livro programaticamente romântico. Ou, melhor, comparecem apenas enquanto reminiscência literária de Basílio da Gama e Santa Rita Durão: as heroínas Lindóia, Moema e Paraguaçu. No geral, são poemas em que a tônica se divide entre um cristianismo cansativo, apresentado a cada passo como oposição à musa pagã do neoclassicismo, e uma crença inflexível no progresso da humanidade, no triunfo final do belo, do santo e do justo por meio do exercício da razão. Embora se empenhasse com afinco em ser romântico, a verdade é que também ele quase nunca abandonou o gosto neoclássico. Sirva de exemplo, entre muitos outros, um poema como "Infância", no qual, em vez da reflexão sentimental a que o tema se prestará alguns anos depois, encontramos apenas uma espécie de resumo dos clichês do estilo: arbusto esmaltado de flores, zéfiro brando, voltejar de amores, adusto vento norte. Nos *Suspiros*, Magalhães só conseguiu dicção romântica no poema oratório, que faria ainda tão grande fortuna na literatura brasileira, de que é exemplo antológico o seu "Napoleão em Waterloo".

Porto-Alegre (1806-1879), que não teve papel teórico relevante, tampouco deixou melhores versos. O interesse que tem hoje a leitura dos seus poemas é apenas histórico. De sua obra destacam-se as composições programaticamente nacionais quanto ao assunto, intituladas "brasilianas" e posteriores à década de 1830. Para Porto-Alegre, "poesia americana" ou "brasiliana" é a que tem como cenário ou assunto a América, sua flora, fauna e habitantes.

Dez anos separam a *Nitheroy* e os *Suspiros Poéticos* do primeiro grande livro de poesia produzido no romantismo brasileiro. Em 1846, Gonçalves Dias (1823-1864) imprime os seus *Primeiros Cantos* no Rio de Janeiro. O volume se divide em duas partes. A primeira, com apenas seis textos, intitulava-se "Poesias Americanas". Os outros poemas, quase quarenta, vinham sob a rubrica de "Poesias Diversas". O livro mereceu crítica muito elogiosa de Alexandre Herculano, que reconhecia em Gonçalves Dias um grande poeta e saudava nele o progresso literário do Brasil, a que opunha a degeneração da literatura de seu próprio país. Lamentava, apenas, que as "poesias americanas" fossem tão poucas.

O que era programa na geração precedente torna-se realização na obra de Gonçalves Dias, que é o criador da linguagem poética romântica no Brasil. O poema com que se abrem os *Primeiros Cantos*, a "Canção do Exílio", não é apenas o mais conhecido poema brasileiro – é o primeiro, desde Tomás Antônio Gonzaga, a recuperar um tom que, sem ser vulgar, é coloquial, e um arranjo sintático que, sem rebuscamento e sem esforço aparente, obtém das palavras uma musicalidade quase encantatória. Alie-se a essas características um forte sentimento de apego à terra natal e ter-se-á a razão da imensa voga do poema, que teve versos incorporados à letra do *Hino Nacional* e à canção dos combatentes brasileiros na Segunda Guerra Mundial.

Entretanto, o autor da maior parte dos versos que se costuma reconhecer como brasileiros é, dentre os românticos, o que manteve ao longo da vida a mais íntima ligação com o lirismo peninsular ibérico. O gosto pelo vocábulo arcaico, pela temática medieval e pela construção castiça revelam, a cada passo, os frutos de sua convivência coimbrã com os românticos portugueses. Dessa convivência resultaram ainda as *Sextilhas*, que Gonçalves Dias publica nos *Segundos Cantos* (1848). Trata-se de uma obra única no romantismo brasileiro, tanto pela linguagem quanto pelo assunto. Escrevendo num pastiche de português antigo, o poeta assume a *persona* de um certo frei Antão de Santa Maria de Neiva para cantar em longos poemas as excelências da vida portuguesa na época de ouro da nação.

A composição e a publicação das *Sextilhas* devem ser compreendidas no contexto em que ocorreram, isto é, devem ser colocadas em contraposição direta ao antilusitanismo dos primeiros poetas românticos. Toda a obra de Gonçalves Dias aponta para a reaproximação das duas literaturas vernáculas. As *Sextilhas* representam apenas o ponto em que esse movimento se torna mais claro. No prefácio ao livro em que elas aparecem, o poeta marca a sua posição:

> A segunda parte é um ensaio filológico – são sextilhas, em que adotei por meus a frase e o pensamento antigo [...] quis ver enfim que robustez e concisão havia nessa linguagem semiculta, que por vezes nos parece dura e mal soante, e estreitar ainda mais, se for possível, as duas literaturas – Brasileira e Portuguesa, – que hão de ser duas, mas semelhantes e parecidas, como irmãs que descendem de um mesmo tronco e que trajam os mesmos vestidos, – embora os trajem por diversa maneira, com diverso gosto, com outro porte, e graça diferente.

A imagem das duas irmãs é significativa do momento. Doze anos depois de Magalhães e vinte e seis depois da Independência, já não se trata aqui da "indígena civilizada". Tampouco se representa a literatura brasileira em relação direta de filiação à literatura portuguesa, mas de igualdade. Não é mais o caso de recusar a herança do colonizador, e sim de assimilar a sua tradição.

Gonçalves Dias manteve-se próximo à inspiração portuguesa do início ao fim de sua carreira. Um dos poemas do seu livro de estréia (que, em algumas edições, foi incorporado às "poesias americanas"), "O Soldado Espanhol", era a adaptação do tema do cruzado que retorna a casa quando todos o imaginavam morto. Tema grato à revivescência medieval romântica, fez-se presente no Romanceiro de Garrett e fora desenvolvido no *Frei Luís de Souza*. Na versão do brasileiro, desloca-se apenas a direção tomada pelo cavaleiro dado por morto, que tinha vindo para a América em vez de ir combater o mouro. Também nos *Últimos Cantos* (1850), comparece o tema português: a *Lenda de Sam Gonçalo*, em forma e espírito idêntica às *Sextilhas de Frei Antão*.

Essa fidelidade à literatura da antiga metrópole – e também à língua de sotaque lusitano – acabou por desconcertar os contemporâneos mais nacionalistas, os que mantinham, em linhas gerais, as bandeiras levantadas por Magalhães. O poeta previa a reação, no mesmo "Prólogo", e adiantava a resposta aos opositores:

> Sei que ao maior número dos meus leitores não agradará esta segunda parte [as *Sextilhas*]: era essa a minha convicção, então quando a escrevia, e agora que a vou publicar. Escrevi-a contudo, porque aceito a inspiração quando e donde quer que ela me venha; – da imaginação ou da reflexão, – da natureza ou do estudo [...]

Durante algum tempo teve certa credibilidade a tese de que o poeta teria composto as *Sextilhas* com intuito satírico, ou apenas para provar seu conhecimento da língua portuguesa. A idéia é insustentável, e hoje superada, mas o fato de que teve certa fortuna crítica nos mostra como o nacionalismo estreito da primeira geração romântica frutificou ao longo da história e da crítica literária brasileiras.

A leitura por extenso da obra de Gonçalves Dias demonstra, porém, que ele não contava entre os que delimitavam o âmbito do "nacional", de modo a confundi-lo com o temático. Pelo contrário, uma das características mais marcantes dessa obra é o gosto pelos ambientes, pelas épocas e pelas paisagens exóticas. Esse gosto a percorre de uma ponta a outra. Suas peças de teatro se passam ou no Portugal de inícios do século XVI, ou na Itália de fins do mesmo século, ou no ducado de Mecklemburgo (século XVIII) ou, por fim, entre os mouros da Espanha medieval. Em sua poesia há também um rico veio exotista, que se estende do africanismo colorido de *A Escrava* ao orientalismo, de tom bíblico ou não ("Visões", "Agar no Deserto", "Zulmira", "A Flor do Amor").

Vendo por esse prisma, pode-se compreender melhor inclusive o indianismo, a que se devem algumas das maiores obras-primas da poesia brasileira: "I-Juca Pirama", "Leito de Folhas Verdes", "Marabá" e "Canção do Tamoio".

Todas publicadas nos *Últimos Cantos*, que, a exemplo dos *Primeiros*, vinha dividido entre "Poesias Americanas" e "Poesias Diversas". Dessas, talvez as mais bem realizadas sejam "Leito de Folhas Verdes" e "I-Juca Pirama". Esta segunda, uma das obras mais conhecidas da poesia brasileira, foi dramatizada vezes sem conta em jograis e representações escolares.

Como observou Sérgio Buarque de Hollanda, num prefácio de 1939 aos *Suspiros Poéticos*, a principal diferença entre o indianismo de Magalhães na *Confederação dos Tamoios* (1856) e o de Gonçalves Dias é que, enquanto Magalhães toma o indianismo como mais uma peça na sua luta por extirpar a herança portuguesa no Brasil, Gonçalves Dias faz "uma arte desinteressada, onde as paixões valem pelo que são e pela beleza de seus contrastes". Noutra passagem do mesmo texto, acrescenta:

> O índio brasileiro, de quem Gonçalves Dias foi um estudioso apaixonado, e não por nacionalismo mas antes por curiosidade erudita, [...] foi a maneira natural de traduzir em termos nossos a temática da Idade Média, característica do romantismo europeu. Ao medievalismo dos franceses e portugueses opúnhamos o nosso pré-cabralismo, aliás não menos preconcebido e falso do que aquele.

Antonio Candido, por sua vez, em texto de 1959, chama a atenção para o parentesco entre o medievismo coimbrão das *Sextilhas* e o indianismo gonçalvino, cuja função principal não seria dar a conhecer a vida indígena, mas "enriquecer processos literários europeus com um temário e imagens exóticas, incorporados deste modo à nossa sensibilidade". Como observa Candido, o indianismo só ganha sentido completo quando colocado em função do universo de referências de que ele se origina: "para o leitor habituado à tradição européia, é no efeito poético da surpresa que consiste o principal significado da poesia indianista". Ora, esse efeito de surpresa, que revitaliza os temas tradicionais da poesia, Gonçalves Dias buscou-o em vários exotismos, de que o indianista foi apenas o mais bem realizado e o que mais frutificou, para o bem e para o mal, na poesia romântica brasileira.

Entretanto, houve um momento em que também Gonçalves Dias parece ter se empenhado num tipo de nacionalismo à Magalhães. O momento em que compôs a sua esparsamente publicada *Meditação*. Trata-se de uma obra estranha e desigual, escrita em prosa poética de inspiração bíblica, em que o poeta verbera os males da colonização portuguesa e as mazelas que dela se originaram: a marginalidade dos índios, a escravidão, a ociosidade e o alheamento da classe dominante diante dos problemas estruturais da organização nacional. Os textos da *Meditação* datam dos anos 1845 e 1846, da época em que o poeta organizava a edição dos *Primeiros Cantos*. Do fato de ele não os retomar para publicação integral em livro pode-se concluir que, mais do que se definir por oposição com a antiga metrópole, interessou-lhe a assimilação da herança portuguesa na formação de um quadro mais amplo de referências que, esse sim, acabaria por configurar a brasilidade.

Não entendeu de forma diferente a questão outro dos maiores poetas românticos do Brasil, Álvares de Azevedo (1831-1852). Num texto intitulado "Literatura e Cultura em Portugal" assevera que, pelo menos até Gonzaga, não há por que dividir em duas a literatura vernácula, ao que acrescenta:

> E demais, ignoro eu que lucro houvera – se ganha a demanda – em não querermos derramar nossa mão cheia de jóias nesse cofre mais abundante da literatura pátria; por causa de Durão, não podermos chamar Camões nosso; por causa, por causa de quem?... (de Alvarenga?) nos resignarmos a dizer estrangeiro o livro de sonetos de Bocage!

Polemizando com os contemporâneos, Álvares de Azevedo ataca de frente as teses do maior teórico do nacionalismo literário, o chileno Santiago Nunes Ribeiro (?-1847), que nas páginas da *Minerva Brasiliense* (1843) defendera ardidamente a existência de uma literatura brasileira. Não aceitando a postulação de que a nacionalidade se confunda com escolhas vocabulares e temáticas, dá ênfase, por outro lado, ao papel fundamental da língua literária:

> [...] a nosso muito humilde parecer, sem língua à parte não há literatura à parte. E (releve-se-nos dizê-lo em digressão) achamo-la por isso, senão ridícula, de mesquinha pequenez essa lembrança do Sr. Santiago Nunes Ribeiro, já dantes apresentada pelo coletor das preciosidades poéticas do primeiro Parnaso Brasileiro [Januário da Cunha Barbosa (1780-1846)].
>
> [...] Doutra feita alongar-nos-emos mais a lazer por essa questão, e essa polêmica secundária que alguns poetas e mais modernamente o Sr. Gonçalves Dias parecem ter indigitado: a saber, que a nossa literatura deve ser aquilo que ele intitulou em suas coleções poéticas – poesias americanas. Crie o poeta poemas índicos, como o *Thalaba* de Southey, reluza-se o bardo dos perfumes asiáticos como nas *Orientais*, Victor Hugo, na *Noiva de Abidos*, Byron, no *Lallah-Rook*, Tomas Moore; devaneie romances à européia ou à china, que por isso não perderão sua nacionalidade literária os seus poemas.

Azevedo admite, portanto, a existência da nacionalidade literária, só não acredita que ela se reduza à temática. A julgar pela ênfase que dá à diferenciação lingüística na definição do nacional, podemos supor que em sua concepção a brasilidade esteja vinculada a uma forma específica de utilizar o idioma. Azevedo, porém, não desenvolveu essa questão, preferindo apenas marcar sua recusa aos esquematismos das definições sumárias e apaixonadas da nacionalidade em literatura. Definições essas que, em seu tempo e depois, não só a reduziam o mais das vezes ao nível do temático e do vocabular, mas ainda a transformavam em critério de valoração estética.

A passagem de Gonçalves Dias para Álvares de Azevedo representa a conclusão do movimento em direção ao internacionalismo na poesia brasileira oitocentista. Leitor voraz, Azevedo abriu-se a muitas influências, que nem sempre teve tempo para depurar e solidificar. Vários de seus textos – principalmente os poemas longos, que não quis ou não pôde talvez rever para publicação – ficam prejudicados pelo uso excessivo de referências literárias e lugares-comuns do ultra-romantismo. O mesmo se dá com sua crítica literária. Prenhe de sugestões, é todavia desordenada e cansativa pelo excesso de citações e propensão generalizante.

Por esse lado internacional, Azevedo é identificado nas histórias literárias como representante máximo do byronismo brasileiro, que consistiu num gosto acentuado pelo cinismo, pelo pessimismo e pela ironia, e num apego às descrições mórbidas e funerárias, à imagética diabólica e a uma mistura de *tedium vitae* com lubricidade desenfreada.

Foi principalmente por esse aspecto que a obra de Álvares de Azevedo obteve, em meados do século passado, enorme ascendência sobre os jovens poetas. Eis como o crítico José Veríssimo avaliou essa característica da poesia de Azevedo e a influência que entre nós exerceu:

[...] as razões por que Álvares de Azevedo foi, [...] e porventura continua a ser, em certos círculos literários, o poeta preferido dentre os do seu tempo, não abonam grandemente o bom-gosto e o senso crítico de seus admiradores. Álvares de Azevedo foi por eles principalmente admirado, primeiro pela existência factícia que se fez de poeta boêmio, desesperado, desiludido, descrente, diabólico [...] e depois pela tradução mais ou menos disfarçada que em prosa e verso deu dos sentimentos extravagantes e extraordinários desses heróis do romantismo. [...] Isso durou mais que o razoável, e a nossa boemia poética, que perdeu tanto talento e tanto caráter, deriva por muito deste gosto por essa parte da obra de Álvares de Azevedo. [...] Parte somenos, aliás, que certamente não merece o apreço, e sobretudo a estima, que lhe deram [...] (*Estudos de Literatura Brasileira*).

O julgamento, severo, aponta para um alvo certo: a persistência de um tipo de leitura e de uma imagem de Álvares de Azevedo que obscurece o que há de mais importante na sua poesia: o humor melancólico, a irreverência e o coloquialismo presentes, por exemplo, nas suas "Idéias Íntimas".

Se, do ponto de vista do byronismo, a transição de Gonçalves Dias para Álvares de Azevedo significa a passagem para o tom mais cosmopolita do romantismo no Brasil, do ponto de vista temático e lingüístico essa transição representa a conquista definitiva da poeticidade do coloquial, do tema quotidiano e prosaico para a poesia brasileira.

Assim, poucos anos após a estréia de Magalhães, Álvares de Azevedo e os poetas a ele ligados já representam um terceiro momento na poesia brasileira. Os literatos mais prestigiados do tempo não são mais barões do Império, integrados à sociedade, sem crises de identificação política. Nem se viam como condutores da cultura nacional em seu caminho para o esplendor. Pelo contrário, a poesia dessa geração nos enfatiza um tema que tinha permanecido desconhecido dos liderados por Magalhães e mesmo de Gonçalves Dias: a inadaptação do homem de letras ao sufocante ambiente intelectual do Brasil oitocentista.

Frente à limitação do público e dos meios de reprodução e preservação da cultura, o poeta que por volta de 1850 entrasse na vida adulta (e continuasse poeta) ou assumia o lado obscuro e *outsider* – foi o caso de Varela (1841-1875); ou então se dilacerava entre ele e uma fachada respeitável e medíocre – solução almejada e nem sempre conseguida por Bernardo Guimarães (1825-1884). Aos demais a opção não chegou a colocar-se, por mal sobreviverem à adolescência. Álvares de Azevedo e Casimiro de Abreu morreram com 21 anos e Castro Alves, algum tempo depois, não passaria dos 24.

No Brasil do Segundo Império, fazer versos era atividade típica da juventude estudantil, que se despedia da vida acadêmica e boêmia com a publicação de um livro de poemas que não teria continuação pelo burocrata ou pelo político. Disso decorre que a maior parte da boa poesia romântica brasileira se ressinta de uma exclusiva visada juvenil. E também a persistente identificação da poesia com atividade típica da juventude, que vai muito além do período romântico em que se firmou. Na maior parte dos casos, o vulto e a inspiração do escritor tendiam a diminuir muito de estatura com o passar dos anos, à medida que se ia fazendo necessário adequar o homem de letras à figura pública do burocrata e às oscilações da vida política que definiam seu destino em um país onde as tiragens eram ínfimas.

Essa poesia juvenil teve duas acabadas expressões, em níveis diferentes de realização estética: Álvares de Azevedo e Casimiro de Abreu. A obra de ambos é atravessada por uma obsessiva tematização do amor adolescente, que foi objeto de uma análise magistral de Mario de Andrade, no ensaio "Amor e Medo".

No caso de Álvares de Azevedo, o movimento central da vivência amorosa é a rígida divisão entre os domínios do afeto espiritual e do desejo carnal. Toda a sua obra se articula em função desses pólos, que são sentidos como antagônicos. Disso provém uma enorme tensão, que se manifesta de duas formas. Nos poemas dedicados às virgens idealizadas e incorpóreas, todo o esforço do discurso lírico é exorcismar a emergência do corpóreo, sublimá-lo, como em "Sonhando".

Por outro lado, o sexo, sentido sempre como violação da pureza espiritual, como mácula, é associado ao crime – incesto, estupro e prostituição – e vivido de forma culpada e dolorosa. É o movimento que surge quando a sublimação não obtém sucesso. E tão forte é essa polaridade em Álvares de Azevedo, que passa a vigorar como um verdadeiro princípio estético: existem não só imagens recorrentes associadas a cada um desses domínios, como também um tom característico para tratar de cada um deles. Uma conseqüência importante é que, quando o poeta tenta fugir às rígidas prescrições que se traçou e combinar os dois universos afetivos em um mesmo texto, o resultado é a de que o texto se fragmenta e perde sentido estrutural, como sucede ao longo e caótico "O Poema do Frade".

Numa obra como *Macário*, o recurso de centrar cada um desses movimentos espirituais em uma personagem garante a manutenção de um mínimo de estrutura – um mínimo, porque, como já se observou, a peça é, "no conjunto e como estrutura, sem pé nem cabeça". Em "O Poema do Frade", não dispondo desse último recurso para expor o conflito e manter separadas as esferas do amor espiritual e do sexual, emergem a cada passo as imagens aterrorizantes da mutilação e do castigo: Ugolino devorando os filhos, os brancos seios de uma defunta a gerarem violetas, cadáveres e covas apodrecidas etc.

Essa tentativa de manter separados e regidos por princípios autônomos dois mundos tidos por antagônicos pode estar na origem de uma interessante questão com a qual se depara o historiador da poesia brasileira da segunda geração romântica: em vários poetas, de um lado encontra-se a massa da produção socialmente aceitável: os poemas áulicos, inócuos e patrióticos de Bernardo Guimarães e José Bonifácio, por exemplo, a que correspondem, na obra de Azevedo, os versos em que se tematiza a pureza do amor fraterno e virginal, de que todo o pecado é afastado pela morte iminente de um dos amantes; do outro, uma estranha produção para circulação mais restrita ou marginal, como os poemas de *non sense* (ou "bestialógicos", de Guimarães e Bonifácio) e de cariz pornográfico – a que corresponde, em Azevedo, o ambiente esfumaçado em que ocorrem os incestos, os estupros e os assassinatos da sua *Noite na Taverna*.

Tais poemas formam um conjunto notável, quando cotejados com a obra "séria" produzida por esses autores, por conta da inventividade e da qualidade literária. Poetas que pagavam um tributo excessivo às convenções do tempo quando celebravam a musa vaporosa e lânguida, que então se impunha, transformavam-se de súbito, ao sopro da maledicência, da lascívia ou da simples emulação boêmia, em virtuoses da palavra, improvisadores de raro talento e inventividade. O caso exemplar é o de José Bonifácio, o Moço, em que convivem o poeta de minúsculos dotes, dedicado à louvação do amor convencional e à celebração de sensaborias patrióticas, o fino ironista de "Um Pé" e "Meu Testamento" e o esplêndido satírico de "O Barão e seu Cavalo".

A evolução poética de Bernardo Guimarães (1825-1884) é também, desse ponto de vista, testemunho eloqüente do processo de mediocrização a que tão poucos escaparam, pois nela é evidente uma brutal queda de nível entre a publicação de *Poesias*, em 1865, e os posteriores *Novas Poesias* e *Folhas de Outono*, nas décadas seguintes. O que havia de interessante e promissor desaparece como por encanto e o que vemos surgir e se afirmar é a voz áulica, dedicada ao canto em louvor de Suas Majestades, à celebração e lamentos episódicos de amigos vivos e mortos e ao banal entusiasmo militarista e patriótico. Por esse lado oficial, Bernardo Guimarães é caso típico da poesia brasileira da fase romântica. Sua grandeza provém do outro lado, da força com que ele manteve viva, ao longo de vários anos, aquela face obscura de toda uma geração. Aquela energia, agressividade, criatividade e não-conformismo juvenis que, embora subterrânea e marginalmente, nele puderam encontrar a melhor e mais completa realização e deram origem aos "bestialógicos" e à sua *Orgia dos Duendes*, além dos desbragados *A Origem do Mênstruo* e *O Elixir do Pajé*, que, apesar da persistente nomeada, são o que hoje menos impressiona na obra humorística do autor.

O que de fato torna notável o Dr. Bernardo, na história da poesia brasileira, é o fato de ele ter sido o maior cultor do "bestialógico", também chamado "disparate rimado": poemas que ainda mantêm, para a leitura moderna, o mesmo frescor e interesse de quando foram compostos, ajuntando, ao sabor das necessidades métricas e rímicas do poema, um caos de reminiscências populares, folclóricas, infantis, a que se combinam fragmentos de leituras clássicas e referências acadêmicas.

Uma explicação para a diversidade de níveis entre as duas faces da produção de tantos poetas da segunda geração romântica pode ser o fato de que a boêmia proporcionava ao poeta um público cuja resposta, além de imediata, era intelectualmente respeitada – situação diversa do que acontecia com o mercado de textos literários destinados ao público geral. Nas pequenas sociedades acadêmicas, a boêmia propiciava uma suspensão do juízo moral sobre os textos destinados à circulação interna e estimulava um certo inconformismo político nem sempre compatível com as funções que o bacharel deveria poder assumir em breve na sociedade imperial. Disso resultam duas conseqüências interessantes. Uma é que se deve a esse meio boêmio a única produção literária do período romântico que, além de não prever explícita ou implicitamente um público majoritariamente feminino, ainda o exclui. Outra, mais importante e já assinalada, é que a poesia tendesse a ser encarada no Brasil do Segundo Império preferencialmente como distração do mancebo estudante.

A consideração dessas circunstâncias a que se ligava a produção de boa parte da poesia que se escrevia no Brasil pode ajudar a entender uma questão importante, que se manifesta em vários críticos e historiadores. Questão essa que comparece, por exemplo, no julgamento de Sílvio Romero (1851-1914) sobre a grande repercussão da obra de Álvares de Azevedo, que ele julgava devida à "felicidade de fazer a bela poesia de uma morte a propósito". Com essa expressão, o crítico não apontava apenas para a realização do acalentado ideal romântico da íntima união da obra com a biografia – o ideal de sinceridade poética, que a morte de Azevedo, cantor da morte, realizava perfeitamente. Apontava também para a questão de que se vem tratando, a de que na juventude, durante o período de vida acadêmica, surgem promessas literárias que geralmente acabam por nunca se cumprir. Por isso, diz ele, A. de Azevedo teve maior nomeada do que Aureliano Lessa, que lhe sobreviveu alguns anos: por ter interrompida sua carreira no momento da plena potencialidade e por ter toda a obra logo publicada, graças a familiares cuidadosos. O tema reaparece, mais delineado em José Veríssimo, a propósito de Bernardo Guimarães. Na opinião do historiador, a razão por que o autor não fora devidamente valorizado teria sido "a mesma sobrevivência de Bernardo Guimarães poeta aos poetas de sua geração". Ao que acrescenta, entre melancólico e irônico: "Nem só os ausentes carecem de razão, mas os sobreviventes também". O sentido de suas palavras fica mais claro, porém, neste trecho sobre a morte de outro grande poeta romântico: "Se ele devia, vivendo, esterilizar-se como Magalhães e Porto-Alegre, melhor foi, porventura, que morresse também prematuramente. A sua obra basta à sua glória e à da nossa poesia".

O que pode explicar essa de outra forma incompreensível felicitação pela morte prematura de um gênio como o de Gonçalves Dias é a triste constatação de que no Brasil a boa poesia costumava encontrar público e condição de existência apenas no seio da juventude boêmia e acadêmica.

Mas se essa separação drástica entre o íntimo e o coletivo, o pessoal e o público, o reservado e o oficial, o maldito e o sagrado marca a poesia da segunda geração romântica, então é preciso valorizar ainda mais os poucos textos que, nesse momento, conseguem o equilíbrio entre os dois pólos. Os melhores, e quase os únicos, para dizer bem a verdade, são "Spleen e Charutos" e "Idéias Íntimas", ambos de Álvares de Azevedo, que surgem, no panorama da poesia do século XIX, junto com alguns poemas de Gonçalves Dias, como o que de melhor se fez no Brasil.

Na seqüência, a delicada combinação de intimismo, rebeldia e amplas referências culturais (bem como o brusco contraste entre a face pudica e a face boêmia) que caracterizou a segunda geração romântica e se cristalizou no coloquialismo de Azevedo não encontrará continuidade. Para o próximo grande poeta romântico brasileiro, Castro Alves, serão hiperbólicos e luxuriantes tanto o clamor dos escravos e as evocações paisagísticas, quanto o desejo e os suspiros pela mulher amada. A questão de como harmonizar a convivência dos grandes ideais românticos de liberdade e igualdade com uma sociedade escravocrata virá, com o poeta baiano, para o centro da atenção. E, com ela, um alento novo à propensão nacional para a oratória vazia e altissonante.

Mas se em Álvares de Azevedo e seus companheiros encontramos esse mundo cheio de contrastes e de cores escuras e em Castro Alves, as cores brilhantes e fortes – entre esses dois extremos localiza-se uma poesia que prima pelos meios-tons, pela pintura galante do quotidiano brasileiro.

Casimiro de Abreu (1839-1860) parece ter sido o poeta mais popular do seu tempo, o mais lido e o mais declamado. É verdade que sua poesia sofre com a repetição excessiva de temas e recursos formais, mas também é verdade que com ele se atinge uma naturalidade de expressão, um aproveitamento da linguagem coloquial que só encontrará equivalente, muito tempo depois, na obra de um Manuel Bandeira. É seu traço inconfundível a evocação sentimental de pequenos objetos e cenas de infância. Seu poema mais conhecido é também um dos mais famosos da história literária brasileira e, como a "Canção do Exílio" de Gonçalves Dias, teve expressões que passaram para a linguagem mais ampla do trato comum: "Meus Oito Anos".

Sua poesia é, de certo ângulo, o oposto exato daquela produção de confraria acadêmica. Escrevendo sobre o momentoso tema do namoro, lido principalmente pelas moças casadoiras da boa sociedade carioca, declamado e modulado ao piano, Casimiro, como um bom valsista, conseguia o difícil equilíbrio entre a sensualidade atrevida, o negaceio recatado e a expressão convencional da paixão amorosa.

Nas palavras introdutórias às *Primaveras* (1859), Casimiro traçou com muita clareza os seus modestos objetivos:

> O filho dos trópicos deve escrever numa linguagem – propriamente sua – lânguida como ele, quente como o sol que o abrasa, grande e misteriosa como as suas matas seculares; o beijo apaixonado das Celutas deve inspirar epopéias como a dos Timbiras – e acordar os Renés enfastiados do desalento que os mata. Até então, até seguirmos o vôo arrojado do poeta de I-Juca Pirama – nós, cantores novéis, somos as vozes secundárias que se perdem no conjunto duma grande orquestra; há o único mérito de não ficarmos calados.

Da grandeza e do mistério das matas seculares, é preciso dizer, não há traço em sua poesia. Em compensação, nada há de mais lânguido no romantismo brasileiro e poucos escritores corresponderam como Casimiro às expectativas de seu meio e de seu público. Menos culto e menos inquieto do que Álvares de Azevedo, forma com ele um contraponto interessante. Ambos expressam aquele momento em que ao homem fatal byroniano se substitui o homem inerme, seduzido e sedutor pela fraqueza. Mas, enquanto em Azevedo essa passagem é toda ela tensa, dramática, carregada de culpa – de que um dos índices é o tema do homem e da mulher travestidos – em Casimiro é fluida, dissolvente, como em "Amor e Medo", onde o poeta por um momento assimila por completo o papel feminino. Mário de Andrade chamou a atenção para a segunda parte do poema, em que o medo do amor se revela temor e desejo de macular a virgem com a violência do desejo carnal. Não obstante a justeza da observação, é impressionante, no poema referido, a total assunção das características femininas pelo poeta, a ponto de sentir os seios intumescerem.

A lírica de Casimiro é, de fato, muito feminina – no sentido de que boa parte do lirismo tradicional português é feminino. Sérgio Buarque de Hollanda desenvolveu esse argumento no "Prefácio" ao livro de Magalhães. Em sua opinião, a poesia lírica portuguesa tradicional caracteriza-se por exprimir singelamente a vida pessoal, com um mínimo de vontade disciplinadora. Como qualquer definição muito abrangente, esta também poderia ser refutada com muitos exemplos particulares. Vale, no entanto, de modo geral, quanto à longa tradição do lirismo inspirado nas cantigas de amigo. E não é difícil ver que o historiador tinha em mente a obra de Casimiro de Abreu quando escrevia:

> Se o romantismo adaptou-se tão bem ao nosso gênio nacional, a ponto de quase se poder dizer que nunca nossa poesia pareceu tão legitimamente nossa como sob a sua influência, deve-se ao fato de persistir, aqui como em Portugal, o velho prestígio das formas simples e espontâneas, dos sentimentos pessoais, a despeito das contorções e disciplinas seculares do cultismo e do classicismo.

Abordando a seguir, e de passagem, o lugar do poeta das Primaveras, escreve o seguinte: "É possível salientar na evolução de nosso romantismo [...] uma intensidade progressiva na inspiração pessoal e uma crescente naturalidade na expressão".

Em um poeta seu contemporâneo, encontram-se essas mesmas características, mas já acompanhadas e transformadas pelo embrião de outra das grandes linhas de força do período: a dicção oratória e empolada, capaz de mover os auditórios.

A obra de Fagundes Varela (1841-1875) é tão desequilibrada e cheia de inquietações quanto a sua própria vida de bêbado errante. No prólogo às *Vozes da América* (1861), declarava-se distante tanto da "escola de morrer moço" (de Azevedo e Casimiro) quanto dos "tacapes e borés do sr. Gonçalves Dias". A verdade é que esses três são justamente os modelos da maior parte de sua obra, de influência nem sempre benéfica. Ao modelo gonçalvino devemos a tentativa indianista que resultou no insofrível *Anchieta, ou o Evangelho das Selvas*. Ao modelo azevediano inúmeras composições dispersas ao longo da obra volumosa e, por fim, o fracassado *O Diário de Lázaro*. Da influência de Casimiro deriva outra ampla faceta de sua poesia, cujo melhor momento talvez seja o de *Juvenília*.

Varela possuía rara capacidade de evocar a natureza brasileira e a vida cabocla do interior do país, o que ainda permite a leitura de muitos poemas que a ela devem o interesse de uma ou outra passagem isolada. Mas o que é mais característico de sua poesia é a transfiguração do espaço rural e quase despovoado do Brasil oitocentista em espaço idealizado, propício à plena realização da vida e ao livre exercício dos sentidos.

A natureza tem na poesia de Varela um tratamento algo diferente do que lhe dispensaram seus predecessores. Tematizada quase sempre como contraponto à paisagem citadina, não é nem um símbolo da pátria brasileira, como no caso das "brasilianas" dos primeiros românticos; nem enquadramento convincente da vida quotidiana, como em alguma poesia de Bernardo

Guimarães; nem pano de fundo nacional para o desenvolvimento de ações de inspiração cavaleiresca, como sucede freqüentemente no indianismo. Em Varela, o cenário natural é indiferentemente palco da barbárie destemperada de "Esperança", da marotagem de "Antonico e Corá" e da pregação de *Anchieta* – todos três, aliás, poemas mal realizados. Varela só é realmente grande poeta da natureza quando lírico, quando a trata como puro espaço de projeção de seu próprio movimento espiritual. Daí que em sua obra se encontrem alguns momentos curiosos, em que a natureza é evocada com grande riqueza descritiva para ser imediatamente recusada enquanto fonte de inspiração. É o caso de "O Mesmo" e do soneto "Enojo".

O que é característico da poesia de natureza em Varela é uma espécie de sensualidade eufórica, que organiza a percepção dos seres e ações do mundo de um ponto de vista sexual, orgânico. Isso dá à sua poesia imagens de grande capacidade sugestiva, como num poema ao Rio de Janeiro em que a Guanabara surge "mole, indolente, à beira-mar sentada / sorrindo às ondas em nudez lasciva". É justamente a esse sensualismo – retomado e levado a extremos de desenvolvimento em Castro Alves – que devemos algumas das mais belas imagens da poesia de Varela.

Poeta de múltiplas facetas, autor de um livro de *Cantos Religiosos* e de poemetos ultra-românticos, tradutor de fragmentos do *Rig-Veda*, Varela ficou conhecido ao longo do tempo principalmente como o homem que escreveu "O Cântico do Calvário", um magnífico poema em que expressa a dor pela morte de um filho pequeno. Nesse texto, no qual leitor se vê perante uma cachoeira de imagens que se derramam ininterruptamente por cento e cinqüenta versos, já se navega em pleno mar do que se convencionou chamar de "poesia condoreira", isto é, que se caracteriza pela profusão de imagens grandiosas e sonoras, adequadas à declamação pública.

Antonio de Castro Alves (1847-1871) foi o último dos grandes poetas românticos brasileiros e o mais bem realizado cultor desse tipo de poesia. Dois de seus poemas "condoreiros" são merecidamente antológicos: "O Navio Negreiro" e "Vozes d'África", mas boa parte de sua obra é prejudicada pelo gosto excessivo da ostentação verbal, da oratória fácil. Às vezes tão excessivo que o leva à composição de quase bestialógicos, como o famoso e muito sonoro "Quem dá aos Pobres Empresta a Deus". É que não era poesia para ser lida, a de Castro Alves, nem necessariamente entendida. Seu objetivo, o mais das vezes, era a comoção pela palavra impressionante. Por isso, na sua obra são muito mais numerosos os trechos e estrofes brilhantes do que os poemas bem realizados. E o que nela não é muito bom é, freqüentemente, muito ruim.

Como Casimiro de Abreu, Castro Alves é um momento de resolução na busca e construção do nacional, tal como delineadas pelos primeiros românticos. Ambos eliminam as tensões que provinham do arcabouço neoclássico de Gonçalves Dias e do universalismo inquieto de Álvares de Azevedo. Mas, enquanto em Casimiro isso se faz pela recusa das candentes questões nacionais e dos grandes planos, e pelo confinamento na evocação da infância rural e no volteio galante no ambiente doméstico, Castro Alves desenvolve o padrão da poesia oratória que, por muitos anos, permanecerá popular no Brasil.

Há em Castro Alves, porém, esparsos outros tons, de que provêm algumas composições que, junto com as já citadas obras-primas abolicionistas, se alinham entre a melhor poesia do romantismo brasileiro. É o caso de "O Adeus de Teresa" e "Boa Noite", que se destacam do conjunto de sua obra por retomarem o coloquialismo azevediano, e de "Hebréia", que se filia ao veio exotista que produziu também "O Sibarita Romano" e "A Bainha do Punhal".

Os momentos mais notáveis da sua poesia são aqueles nos quais descreve a paisagem, como nestes versos de "A Cachoeira de Paulo Afonso":

> [...] As garças metiam o bico vermelho
> Por baixo das asas – da brisa ao açoite;
> E a terra na vaga de azul do infinito
> Cobria a cabeça co'as penas da noite!
> Somente por vezes, dos jungles das bordas
> Dos golfos enormes daquela paragem,
> Erguia a cabeça surpreso, inquieto,
> Coberto de limos – um touro selvagem.
> Então as marrecas, em torno boiando,
> O vôo encurvavam medrosas, à toa...
> E o tímido bando pedindo outras praias
> Passava gritando por sobre a canoa!...

E os poemas nos quais a linguagem desataviada se conjuga à capacidade descritiva da paisagem para produzir os poemas de amor mais impressivos desde Gonçalves Dias, como é o caso de "Aves de Arribação" e "Horas de Saudade".

Muito considerado em seu tempo, Junqueira Freire (1832-1855) é hoje quase ilegível. Consta mesmo que Antero de Quental estimava muito sua poesia, o que é perfeitamente compreensível, pois há grande afinidade temática entre ambos. Como em Antero, nele encontramos a cada passo a angústia religiosa e a exposição das suas *Contradições Poéticas*, que é o título de um de seus livros. De notável mesmo, e curioso, apenas o fato de que é autor do provavelmente único poema romântico brasileiro dedicado ao desejo declaradamente homossexual, "Eu que te amo tão deveras...".

Do ponto de vista da historiografia literária brasileira, Joaquim de Sousa Andrade, ou Sousândrade (1832-1902), está no pólo oposto ao de Junqueira Freire, pois sua obra – que tem recentemente despertado muito interesse – ficou ao largo da época. Pouco editado e quase desconhecido no Brasil, só por volta de 1960 tornou-se objeto de estudos e valorização por uma parcela da crítica especializada.

A obra capital de Sousândrade é *O Guesa*, um poema inspirado no *Childe Harold* de Byron, escrito ao longo de cerca de vinte anos e composto de treze cantos, dos quais três ficaram inacabados. O nome "Guesa" (errante, sem casa) é a palavra que designa o eleito para o sacrifício ritual entre índios muíscas da Colômbia. Trata-se de uma criança retirada do convívio dos pais e educada para, na adolescência, ser morta a flechadas após ter repetido por vários anos o trajeto de um deus solar. Do ponto de vista da concepção geral, é uma obra grandiosa: o poeta se identifica com o Guesa e narra suas aventuras e desventuras, alegorizando o destino dos povos americanos após a chegada dos colonizadores europeus. Na realidade, o Guesa mítico rapidamente cai para segundo plano, em benefício do Guesa/Sousândrade, isto é, o discurso autobiográfico abandona o plano alegórico e o texto passa a organizar-se segundo o fluxo das lembranças e preocupações do narrador, voltando eventual e topicamente à referência mítica. Durante a maior parte do tempo, é a voz contemporânea que desenvolve a crítica aos vícios da sociedade oitocentista, faz a crônica dos acontecimentos políticos, evoca incidentes da vida do poeta, discute teologia, propõe modelos de comportamento social para as mulheres etc.

Não obstante o interesse que a obra de Sousândrade desperta ao primeiro contato, a sua leitura por extenso é decepcionante, pois ela não mantém o nível de realização estética presente em boa parte das passagens recentemente antologizadas. No caso específico do *Guesa*, o texto é muito desigual, justapondo estrofes e episódios de grande originalidade e dezenas de páginas da mais dessorada e caótica eloqüência romântica. Mas é certo que há, na sua obra, alguns trechos realmente esplêndidos. Sirva de exemplo, entre várias outras estrofes do *Guesa*, a seguinte quadra bilíngüe:

Eu estou assentado em Central-Park
Ao fim do dia – pela relva o sol:
Os cedros soltam cantos de sky-lark,
E os ombros oiro em ondas – waterfall.

O que sucede quase sempre é que versos como esses não dão o tom dos trechos em que se inserem. Pelo contrário, contrastam agudamente com a maior parte do canto ou do poema. É o que se pode ver, neste caso, pela leitura de algumas das estrofes que se seguem e glosam a mesma idéia:

Como são belos! como são formosos
Da liberdade os filhos! como encanta
A donzela que esplêndida alevanta
A fronte divinal! - loiros, radiosos,
    Sobre a cintilação dos puros ombros,
    Vívidos e prendendo-se e vibrando,
    A cascata solar do alvor dos combros,
    Seus cabelos eu vi desenrolando
    Anjos de luz! [...]

A originalidade de Sousândrade se revela com maior intensidade quando se consideram suas invenções sintáticas e vocabulares. Além da incorporação de palavras de vários idiomas numa mesma estrofe, são freqüentes os neologismos, inclusive bilíngües, como, por exemplo, "ring-negros" e "safe-guardando". Chama também a atenção que utilize várias vezes uma ordenação sintática inusual ou decalcada de outra língua, como é o caso de "sem-sono noite" ou "olho-azul Marabás". Nesse nível de observação há, sem dúvida, muito o que comentar, e a modernidade de Sousândrade tem sido devidamente posta em destaque nos últimos trinta anos.

A Poesia Realista e Parnasiana

No começo de 1878, o meio literário brasileiro foi sacudido por uma comoção. O grande acontecimento literário do ano foi o lançamento do romance de Eça de Queirós, *O Primo Basílio*. Iniciada no campo do romance, em breve a batalha em que se engalfinharam românicos e realistas logo passou ao domínio da poesia, dando origem a um episódio importante, embora pouco referido: a "Guerra do Parnaso".

Travada majoritariamente nas páginas do *Diário do Rio de Janeiro*, a guerra produziu apenas versos de pouco ou nenhum interesse estético, mas pôs a circular, aplicada também à poesia, a denominação "realista".

O realismo poético, no Brasil, teve vida curta. Já a partir de 1886, não se fala mais de realismo, e sim de "parnasianismo". E essa última designação usualmente inclui a primeira, entendida como seu momento inicial ou prefigural.

Mas a verdade é que se tratava de dois tipos muito diferentes de poesia. O "realismo" se definia muito mais pelo aspecto temático do que pela forma do verso. As palavras de ordem eram as mesmas utilizadas para a afirmação do romance: recusa ao que se entendia como excessiva idealização romântica, linguagem direta no tratamento das paixões e da sexualidade, empenho no combate social, gosto pelos temas "científicos", especialmente os ligados à desagregação da matéria viva. Já o Parnasianismo, se exibia as mesmas palavras de ordem do anti-romantismo, com exceção do cientificismo, definia-se basicamente pela forma do verso e pelo cuidado da linguagem.

Para a transformação (ou absorção) do Realismo pelo Parnasianismo, teve papel central e decisivo o poeta, crítico e romancista Machado de Assis (1839-1908), anti-realista de primeira hora. Um seu ensaio de 1879, intitulado "A Nova Geração", pode ser considerado a base dos padrões de gosto e de valor que irão orientar não só a prática, mas principalmente a historiografia literária imediatamente subseqüente.

O maior romancista brasileiro foi, além de crítico muito influente, um dos importantes poetas do tempo. É certo que sua obra em versos é muito inferior aos romances da idade madura. Mas nem por isso a sua poesia deixa de elevar-se muito acima da média. Em certo sentido, pode-se dizer que, se no Machado prosador houve um divisor de águas entre a sua produção anterior a 1880, o mesmo não ocorreu ao Machado poeta. Este se mantém estável, desde os primeiros aos últimos livros, nos limites de uma linguagem contida e de um tom reflexivo e sentencioso. Não admira, pois, que os seus poemas mais reconhecidos sejam os de caráter alegórico e os apólogos.

Não seria talvez desatinado imaginar, dada a disparidade do nível entre as obras em prosa e as obras em verso do último Machado, que a sua poesia se tenha ressentido do caráter de necessária exemplaridade quanto à correção da língua e do metro, que o crítico tanto valorizava e preconizava aos jovens escritores.

De qualquer forma, com a sua prática poética e, principalmente, com o combate crítico sistemático ao que entendia como transferência do pior defeito da prosa realista para a poesia – a saber, a falta de relações necessárias entre as partes e o excessivo descritivismo que denominou, num ensaio sobre os primeiros trabalhos de Alberto de Oliveira (1857-1937), "estética de inventário" – pode ser considerado o criador do Parnasianismo no Brasil.

No seu tempo, foi muito valorizada a obra desse poeta, que terminou por ser o preferido de Machado. Entretanto, uma vez desfeita a obsessão pela forma correta e pelo bom-gosto, a sua leitura é desinteressante. A tão louvada

correção formal pouco diz ao gosto contemporâneo, educado na coloquialidade modernista, para o qual a dureza da metrificação, seja pela aversão
aos hiatos, que obriga ao que hoje parecem violências prosódicas, seja pelas
inversões sintáticas a serviço da tonicidade ou da rima, aparece antes como
cacoete de estilo do que como necessidade poética.

O preciosismo parnasiano tem nele o apogeu. A garapa de cana, numa
festa, é descrita desta forma: "nectáreo caldo espumante / borbotará branca-
cento; / virão copos em que o provem / e em que lhe aspirem o cheiro". E eis
como começa um soneto:

> O musgo mais sedoso, a úsnea mais leve
> Trouxe de longe o alegre passarinho,
> E um dia inteiro ao sol paciente esteve
> Com o destro bico a arquitetar o ninho.

O primeiro verso exige prodígios de escansão e soa mal, com a colisão
das tônicas. A palavra é rara e, ouvida, no ritmo exigido pela métrica, fica incompreensível. Como nesses versos, em centenas de outros o contraste entre
o prosaísmo do assunto ou a nenhuma-novidade no tratamento do lugar-comum contrasta violentamente com os ornatos e com o vocabulário.

Por conta disso, Alberto de Oliveira é, dos parnasianos, o que mais rapidamente envelheceu e caiu no esquecimento do público e dos editores. Também no universo acadêmico o seu vulto encolheu com o correr do tempo, de
tal forma que ao longo das últimas quatro décadas não há notícia de tese ou
ensaio de alguma repercussão dedicado à sua poesia.

Sendo o mais longevo dos parnasianos, acompanhou o aparecimento
da primeira e da segunda geração modernistas. Mas nem a sua biografia ou
atuação na vida literária tem merecido maior atenção, pois aos olhos de hoje
a sua importância histórica aparece diminuída face à de contemporâneos que
se envolveram mais decididamente nos problemas políticos e culturais do
tempo, como Olavo Bilac.

Comparado a Alberto de Oliveira, Raimundo Correia (1859-1911) aparece como poeta de interesse pouco maior. Seus sonetos do volume *Sinfonias*
alcançaram popularidade só comparável, na época e depois, à de alguns versos de Bilac.

A sonoridade dos seus versos mais conhecidos agrada mais do que a
dureza dos de Alberto de Oliveira. Mas também nele o amor pelo casticismo sintático, o gosto do vocábulo difícil e a versificação velhusca produzem

amiúde o ridículo. Haja vista o que ocorre num dos seus poemas mais interessantes, intitulado "Missa da Ressurreição", no qual a delicada notação do quotidiano, do passeio provinciano para ir à missa, é brutalmente estragada por estes versos com que apostrofa uma figura feminina:

Fincado tinhas um dos cotovelos,
E, a barba sobre a mão nevirrosada,
Fitavas o horizonte...

Múcio Leão, editor do livro, comenta: "Parece-nos espantosa tal imagem em um poeta de tão apurado gosto... embora possamos ver, nos dicionários, que a barba é apenas 'a parte inferior do rosto' ". O que de fato parece hoje espantoso é o afã de exibir, a qualquer preço, casticismo sintático e erudição vocabular.

De resto, a leitura da cuidadosa edição feita por Múcio destaca o que já não importa, não só nessa poesia, mas também na da maior parte dos seus contemporâneos: o fato de o principal problema e a principal atração da poesia parnasiana confinarem-se às questões gramaticais. De fato, a maior parte das notas do editor consiste na discussão, com apoio de pareceres vários de gramáticos, dos pontos conflituosos, e hoje despiciendos, da sintaxe ou do vocabulário do autor.

Até as primeiras décadas do século XX, Olavo Bilac (1865-1918) era ainda o príncipe dos poetas brasileiros. Adorado em vida, venerado no período subseqüente à sua morte, apenas a partir de meados de Novecentos o poeta de *Tarde* foi sendo deixado de parte. Nos livros canônicos da historiografia literária brasileira recente, porém, Bilac tem estado em baixa como poeta, sendo seu êxito e permanência entendidos como forma de reação contra o novo gosto modernista.

De um modo geral, pode-se compreender a história da literatura brasileira dos anos de 1880, nos quais a propaganda republicana ganhou corpo, até a época do Modernismo, como o período de construção de um público médio e da feliz identificação entre as expectativas desse público e a realização estética que lhe era oferecida pelos escritores mais notáveis.

Poucas vezes pôde-se observar, na história da leitura no Brasil, uma consonância tão intensa entre os ideários dos principais escritores do momento e o público de que dispunham. As conseqüências desse fato são muitas. Uma das mais importantes é que começa então a ganhar corpo a idéia da literatura como profissão. É verdade que ainda será preciso esperar por Monteiro Lobato para que a literatura em livro comece a ser fonte de renda para o escritor. Quando Bilac se inicia na vida literária, ela está vinculada ao jornalismo e é das crônicas que provém a maior parte do sustento do autor. Mas já então se afirma, de maneira nova no Brasil, o valor econômico do trabalho intelectual e do papel social do escritor.

Bilac estava disso bem consciente. Fazendo, na conferência "Sobre a Minha Geração Literária", um balanço dos serviços prestados à Pátria pela sua geração, aponta como um deles a superação da oposição romântica entre o autor e a sociedade. Mas, da sua perspectiva, o maior triunfo tinha sido outro: acabar com o caráter amador e marginal da atividade literária.

> Que fizemos nós? Fizemos isto: transformamos o que era até então um passatempo, um divertimento, naquilo que é hoje uma profissão, um culto, um sacerdócio; estabelecemos um preço para o nosso trabalho, porque fizemos desse trabalho uma necessidade primordial da vida moral e da civilização da nossa terra; forçamos as portas dos jornais e vencemos a inépcia e o medo dos editores; e, como, abandonando a tolice das gerações anteriores, havíamos conseguido senhorear-nos da praça que queríamos conquistar, tomamos o lugar que nos era devido no seio da sociedade, e incorporamo-nos a ela, honrando-nos com a sua companhia e honrando-a com a nossa; e nela nos integramos de tal modo que, hoje, todo o verdadeiro artista é um homem de boa sociedade, pela sua educação civilizada, assim como todo o homem de boa sociedade é um artista, se não pela prática da Arte, ao menos pela cultura artística. Foi isso o que fizemos.

Compreende-se o orgulho do poeta na apresentação dos resultados do empenho da sua geração e no sentimento de obra concluída. Tendo atuado em várias campanhas cívicas, Bilac era também autor de textos didáticos e de formação de públicos. Junto com Manuel Bomfim, publicara, em 1913, uma narrativa para uso nas escolas primárias intitulada *Através do Brasil*; já em 1910 tinha dado à luz outra obra escrita em colaboração, o famoso *Tratado de Versificação*; e desde 1904 faziam sucesso as suas *Poesias Infantis*. A par dessas obras, ao longo do tempo, em colaboração com outros autores, Bilac assina também um volume de *Contos Pátrios*, um *Livro de Leitura*, um *Livro de Composição*, e ainda *A Pátria Brasileira* e o *Teatro Infantil*.

Do ponto de vista da produção literária, o conceito-chave para Bilac e seu tempo é *integração*, e não é outro o ideal que orienta a sua ação política.

Defrontado desde os últimos anos do século XIX com a necessidade de contribuir para a continuidade do regime republicano, Bilac empenhou-se em várias campanhas de expressão nacional. A que ficou mais conhecida foi a que moveu a favor do alistamento militar obrigatório. Igualmente importantes, porém, são as suas ações pela obrigatoriedade do ensino da língua portuguesa em todas as escolas do país e pela expansão do ensino básico e profissionalizante.

Trabalhou ele sempre, portanto, para um mesmo objetivo: a criação de uma norma civilizacional comum, um substrato cultural básico que permitisse a construção de uma nação republicana e a manutenção da unidade do país.

O inimigo contra o qual se batia fica evidente ao recordar que, na passagem do Império para a República, não foram poucos os que pensaram e sentiram como Eça de Queirós, ídolo confesso de Bilac. Numa crônica de primeira hora, Eça escreveu:

> Com o Império, segundo todas as probabilidades, acaba também o Brasil. Este nome de *Brasil* que começava a ter grandeza, e para nós Portugueses representava um tão glorioso esforço, passa a ser um antigo nome da velha geografia política. Daqui a pouco, o que foi o império estará fracionado em repúblicas independentes, de maior ou menor importância.

Depois de alinhavar as razões para esse julgamento, que eram basicamente as diversidades regionais e as ambições localistas, concluía: "A América do Sul ficará toda coberta com os cacos dum grande império!"

O temor de que se cumprisse essa profecia parece ter acompanhado Bilac ao longo dos anos em que se empenhou pela construção da República. Nos últimos tempos, numa conferência pronunciada no Clube Militar, já em plena Grande Guerra, verbaliza-o claramente, numa conferência intitulada "Ao Exército Nacional":

> O que me aterra é a possibilidade do desmembramento. Amedronta-me esse espetáculo: este imenso território, povoado por mais de vinte e cinco milhões de homens, que não são continuamente ligados por intensas correntes de apoio e de acordo, pelo mesmo ideal, pela educação cívica, pela coesão militar [...]

Nesse texto, em que congrega as elites instruídas para o trabalho de manutenção da unidade nacional, aparece uma outra componente do perigo que, de seu ponto de vista, ameaçava o país: a volta da monarquia, entrevista por alguns como forma de recuperar um laço de união entre os vários segmentos da nação que parecia tender a desmembrar-se.

Tem, portanto, suas campanhas cívicas o mesmo objetivo que sua ação enquanto escritor: fabricar as normas do convívio social, criar a civilização brasileira e mantê-la unida tal como veio do Império.

Como para outros republicanos, para Bilac a norma é o princípio básico de civilização. Formado num momento de grande alteração do regime jurídico e político, Bilac é, como Rui Barbosa, um liberal para quem o respeito ao direito, isto é, à expressão formal das normas do convívio social, é a base e o objetivo da democracia. Assim, embora reconheça que a língua evolui, enriquece-se, transforma-se, afirma sempre que as suas "regras vitais" – isto é, a sintaxe, basicamente – permanecem as mesmas e imutáveis. A idéia comparece em vários de seus textos em prosa e tem a melhor expressão na conferência "Aos Homens de Letras de Portugal", pronunciada em Lisboa, em 1916:

> Também não sou purista extremado, de um purismo que se abeire da caturrice. Será ridículo que os nossos netos falem e escrevam exatamente como falaram e escreveram os nossos avós; também seria ridículo que o nosso estilo de hoje fosse a reprodução fiel do estilo dos quinhentistas. Mas se o tesouro do vocabulário, o movimento das locuções, o ritmo das frases podem e devem ser variados e aperfeiçoados, – a sintaxe, que é a estrutura essencial do idioma, é perpétua e imutável.

Para Bilac, a correção e o casticismo da língua são virtudes básicas. E o seu elogio de Gonçalves Dias – que nas rodas boêmias afirmava valer dez vezes mais do que Castro Alves – vai incidir exatamente neste ponto: Gonçalves Dias, diz ele, em conferência dedicada ao poeta, amava os clássicos e o seu nacionalismo não o levou a renegar a herança lusitana.

O caso de Bilac é paradigmático do Parnasianismo no Brasil e permite ver que o cuidado, o respeito à norma lingüística e às fontes clássicas da língua portuguesa não é, nos melhores casos, uma reivindicação apenas estética, nem somente um vezo de escola, importado de França. A língua, dirá o poeta, é "a base da nacionalidade". É ela, portanto, o foco do pensamento e da ação cívica de Bilac: instrução primária, integração nacional, papel civilizador do exército, culto da forma em poesia – tudo converge para a afirmação do papel fundamental da língua na sobrevivência do país republicano. Daí que a produção da literatura seja, de seu ponto de vista, um trabalho semelhante ao de manutenção das fronteiras do país, como registra numa conferência dedicada à língua portuguesa:

o povo, depositário, conservador e reformador da língua nacional, é o verdadeiro exército da sua defesa: mas a organização das forças protetoras depende de nós: artífices da palavra, devemos ser os primeiros defensores, a guarnição das fronteiras da nossa literatura, que é toda a nossa civilização.

O problema que se apresentou para a geração de Bilac pode ser resumido nesta pergunta: o que constitui esta nação? E nas suas decorrências:

desde que todos deixamos de ser súditos de um mesmo Imperador, o que é que, afinal, nos une e faz de nós um conjunto orgânico? Sem fundo étnico comum, sem um mesmo ritmo de progressão econômica, sem homogênea distribuição das cidades e das riquezas, o que restava, além da inércia e do costume? A língua, respondia o poeta. E por isso foi na sua conservação e expansão dentro das fronteiras nacionais que baseou o seu projeto de intervenção política.

No que diz respeito à atividade literária como um todo, Bilac e seus companheiros parnasianos criaram, no final do século XIX, não apenas um gosto homogêneo e difundido, que persistiria por décadas, mas ainda a idéia de que construir uma literatura pautada pelo respeito à norma e pela integração do intelectual na vida política e econômica da nação era um dos principais requisitos para construir e manter a própria nacionalidade republicana. Contra esse pano de fundo, o Modernismo de 1922, alimentado na estufa dos salões aristocráticos da capital paulista, vai surgir como uma negação não apenas dos valores estéticos do Parnasianismo, mas também da aliança que este estabelecera com o seu público, daquela forma de inserção do poeta na vida social. Embora também animado de fôlego pedagógico e proselitista, o movimento modernista não caminha no sentido de identificação com os públicos médios. Constitui-se, antes, numa proposta de elitização da arte, apostando no internacionalismo e na especialização e refinamento dos públicos. Nos apupos e ruídos escandalosos do público que encheu as platéias da Semana de Arte Moderna, em 1922, devem-se também ouvir, além da resistência aos novos padrões estéticos, os protestos dos que, acostumados a pensar na cultura literária como um bem social e um instrumento de integração, viram de repente contestado o equilíbrio construído desde os primeiros tempos republicanos. A literatura brasileira, que proclamara a sua institucionalidade em 1897, com a fundação da Academia Brasileira de Letras, e que tanto se empenhara na construção de uma norma e na formação de um público leitor de expressão razoável, apresentava-se, em 1922, como antiacadêmica e futurista, isto é, para os padrões do tempo, socialmente segregacionista e esteticamente anárquica.

No que diz respeito à poesia, Bilac permanece, a cem anos de sua morte, o poeta mais lido e talvez mesmo o único a ter edições e a receber atenção crítica continuadas dentre os da sua época e escola. É que, embora cultor da métrica impecável e da forma elaborada em poesia, Bilac nunca é obscuro e raras vezes precioso. Pelo contrário, se há um defeito grave e recorrente em sua poesia é o intuito didático, a vontade de comunicação e de clareza que impele tantos dos seus versos para a explicitação excessiva. Desse didatismo e dessa vontade de comunicação advém um traço estilístico que é todo seu e o distingue entre os contemporâneos parnasianos: a apostrofação excessiva. Uma rápida olhada nos seus versos completos nos permite verificar que metade dos seus poemas trazem uma interpelação direta de um "tu", um diálogo ou invocação cujo efeito é sempre descritivo, explicativo.

A apostrofação, o gosto pela descrição e pela narração objetiva de episódios históricos e o apuro lingüístico fazem que muito da sua obra tenha aspecto de atividade didática, centrada na comunicabilidade, na clareza expressiva e no caráter exemplar da correção sintática. Mas a sua competência técnica, o seu lirismo muitas vezes notável e a sua veia erótica (tão acentuada que, ainda em 1921, Mário de Andrade julgava importante defender da acusação de obscenidade) fazem dele, como afirmava o mesmo Mário, "o maior dentre os parnasianos" brasileiros. Na verdade, o tipo, a partir do qual se podem definir as variações.

Uma das variações que em tempos pareceu interessante e teve leitores foi Vicente de Carvalho (1866-1924). Mário de Andrade, no último artigo da série "Mestres do Passado", julgava que o poeta quase nada tinha a ver com o Parnasianismo. Talvez por isso o considerasse o "mais poeta" de sua geração. Julgamento que dificilmente se sustenta hoje, pois a obra de Vicente de Carvalho pouco resiste a uma leitura extensiva.

Nos últimos anos, poucas pessoas terão ouvido o nome e menos ainda lido algum verso de Bernardino Lopes (1859-1916), ou B. Lopes, como assinava os seus livros. Mas houve um momento – o final do século XIX – em que ele foi um dos poetas mais lidos do país. O título do seu primeiro livro, *Cromos* (1881), passou a designar um tipo de composição que rapidamente se tornou mania nacional e, de norte a sul, jornais e revistas publicaram centenas de "cromos" à maneira de B. Lopes: um sonetilho em versos de sete sílabas, de tom prosaico, que apresenta objetivamente uma cena rústica.

A crítica da época também o reconheceu como poeta de valor. Sílvio Romero, por exemplo, situava-o no mesmo nível de Olavo Bilac, Alberto de Oliveira, Raimundo Correia e Cruz e Sousa. E nas primeiras décadas deste século, Agripino Grieco, na sua *Evolução da Poesia Brasileira*, ainda o julgava "um dos nossos melhores poetas e o mais característico do seu tempo".

Os poemas da sua primeira fase ainda surpreendem por se manterem nos limites descritivos de cenas muito prosaicas. O desejo de objetivismo é tão extremado que, por vezes, parece tingir-se de algum traço de ironia. Daí, justamente, a denominação geral, "cromo", litografia colorida. "Instantâneo" seria a palavra equivalente algumas décadas depois, na era da fotografia. Outros traços chamam a atenção: o manejo muito hábil do verso breve, cantante, mas disposto em estrofes e rimas nos moldes do soneto, e a linguagem muito coloquial.

Por tudo isso não era um tipo de poesia comum na época. Embora fosse, em certo sentido, o prosseguimento de uma tendência romântica que se encontra, por exemplo, em Fagundes Varela, trazia uma nota muito nova, que era o voluntário limite do poema ao registro descritivo, sem ostentação sentimental. Em suma, os sonetilhos dos *Cromos* dizem ao seu leitor que uma cena campestre e banal é suficiente para compor um poema. Dizem mais: uma tal cena é digna, por si só, de tratamento poético. Assim, a ênfase recai não sobre a singularidade do que é retratado, mas sobre outro ponto, que permite entender a enorme receptividade desses poemas no seu tempo: o caráter "típico" das situações, dos cenários e das personagens. Os seus *Cromos* se aparentam, por esse lado, aos célebres quadros em que Almeida Júnior, entre 1882 e 1899, fixou o tipo do caipira e as paisagens interioranas. Nesse sentido, B. Lopes integra uma corrente muito ampla de construção do típico brasileiro, que já não estava na selva, nem no sertão distante, nem na Corte, mas nos sítios, nas colônias de fazendas e também naquela parte da zona rural que a expansão das cidades ia aos poucos convertendo em arrabalde.

B. Lopes publicou duas edições dos *Cromos*. A primeira, que é de 1881, quando o poeta tinha 22 anos, trazia um total de 48 poemas. A segunda, de 1896, é bastante ampliada e traz o dobro de poemas, divididos em duas seções: uma com o mesmo nome do volume e outra intitulada "Figuras", que são retratos femininos.

Entre as duas edições, B. Lopes desenvolveu um outro tipo de poesia, ambientada no mundo elegante do final do Império, de que é bom exemplo o volume intitulado *Pizzicatos* (1886). Ali também criava "cromos", mas de outra natureza. Em poemas de forma livre, satirizava a vida elegante da nobreza e da alta burguesia, compondo caricaturas e criando situações cômicas ou grotescas.

Na década de 1890, nos poemas de B. Lopes a ruralidade se esbate, o cenário é predominantemente suburbano, e, do ponto de vista das figuras típicas, o que se tem agora é um exemplário de habitantes dos arrabaldes. Ao invés de roceiros, operários, camponeses que deixaram de trabalhar a terra, amantes de homens ricos que habitam chalés em lugares afastados, namorados de alta classe que vão passear nos limites da cidade, estudantes e costureiras. O olhar, antes ocupado em fixar características, é, por isso mesmo, atraído pelos contrastes e deslocamentos e o tom é ou mais sentimental, ou mais fortemente irônico.

O B. Lopes que fez maior sucesso foi o da primeira edição dos *Cromos*. O dos *Pizzicatos* foi ainda muito lido, mas já duramente hostilizado. É verdade que o público continuava a favorecê-lo, mas, para a maior parte da crítica e para os meios literários da época, seus poemas sobre a vida elegante pareciam tão inadequados quanto o seu dandismo. A questão é curiosa e diz muito sobre a crítica e a cultura brasileiras: ter sido mulato, pobre, ter vivido uma infância rural, e ao mesmo tempo ser autor de uma poesia de descrição tipificadora do caipira, despida de emocionalismo romântico, garantiu-lhe ser tomado de início como alguém dotado de genialidade e perícia técnica; mas quando se pôs a escrever versos sobre temas distantes dos da sua classe de origem, foi logo desqualificado e acusado de pedantismo e extravagância.

A Poesia Simbolista

Por conta dos últimos livros, B. Lopes foi relacionado entre os simbolistas. E também por conta deles foi visto, por Sílvio Romero, como "transição" para o Simbolismo. Finalmente, desde a *Antologia dos Poetas Brasileiros*, de Manuel Bandeira, seu lugar parece ter-se fixado no Parnasianismo.

A questão não é ociosa. Sucede que, na literatura brasileira, como se tem observado repetidas vezes, o Simbolismo não teve a mesma importância e duração que em outros países. Na verdade, restringiu-se a poucas figuras de real interesse. A poesia parnasiana, respondendo de modo imediato aos imperativos políticos do momento e reafirmando a necessidade de construção de um solo referencial básico de cultura, por meio da valorização da clareza, do purismo lingüístico e da utilização sistemática de referências mitológicas e históricas, criou um público fiel e hegemônico, que pouco interesse teve pelos simbolistas. Ao longo do final do século XIX e começo do XX, por conta disso, o padrão da poesia no Brasil foi o Parnasianismo.

Em vida, Cruz e Sousa (1861-1898) publicou apenas dois livros, ambos no ano de 1893: um de poemas, chamado *Broquéis*, e um em prosa poética, intitulado *Missal*. Data-se dessa dupla publicação o início do Simbolismo no Brasil.

Não apenas em *Broquéis*, mas ainda nos póstumos *Faróis* e *Últimos Sonetos*, a poesia de Cruz e Sousa – pelos temas, pela disposição geral, que é reflexiva e pessimista – apresenta laços de afinidade com a de Antero de Quental. Já a natureza ambígua das imagens, bem como a tensão erótica que dá o tom inclusive da sua poesia de orientação metafísica, revelam o leitor de Baudelaire. Por outro lado, principalmente nos livros póstumos, a busca de musicalidade encantatória, por meio da repetição vocabular e de palavras cognatas, da exploração sistemática da aliteração, bem como a versificação mais flutuante e o gosto das maiúsculas atestam a filiação simbolista.

É justamente a disposição reflexiva o que afasta a poesia de Cruz e Sousa tanto dos primeiros realistas brasileiros (Carvalho Júnior e Teófilo Dias), com os quais a poesia de *Broquéis* ainda revela parentescos, quanto dos parnasianos. E embora haja, no que diz respeito a estes, alguma semelhança no gosto da pompa verbal e no apego à frase de efeito, a poesia de Cruz e Sousa deles se distancia pela veia metafísica e pela "obscuridade", isto é, pela ausência ou recusa do didatismo e da exemplaridade.

Mas, justamente por conta do que um crítico denominou "impregnação parnasiana" da sua poesia, embora Cruz e Sousa seja o primeiro grande poeta simbolista da língua – e, sem dúvida, um dos maiores que nela escreveram no século XIX – talvez o mais específico e o mais inovador da sua obra seja afinal o conjunto de textos em prosa poética publicado postumamente sob o título de *Evocações*.

Ao lado da de Cruz e Sousa avulta, na poesia brasileira do final de século, a obra de Alphonsus de Guimaraens (1825-1884), como pólo oposto à lírica parnasiana. Nele já nada se encontra do gosto pela frase redonda e impactante que ainda permeia tantos poemas do poeta negro. Sua lírica impressiona, para o bem e para o mal, pela fixação temática: a celebração do amor defunto, a espiritualização do impulso erótico e sua difusão na imagética fúnebre, a depuração constante das imagens femininas que termina na celebração mariológica.

Do ponto de vista da composição, é o mais verlainiano poeta do Brasil, preferindo os metros breves e cantantes e não mantendo rastro do gosto parnasiano pela notação objetiva, pela sintaxe rebuscada ou pela narração didática. No final da vida, o verso de Alphonsus conheceu tal flexibilidade que o aproximou do que seria, em breve, o verso livre modernista.

A leitura extensa da sua obra permite verificar o constante bom nível de fatura, mas lhe revela os limites, devidos à obsessão do vocabulário e imagética litúrgicos e mortuários e à exclusiva limitação temática ao binômio amor e morte.

T. S. Eliot definiu, certa vez, o poeta menor como o que se lê apenas em antologia. Talvez não seja o caso de aplicar a definição inteiramente a Alphonsus. Mas, sem dúvida, a sua obra aparece melhor quando apreciada em criteriosa seleção antológica.

Contemporâneo de Augusto dos Anjos, de Manuel Bandeira e de Fernando Pessoa, vinte anos mais novo do que Cruz e Sousa e Camilo Pessanha, sem obra publicada em volume, Pedro Kilkerry (1885-1917) foi praticamente desconhecido em seu tempo.

Apenas em 1952 foi posto novamente em circulação, quando Andrade Muricy publicou dele, no *Panorama do Simbolismo Brasileiro*, dez poemas – dois dos quais até então inéditos – e duas traduções.

Na seqüência e a partir dessa publicação, Augusto de Campos o apresentou como poeta de grande interesse em artigos de imprensa, escritos no calor da hora da afirmação da Poesia Concreta, e, depois, de forma sistemática, no volume *ReVisão de Kilkerry*, no qual recuperou e reuniu o que dele havia sido publicado esparsamente, bem como o que apenas tinha sobrevivido em autógrafos ou na memória de amigos.

Desde então, os pouco mais de trinta textos e fragmentos de Kilkerry passaram a merecer consideração crítica e a integrar a história da literatura brasileira, no lugar que lhes criou Augusto de Campos, o de "precursor da revolução literária que se iria desencadear, em sua plenitude, com o Movimento Modernista".

O que chama a atenção na leitura de Kilkerry é, como destacou Campos na sua "campanha reivindicatória" pelo reconhecimento do poeta, "uma complicação sintática, um arrevesamento metafórico menos comum" do que o padrão do Simbolismo brasileiro.

Ainda na linhagem simbolista, embora autor de uma obra de originalidade tão grande que é difícil situá-la em uma ou outra rubrica da história literária, Augusto dos Anjos (1884-1914) é ainda hoje um dos poetas mais lidos do Brasil.

Sua poesia lembra, pelo gosto do prosaísmo e da notação objetiva, a de Cesário Verde. Já do ponto de vista da linguagem e do tratamento dos temas, é uma continuação da poesia científica do romantismo recifense, exacerbada pela herança da linhagem realista brasileira, cuja leitura de Baudelaire enfatizou o seu comprazimento no horrível e no repulsivo.

Anatol Rosenfeld, num estudo que se destaca na bibliografia do poeta, sublinha o ar de família que a poesia de Augusto mantém com a dos seus contemporâneos alemães, os expressionistas Georg Trakl, Georg Heym e, principalmente, Gottfried Benn. Acentua especialmente, embora descartando desde logo a possibilidade de que o brasileiro conhecesse a obra do alemão, a semelhança entre a poesia do *Eu* e a do volume de versos de Benn, publicado no mesmo ano de 1912, *Morgue*. O título desse livro, na seqüência do ensaio, dá ensejo à caracterização precisa de todo esse veio poético, do qual participaria Augusto dos Anjos – por mera sincronia e origem comum em Baudelaire e no cientificismo do século, e não de derivação – como "poesia de necrotério".

A poesia de Augusto dos Anjos consegue ser convincente e produzir efeito de discurso verossímil e pessoal, mesmo sendo articulada sobre o exagero sistemático dos traços do pessimismo de época e sobre a utilização a torto e a direito do vocabulário científico ou pseudocientífico do tempo. E é um testemunho da sua grande força o fato de ela poder ser lida com muito interesse ainda hoje, apesar de a sua forma e linguagem chegarem a parecer, muitas vezes, a caricatura do que se produzira no último quarto do século XIX.

Ao fim deste percurso pela poesia brasileira de um século, a constatação que se impõe é a persistência do projeto romântico, qual seja, o de construir uma literatura própria para a nação que, naquele momento, se definia no plano político.

O imperativo romântico, que atribui ao escritor brasileiro a dupla missão de manifestar a especificidade requerida pelo ideário nacionalista e de construir a instituição "literatura", pautará todo o período aqui compreendido e atravessará ainda o século XX.

Isto se fará principalmente por meio da sua persistência nos discursos históricos que, assumindo explícita ou implicitamente as reivindicações românticas, desenvolverão a esclarecedora metáfora orgânica empregada por Gonçalves de Magalhães: aquela que descreve a formação da árvore literária nacional a partir do tronco original português e por ela avaliando as obras e construindo o cânone nacional[1].

---

1. Este texto, que se origina de pesquisa em curso há vários anos, resume e coordena resultados de pesquisa expostos anteriormente em outros trabalhos, notadamente "A Poesia Romântica" (em Ana Pizarro (org.), *América Latina: Palavra, Literatura e Cultura*, vol. II: *Emancipação do Discurso*, Campinas/São Paulo, Editora da Unicamp/Memorial da América Latina, 1994); "Olavo Bilac e a Unidade do Brasil Republicano" (em T. F. Earle (org.), *Actas do V Congresso da Associação Internacional de Lusitanistas*, Oxford/Coimbra, Associação Internacional de Lusitanistas, 1998, vol. II), e "O Riso Romântico: Notas sobre o Cômico na Poesia de Bernardo Guimarães e seus Contemporâneos", publicado na revista *Remate de Males*, Campinas, Departamento de Teoria Literária, IEL/Unicamp, n. 7, 1987, e depois, com o acrescentamento da referência aos poemas fesceninos de Laurindo Rabelo, aos quais tive acesso tardiamente, na *Revista de Estudios Latinoamericanos*, México, UNAM, vol. 36, 2003.

2

O SONHO BRASILEIRO DE GARRETT

Há um texto de Garrett do qual pouco se fala. Mesmo no ano do bicentenário do seu nascimento, só um artigo parece ter sido dedicado a ele. Trata-se de um romance inacabado, que devia intitular-se *Helena*, ambientado no sertão brasileiro. Os primeiros vinte e poucos capítulos, só em 1904 publicados por Teófilo Braga, têm entretanto muito pontos de interesse, e não mereciam ter ficado tão esquecidos.

Foi no final da vida, logo depois do escandaloso sucesso das *Folhas Caídas* (início de 1853), que Almeida Garrett começou a escrever *Helena*. Era um escritor consagrado e uma figura pública de destaque: visconde desde 1851, foi depois ministro e par do Reino. Mas, apesar de tantas honrarias, Garrett estava desiludido com os rumos da sociedade liberal pela qual tanto lutara. Dedicou então alguns meses a *Helena*, mas logo abandonou tudo, o texto e a vida pública, e se fechou numa casa de cuja decoração tinha cuidado com extrema atenção. Ali, doente de corpo e de alma (como então se dizia), permaneceu mais ou menos isolado até a morte, que ocorreu em dezembro de 1854.

Vejamos em que consiste esse último trabalho de Garrett.

A história começa no interior da floresta, com um botânico francês contemplando uma flor que descobrira. O viajante é o conde de Bréssac, que lutara nas guerras pela libertação da Grécia e que, desiludido da política, passara a dedicar-se à botânica. A flor é de uma espécie de maracujá, que o botânico batizou com o nome de "Helena". Durante a guerra da Grécia, o conde salvara uma menina, que é sua protegida, e se tornara amigo de um jovem brasileiro. A menina grega chama-se Helena, e foi para homenageá-la que assim nomeou a sua descoberta; o rapaz brasileiro é sobrinho do riquíssimo visconde de Itaé, em cujas terras está agora o conde, esperando para ser conduzido à sua presença.

Nos capítulos seguintes, de Bréssac conhece a família do visconde: o próprio, que é português; sua mulher, Maria Teresa, que é brasileira, mestiça de portugueses e de índios; e a filha de ambos, Isabel. O leitor então aprende que Maria Teresa sofre de uma doença grave, uma profunda astenia que em breve a levará à morte; que o visconde pretende casar a filha com o sobrinho que está na Europa e que Isabel tem idéias igualitárias em relação aos índios e libertárias em relação aos negros. Pouco depois da chegada do conde, Maria Teresa falece, e então a história toma um rumo inesperado: por sugestão do conde francês, todos se preparam para deixar o país em direção à Europa. O romance se interrompe definitivamente com o anúncio dessa viagem, e Garrett não deixou planos ou anotações para os capítulos que não escreveu.

O enredo, vê-se, não tem grande interesse. O livro inacabado vale, sim, pelas idéias que nele se delineiam sobre as etnias e a organização social do Brasil, bem como pela representação da fauna, da flora e da fazenda brasileira. Vale, enfim, como retrato imaginário do Brasil.

A descrição da fauna e da flora é o menos importante. A natureza brasileira é apenas um *décor*, um equivalente do Éden, de que se diferencia apenas pelo exotismo das plantas e animais, e pela presença esporádica de negros e índios. Garrett não tem qualquer desejo de pintar a natureza brasileira (que aliás não conheceu), e são apenas um dado de cor local alguns elementos que hoje não deixam de ser divertidos. Como, por exemplo, um manguezal composto (por associação fônica, talvez) de grandes mangueiras, tatus que grunem pela selva, preguiças que soltam lamentosos gemidos, ou tucanos enormes, que caminham lenta e gravemente à margem de um riacho.

Interesse maior têm as representações da língua dos escravos brasileiros, que Garrett anota desta forma: "Sua Esserença, é Sió Générá Brissá? [...] Spiridião Cássiáno, mordomo do Sió Visconde veiu por orde d'eri fazê discurpa a Sua Esserença di não podê vi, por está assi mesmo".

O mais notável em *Helena*, porém, é mesmo a representação da fazenda onde transcorre a história. Uma fazenda escravista, dedicada à produção do açúcar, mas completamente fantasiosa.

Até na sua apresentação, a sensação básica é a do insólito. O conde de Bréssac é conduzido pela selva até a casa do Visconde numa carruagem inglesa, puxada por dois cavalos de raça, com estribeiros e volantes de escolta. Todos são negros e estão vestidos a rigor, com librés européias. A sede da fazenda é composta por uma perfeita aldeia suíça (as casas dos escravos "de dentro", ao que parece), que rodeia uma enorme choupana, que é na verdade um palácio disfarçado: a casa-grande. Nela, tudo é europeu, num luxo digno das melhores residências do Velho Mundo. As atividades da família são também as de qualquer família européia de classe alta: ouvir o piano, ler Scott, Chateaubriand, Shakespeare e Lamartine, folhear o *Times*, discutir a filosofia e os costumes do tempo, fumar charutos, etc.

Nesse ambiente, o toque "brasileiro" é a criadagem, sempre constituída de negros e mulatos, e a presença, por alguns momentos, de algumas crianças índias em visita à matriarca. Mas não há, a rigor, muita ênfase no pitoresco, pois o narrador, pelos olhos do Conde, insiste em que todos se comportam como europeus. Os criados são, inclusive, objeto de um reparo especial: não eram negros senão pelas "retintas negras caras, que outra estranheza não tinham senão a cor; pois não eram disformes as feições; – de negros, só tinham ser negros". O mesmo se passa com as mucamas, que são "duas mulatas – genealogicamente falando, mas brancas em toda a aparência – vestidas com a mais apurada coqueteria [...] a coifa de rigor dissimulando o excessivo riçado dos cabelos".

A casa-grande, que é afinal o único espaço do romance, é triplamente circundada. Primeiro, pela aldeia suíça que a contorna. Em seguida, por um vasto parque, que é um jardim romântico, dividido tematicamente segundo a geografia exótica da época ("quiosques turcos, ruínas italianas, torres góticas, pagodes índios, ermidas portuguesas, pórticos mexicanos, agulhas egípcias, mirantes chineses e palhoças das várias nações da África e da América"), cada parte decorada com a vegetação própria, devidamente importada. Por fim, há o terceiro contorno, que separa o palácio, a aldeia e o jardim da zona produtiva da fazenda: "um fosso profundo, intransitável para os animais ferozes, e que de dia se passava em pontes móveis, sempre guardadas, e à noite cuidadosamente fechadas". A sede da fazenda de Garrett é, assim, um esplêndido *fake* romântico. Um equivalente imaginário, no meio da selva, do Palácio da Pena, erguido na mesma época por D. Fernando, em Sintra.

A fazenda propriamente dita é a grande ausente do romance. Bem como os negros "de fora" – os escravos da lavoura ou do engenho – que são apenas assunto de conversa na casa-grande e numa assembléia dos índios remanescentes e miseráveis, que se passa fora da zona de convivência européia.

Como o romance se interrompe definitivamente no momento da partida da família para a Europa, o Brasil quase acaba por ser apenas um paraíso artificial e vulgarmente exótico. Só não o é pela permanente presença do tema da escravidão/abolição, que percorre todo o texto como um baixo-contínuo e acaba sendo o mais importante.

Sua primeira ocorrência significativa é uma fala da castelã moribunda à filha, cujo romantismo libertário a preocupa. Maria Teresa lamenta que os liberais europeus não compreendam o sistema escravista e os acusa de tramarem a ruína dos negros com a propaganda abolicionista. Contra o delírio romântico, ela afirma a experiência e o discernimento de ilustrados senhores de escravos, aos quais atribui a única decisão responsável sobre a abolição: a abolição seletiva, isto é, apenas dos negros que tivessem "maturidade" para emancipar-se.

A segunda é uma reunião dos índios sobreviventes, antigos senhores das terras que se transformaram no parque inglês da casa do Visconde. Reconhecendo superioridade nos portugueses e adorando Maria Teresa, que representa a fusão com o dominador, os índios compartilham da sua recusa à abolição, porque julgam que os negros, se libertados, disputarão com eles as terras e a caça dos matos. Sua atenção está, por isso mesmo, concentrada em Isabel, cujos ideais abolicionistas lhes parecem perigosos, bem como na possibilidade de ela se casar com um "estrangeiro" português, o que diluiria o pouco sangue índio que corria nas veias dos atuais senhores de Itaé.

É neste momento em que se insinua o conflito entre os índios e os senhores brancos que o manuscrito se interrompe pela primeira vez. Há um trecho ilegível e, a seguir, os dois últimos capítulos, que já parecem a aceitação, por Garrett, de que o romance "brasileiro" falhou, pois contra tudo o que se anunciara nos capítulos anteriores, o Visconde e a filha decidem partir para a Europa. A questão dos índios e o debate sobre a abolição, para os quais havia convergido toda a trama, passam então rapidamente a segundo plano.

O objetivo desse livro malogrado parece ter sido duplo: por um lado, criar uma utopia americana da qual estivessem ausentes os detestados *parvenus* da nova sociedade liberal; por outro, dar um tratamento alegórico à transplantação da cultura européia para a selva americana. Mas a representação do mundo rico brasileiro, lugar de possibilidade da transplantação completa, esbarrou num dado de verossimilhança que o autor não podia recusar: riqueza, no Brasil, era riqueza baseada na escravidão. A independência financeira dos heróis, a herança de Isabel, tudo se baseia, como lembra de Bréssac, em terras e, principalmente, em muitas centenas de escravos. Garrett ficou, assim, preso num impasse, pois representar e justificar a escravidão e a segregação não era uma possibilidade do seu ideário liberal.

Como construir um romance sobre um terreno tão minado? A solução foi operar uma separação o mais possível completa entre a casa-grande e a zona de lavoura e engenho. Para isso o autor construiu o fosso intransponível e branqueou os negros indispensáveis à estruturação da narrativa. As pontes entre ambos os mundos deveriam ser as duas heroínas, Maria Teresa e Isabel. Esta última é, porém, uma construção frágil. Seu abolicionismo ocorre sem qualquer motivação real, pois não parece que sequer conheça o mundo do eito e ela mesma declara que às mulheres não cabe discutir filosofia. Já Maria Teresa é uma ponte mais sólida, mas não entre os brancos e os negros. Nela se concentra toda a pouca tensão dramática e ideológica do romance. Por isso, a sua morte encerra não uma parte, mas o livro inteiro. Com ela desaparece a única possibilidade de desenvolvimento coerente da intriga, que era a representação, numa personagem, da união do português com o índio, e a defesa do ponto de vista mais conservador sobre a escravidão, o da liberdade com responsabilidade, a critério do senhor ilustrado.

Após a morte de Maria Teresa, a própria Isabel se transforma. Acentua-se a sua *coqueterie* e, exceto por uma breve conversa a propósito de *A Cabana do Pai Tomás*, livro que o Visconde considera "vermelho" e perigoso, já não há praticamente oposição entre ela e os demais. Mas nem mesmo esse anacronismo (*A Cabana* é posterior à época retratada no romance), que tenta reintroduzir enviesadamente o tema do lugar do escravo na sociedade do Novo Mundo, consegue dinamizar o enredo que se esgarça ou recuperar, para Isabel, o lugar de protagonista. Já não há tensão alguma. A conversa se dissolve em acordo galante, reafirma-se a infantilidade da moça, e logo depois se interrompe bruscamente o manuscrito.

Independentemente de qualquer causa externa, como a propalada doença do autor, a interrupção da escrita do livro pode ser explicada pela própria inconsistência do projeto: fazer um romance "brasileiro", ambientado num engenho riquíssimo, sem tratar diretamente da escravidão. Os princípios e limites do liberalismo de Garrett, nesse ponto, colidiram com as exigências de verossimilhança, essenciais ao romance romântico, e esse conflito não só inviabilizou a construção alegórica, mas acabou por condenar o romance à inexeqüibilidade.

3
I-JUCA PIRAMA

Romantismo e Epopéia

O documento inaugural do programa romântico brasileiro é o "Ensaio sobre a História da Literatura do Brasil", publicado em 1836, por Gonçalves de Magalhães, na revista *Niterói*[1]. Nunca será demais encarecer o papel fundador desse texto, cujas propostas, diagnósticos e, inclusive, metáforas de base terão larga fortuna na historiografia e na reflexão sobre a literatura no Brasil ao longo do século XIX e pelo XX adentro[2].

No que toca aos diagnósticos, o ensaio de Magalhães começa por constatar a penúria da produção literária do período anterior à Independência e por debitá-la à colonização portuguesa. Em seguida, apresenta a questão central, da qual decorrem as demais: o Brasil (ou, em sentido mais amplo, a natureza tropical) é ou não suficiente para inspirar a imaginação dos poetas? Para responder, Magalhães se vale de alguns documentos esparsos que afirmam as grandes qualidades poéticas e musicais dos tamoios, caetés e tupi-

---

1. As referências a esse texto têm por base a sua edição fac-similada: *Niterói, Revista Brasiliense,* São Paulo, Academia Paulista de Letras, 1978, 2 vols.
2. No que diz respeito às metáforas, merece destaque a das literaturas como árvores, que reaparece seguidamente, até fixar-se, com o mesmo sabor antilusitano do texto de Magalhães, na abertura do livro que atualiza e prolonga, no século XX, a perspectiva romântica, a *Formação da Literatura Brasileira*, de Antonio Candido. A propósito do lugar de Antonio Candido como "herdeiro do projeto romântico", da metáfora organicista e do enfoque teleológico que preside à sua obra, veja-se o ensaio de Abel Barros Baptista, "O Cânone como Formação: A Teoria da Literatura Brasileira de Antonio Candido", em A. B. Baptista, *O Livro Agreste: Ensaio de Curso de Literatura Brasileira*, Campinas, Editora da Unicamp, 2005.

nambás, fixando assim o tipo do indígena como especialmente dotado para as artes do ritmo. Na seqüência, julgando evidente, pelo exemplo do índio, que a natureza brasileira possui potência inspiradora de poesia, Magalhães passa a investigar o porquê de essa mesma natureza não ter ainda atuado no sentido de produzir uma literatura original em língua portuguesa.

Sua conclusão é que o insucesso se deveu à prevalência dos modelos clássicos, que teriam funcionado como entraves à ação do clima, da paisagem e da religião cristã. Conjugados, esses fatores atuariam como "instinto oculto" nacional, capaz de definir o caráter e determinar a originalidade da literatura brasileira, tão logo a imitação servil dos modelos europeus, especialmente o uso da maquinaria poética da mitologia greco-latina, deixasse de ser a regra[3]. Dava assim Magalhães a primeira formulação cabal, no Brasil, à idéia, que tão longa fortuna terá nos anos subseqüentes, de que os temas, as formas e as técnicas da literatura européia obstruem a expressão (ou respondem pela falta) do caráter nacional na produção letrada do país.

Já a temática indianista não tem, nesse texto, relevo. O objeto do canto romântico na América, nesse primeiro momento, são a natureza brasileira e o cristianismo, contrapostos às convenções pastoris e ao paganismo neoclássicos. O indígena, elogiado embora pelo seu espírito de rebeldia e pelo amor à liberdade, que o fazia preferir morrer a submeter-se como escravo ao português, comparece no ensaio como prova do poder inspirador da natureza americana[4]. Mas como Magalhães se lamenta de não haver registro da literatura indígena, de não haver textos que comprovem os parcos testemunhos sobre os quais constrói o seu argumento, nem textos que possam ser, para a literatura brasileira, o que foram para as nórdicas os poemas de Ossian, o índio acaba por ser, nesse ensaio, uma ausência, mais do que uma presença cultural.

A nota de concreto otimismo fica por conta do momento vivido pelo país, que era, na sua opinião, o melhor, o mais propício à eclosão de uma lite-

---

3. Retoma aqui Magalhães, pois, as formulações de Ferdinand Denis, no *Resumo da História Literária do Brasil*, de 1826, no qual se lê: "se essa parte da América adotou uma língua que a nossa velha Europa aperfeiçoara, deve rejeitar as idéias mitológicas devidas às fábulas da Grécia [..]; não se harmonizam, não estão de acordo nem com o clima, nem com a natureza, nem com as tradições" (Guilhermino César (org.), *Historiadores e Críticos do Romantismo: 1. A Contribuição Européia: Crítica e História Literária*, São Paulo, LTC/Edusp, 1978, p. 36). A passagem sobre o "instinto oculto" se encontra nas pp. 147 e 148 do ensaio da *Niterói*.

4. Magalhães, entretanto, logo se dedicará à poesia indianista; e, na esteira do sucesso dos poemas "americanos" de Gonçalves Dias, retomará a perspectiva analítica em 1859, num ensaio intitulado "Os Indígenas do Brasil perante a História".

ratura verdadeiramente nacional: após libertar-se do antigo opressor e após a abdicação de Pedro I, estava a nação sendo governada, pela primeira vez, por um príncipe brasileiro, "que fora ao nascer pelas auras da América bafejado, e pelo sol dos trópicos aquecido"[5].

Fazia sentido a esperança, ao menos no que diz respeito às relações do Príncipe com a literatura. De fato, Pedro II, no papel de um Augusto tropical, parece ter visto em Magalhães o seu Virgílio. E foi com o apoio e o estímulo do Imperador que o poeta, logo depois das suas *Bucólicas*, que foram os *Suspiros Poéticos e Saudades*, concentrou-se na redação de uma epopéia "brasileira", com o fito de celebrar, na aliança dos tamoios contra os portugueses, o sentimento de resistência da nova terra ao colonizador[6].

Talvez por conta da dinâmica nacionalista romântica, talvez por conta do interesse áulico e do empenho pessoal de Pedro II na construção de uma emblemática e mitologia americana, tem início então uma espécie de cruzada em busca da epopéia nacional, do poema que pudesse sintetizar, com a narrativa da história pregressa ou arqueológica da nação, o caráter distintivo da civilização brasileira em relação à matriz portuguesa.

Uma das primeiras tentativas, que se seguiu de apenas alguns anos ao anúncio do poema de Magalhães, deveu-se a Teixeira e Sousa. Hoje só lembrado por ter sido o autor do primeiro romance brasileiro, empenhou-se, entre o começo dos anos de 1840 e 1855, na composição de um poema em oitava-rima intitulado *A Independência do Brasil*. Dotado dos elementos característicos do gênero, deixa patente a incompatibilidade entre o assunto rigorosamente contemporâneo e a nota de maravilhoso com que, em atendimento aos preceitos do gênero, tratou de ornar o poema[7]. Literariamente malsucedido, o poema de Teixeira e Sousa tampouco foi bem aceito como empresa política. Pedro II, já empenhado em favorecer, por meio do Instituto Histórico e Geográfico e do apoio a intelectuais, o florescimento dos estudos

---

5. Magalhães, *op. cit.*, p. 151.

6. Trata-se de *A Confederação dos Tamoios*, publicado em 1856, mas cujo projeto estava divulgado e conhecido desde muito antes, pois já em 1841 escrevia Joaquim Norberto de Sousa Silva, no seu *Bosquejo da História da Poesia Brasileira*: "os episódios dos quatro primeiros cantos, que se acham concluídos, são riquíssimos". Em Regina Zilberman & M. E. Moreira, *O Berço do Cânone*, Porto Alegre, Mercado Aberto, 1998, p. 137.

7. De fato, é difícil ler, em prosa rimada, transcrições de falas de parlamentares, nos debates do congresso em 1820; e mais difícil é, face às convenções do século, aceitar que os oradores sejam porta-vozes ou instrumentos de anjos e demônios. A bem da justiça, registre-se entretanto que nem tudo é ruim nesse poema pioneiro e que, apesar da personificação do Despotismo, da Anarquia e da Volúpia, têm vivacidade várias passagens da descrição do Inferno, no canto VI.

e obras literárias dedicadas aos indígenas brasileiros, recusou-se a acolher o poema e o poeta, não concedendo a este de imediato, por conta da epopéia, o prêmio de uma sinecura[8].

Em 1856, Gonçalves de Magalhães publicou finalmente *A Confederação dos Tamoios*, que viria a ser a mais bem realizada epopéia do Romantismo brasileiro. Contrariamente ao proposto no célebre ensaio da *Niterói*, porém, acabou por compor um poema de extração neoclássica, que, embora sem uso da mitologia greco-latina, tentava seguir de perto os modelos.

Isso foi logo destacado numa seqüência de textos críticos publicados por José de Alencar, que atacou a obra por dois flancos principais[9]. Por um lado, avaliava o poema do ponto de vista dos preceitos clássicos que regiam a epopéia, censurando-lhe a falta de elevação do tema e da linguagem, a ausência do elemento maravilhoso e ainda a não-observância de princípios ordenadores da ação principal. Por outro, acusava o feitio pouco romântico da obra, reclamando caráter mais específico das personagens, mais cor local e maior aproveitamento dos motivos líricos na descrição da natureza brasileira. Nessa segunda linha de argumentação, terminava por sugerir que a forma da epopéia, ainda que fosse realizada de acordo com os preceitos, seria inadequada aos tempos modernos, sendo o romance a forma mais capaz de dar conta dos objetivos épicos românticos.

A polêmica foi um marco importante na consolidação do Romantismo por dois motivos: porque nela se delinearam os rumos da carreira de um dos seus maiores expoentes, José de Alencar, que se proporia a satisfazer em prosa romanesca os anseios da epopéia da formação nacional, com *O Guarani*, *Iracema* e *Ubirajara* (para não mencionar os romances em que se ocupou das diferenciações regionais); e porque expôs de corpo inteiro a importância política da composição da épica nacionalista. Esta ficou evidente quando,

---

8. A recusa de apoio a Teixeira e Sousa foi criticada publicamente por Santiago Nunes Ribeiro, na *Minerva Brasiliense*. No número seguinte, uma nota desautorizava a crítica e descomprometia, assim, a revista. Alguns anos depois desse episódio, que evidencia a dependência dos escritores em relação ao mecenato real e permite constatar a sua força na definição do programa romântico no Brasil, o poeta receberá um lugar de mestre-escola e, na seqüência, um cargo de escrivão na corte. Ver, a propósito do caso de Teixeira e Sousa, Letícia Squeff, *O Brasil nas Letras de um Pintor*, Campinas, Editora da Unicamp, 2004, pp. 63-64; e também o artigo de Brito Broca, "Teixeira e Sousa e o Imperador", em *Românticos, Pré-românticos, Ultra-românticos: Vida Literária e Romantismo Brasileiro*, São Paulo, Pólis, 1979.

9. Alencar posteriormente reuniu em volume esses textos, que se encontram reproduzidos como "Cartas sobre *A Confederação dos Tamoios*, por Ig", em *Obra Completa*, Rio de Janeiro, José Aguilar, 1960, vol. IV, pp. 863-922.

no calor da hora, o Imperador não só incentivou a defesa de Magalhães e do projeto da epopéia pela imprensa, mas também não hesitou em descer ele próprio à arena jornalística, defendendo o protegido sob o pseudônimo de "Outro Amigo do Poeta"[10].

É provável que a esse embate se deva, por exemplo, a decisão de Gonçalves Dias de publicar em volume, no ano seguinte, quatro cantos de um poema épico concebido anos antes e no qual ainda trabalhava: *Os Timbiras*, devidamente dedicados "a majestade do muito alto e muito poderoso príncipe D. Pedro II, imperador constitucional e defensor perpétuo do Brasil".

Testemunho eloqüente da importância que parecia ter a redação de uma epopéia nacional, em meados do século XIX, é também o fato de o próprio José de Alencar, que tão claramente sugerira a impertinência oitocentista da forma, não ter resistido, dez anos depois da polêmica com Magalhães, a tentar redigir *Os Filhos de Tupã*, em doze cantos, dos quais chegou a compor três inteiros e fragmentos de um quarto[11].

No mesmo ano de 1866, no qual Alencar fazia a sua incursão no campo da poesia indianista, o segundo homem do romantismo de primeira hora, Araújo Porto-Alegre, dava à luz a sua contribuição à epopéia americana, o *Colombo*, em quarenta cantos, precedidos de um prólogo[12].

---

10. Na percepção do tempo, os ataques de Alencar atingiam em cheio o projeto apoiado pelo monarca, e realizado pela "panelinha de São Cristóvão", isto é, pelo primeiro grupo romântico. Porto-Alegre foi inclusive mais longe, escrevendo que o alvo do romancista era o próprio Imperador: "o homem despeitado e sem coragem, fere o protegido por não ousar ferir o protetor". A propósito do lugar de Porto-Alegre no projeto romântico brasileiro, ver Letícia Squeff, *O Brasil nas Letras de um Pintor, op. cit.* A frase de Porto-Alegre e a referência à "panelinha de S. Cristóvão" se encontram nas pp. 70 e 71.

11. É o próprio Alencar quem vincula o projeto de compor um poema épico à polêmica da *Confederação*. Eis o que escreve, na carta que se segue ao texto do romance *Iracema*: "Cometi a imprudência quando escrevi algumas cartas sobre a *Confederação dos Tamoios* de dizer: 'as tradições dos indígenas dão matéria para um grande poema que talvez um dia alguém apresente sem ruído nem aparato, como modesto fruto de suas vigílias'. §Tanto bastou para que supusessem que o escritor se referia a si, e tinha já o poema em mão; várias pessoas perguntaram-me por ele. Meteu-me isto em brios literários; sem calcular das forças mínimas para empresa tão grande, que assoberbou dois ilustres poetas, tracei o plano da obra, e a comecei com tal vigor que levei quase de um fôlego ao quarto canto. §Esse fôlego, susteve-se cerca de cinco meses, mas amorteceu; e vou lhe confessar o motivo". (J. de Alencar, *Iracema*, Rio de Janeiro, Tipografia de Viana e Filhos, 1865, p. 193, cf. repr. fac-similar: São Paulo, Oficina do Livro Rubens Borba de Moraes/Imprensa Oficial do Estado de São Paulo, 2003).

12. Porto-Alegre foi uma voz dissonante no que diz respeito ao indianismo de primeira hora. Seu poema, que ainda espera uma leitura rigorosa, que fuja à tentação de ridicularizá-lo pela extensão ou pela versificação classicizante, é a mais ambiciosa epopéia brasileira. Tendo por assunto a descoberta da América, apresenta um sumário do conhecimento do tempo sobre a terra, a gente e a história do Novo Mundo.

Por fim, no fechar de cortinas do Romantismo, em 1875, em edição póstuma, sai *Anchieta, ou o Evangelho nas Selvas*, de Fagundes Varela. Uma década depois, em 1888, em pleno momento parnasiano, é publicado aquele que pode ser considerado o último elo na longa série de obras que configuram o projeto romântico do poema épico americano ou brasileiro, já agora sem a preocupação de corresponder aos moldes tradicionais da epopéia, de alguma maneira ainda presente no horizonte dos antecessores: o *Guesa*, de Sousândrade.

Na seqüência, os ecos do projeto de uma epopéia americana ainda se fazem ouvir no primeiro Modernismo, em obras como *Cobra Norato*, de Raul Bopp, e *Martim-Cererê*, de Cassiano Ricardo[13]. E até, depois, na *Invenção de Orfeu*, de Jorge de Lima.

Não vale a pena repetir aqui o diagnóstico de fracasso histórico (ou, melhor, historiográfico) das epopéias românticas. Pelo contrário, seria o caso de desenvolver e investigar a hipótese de que *A Confederação dos Tamoios* e *Colombo*, junto com as traduções de Odorico, a obra de Sousândrade e os poemas medievalistas de Gonçalves Dias (mas não só eles), configuram uma vertente cultural importante não apenas no Romantismo, como também no Parnasianismo e no período imediatamente anterior ao Modernismo[14]. Uma vertente que talvez só agora possa ser encarada de modo compreensivo, com a queda da hegemonia do padrão de gosto modernista e com o conseqüente esbatimento do vetor teleológico da descrição histórica elaborada em meados do século XX, que apagou ou condenou, como monstruosidade ou apanhado de tolices, tudo aquilo que se afastava da linha ideal de progresso em direção à coloquialidade expressiva posta a serviço da investigação ou do retrato da vida social.

Até isso ser feito, porém, até que a "vertente latinizante" seja descrita e avaliada de modo compreensivo, o *éthos* épico romântico mais característico

---

13. A essa persistência do projeto de compor a epopéia nacional, chamou Ivan Teixeira "uma obsessão da literatura brasileira", e nela incluiu, além das obras aqui referidas, o poema *O Caçador de Esmeraldas*, de Bilac, o *Pau Brasil*, de Oswald de Andrade, e o *Macunaíma*, de Mário de Andrade. Cf. o "Prefácio" a Olavo Bilac, *Poesias*, São Paulo, Martins Fontes, 1997, p. XXXIX.

14. "Vertente latinizante" foi a expressão utilizada por Antonio Medina Rodrigues, no estudo introdutório à tradução da *Eneida* por Odorico Mendes: "Uma vertente da nossa literatura foi latinizante, e deixou marcas até começos do século XX, por exemplo, em Euclides da Cunha" (Virgílio, *Eneida*, São Paulo/Campinas, Ateliê/Editora da Unicamp, 2005, p. 15). Já no prefácio a outra tradução de Odorico, Medina rastreara o veio da "poesia da gramática", no qual incluía Gregório de Matos, Vieira, Odorico, Sousândrade, Raul Pompéia, Euclides, Lobato, Graciliano, Oswald e João Cabral, bem como a Poesia Concreta (em Homero, *Odisséia*, São Paulo, Edusp, 2000, p. 40).

I-JUCA PIRAMA

continuará a ser encontrado não num texto composto à maneira da epopéia, mas em alguns poemas de tema heróico e tema indígena, escritos por Gonçalves Dias.

Indianismo

Quando Gonçalves Dias publicou, em 1846, os seus *Primeiros Cantos*, abriu-os com uma seção denominada "Poesias Americanas". Incluía essa seção cinco poemas, dos quais o primeiro é talvez ainda o mais conhecido da literatura brasileira, a "Canção do Exílio". Seguiam-se-lhe quatro poemas, que inaugurariam um dos veios temáticos mais prolíficos da literatura brasileira: "O Canto do Guerreiro", "O Canto do Piaga", "O Canto do Índio" e "Morro do Alecrim".

Alexandre Herculano, em crítica de primeira hora, celebrou, na poesia de tema indianista, a realização da "verdadeira poesia nacional do Brasil", anotando:

> Quiséramos que as "Poesias Americanas" que são como o pórtico do edifício ocupassem nele maior espaço. Nos poetas transatlânticos há por via de regra demasiadas reminiscências da Europa. Esse Novo Mundo que deu tanta poesia a Saint-Pierre e a Chateaubriand é assaz rico para inspirar e nutrir os poetas que crescerem à sombra das suas selvas primitivas[15].

Dado o enorme prestígio do escritor, o texto de Herculano valeu, no tempo, como batismo do nascimento da poesia nacional brasileira. E assim o entendeu Gonçalves Dias, que o incorporou como prefácio, nas edições seguintes do seu livro.

Quando reuniu os livros de poesia, para publicação conjunta, em 1857, Gonçalves Dias, porém, alterou a seção "Poesias Americanas", da qual deixou de constar "O Morro do Alecrim". Em seu lugar, aparecem "Caxias" e "Deprecação", que são partes modificadas do primeiro.

"Deprecação" é, com modificações, a parte final de "O Morro do Alecrim", cujas estrofes tinham sido transcritas por Herculano como exemplo de poesia "americana". "Caxias" é composto das três primeiras estrofes de "O

---

15. A. Herculano, "Futuro Literário de Portugal e do Brasil", em A. G. Dias, *Obra Completa*, Rio de Janeiro, Editora Aguilar, 1998, p. 100.

Morro", à qual o poeta acrescentou uma quarta. E toda a parte intermédia de "O Morro do Alecrim", nove estrofes, totalizando 41 versos, deixa de fazer parte dos *Cantos*.

É possível que a intervenção do poeta visasse a melhor corresponder ao elogio do escritor português, pois "Deprecação", isolada da primeira parte do poema original, que era a descrição da cidade natal, pode ler-se como poema exclusivamente indianista. Mas também é possível que o desmembramento do poema se deva a outra causa, se considerarmos o que ficou de fora e o que foi acrescentado.

De fora ficaram versos que celebram o morro do Alecrim como lugar de martírio de heróis. Versos como: "cada pedra que i jaz encerra a história / dum bravo que morreu", e ainda:

> E o filho ainda lá vai cheio de orgulho,
> Do pai beijando o sangue em largos traços
> Que a pedra conservou.

E o que foi acrescentado, quando a primeira parte passou a se chamar "Caxias", foi esta estrofe:

> Mas dia virá, em que te pejes
> Dos, que ora trajas, símplices ornatos
>   E amável desalinho:
> Da pompa e luxo amiga, hão de cair-te
> Aos pés então – da poesia a c'roa
>   E da inocência o cinto.

Em "O Morro do Alecrim", o elo entre o presente (tempo da cidade) e o passado remoto (tempo da primeira instalação portuguesa no Maranhão) era um fantasma, um vulto errante de índio que aparecia pela alta madrugada e pronunciava a invocação dos deuses, na qual lamenta a desaparição da sua tribo. Quando os poemas são desmembrados e refeitos, a voz do índio já não tem história nem local e se ergue, em "Deprecação", sem situação narrativa; o morro do Alecrim deixa de ser nomeado; a cidade de Caxias se destaca como título do poema e como destinatária de um discurso que lhe prognostica alguma vaga desgraça ou aviltamento.

Sucede que o morro do Alecrim fora palco de vários combates ao longo da história. O celebrado por Gonçalves Dias, no poema publicado na edição de 1846, era o dos primeiros habitantes contra os portugueses, que se transformava, pela nomeação da cidade e do morro, em figura do outro combate, maior e mais importante, do ponto de vista político, do que fora o ali travado, séculos depois, em 1823, entre as tropas brasileiras e a resistência portuguesa.

Entretanto, no mesmo local decorreu, no final da década de 1830, a revolta da Balaiada, movimento popular que juntou, contra o governo central, vaqueiros, lavradores, camponeses, artesãos, negros, mestiços e índios. A rebelião só foi debelada pelo futuro duque de Caxias, e foi encerrada em 1841, quando D. Pedro II, tendo a sua maioridade antecipada, ofereceu anistia aos revoltosos, com a condição de que os participantes negros fossem reescravizados. O episódio sangrento ocorreu, pois, apenas cinco anos antes da publicação dos *Primeiros Cantos*, e foi exatamente no morro do Alecrim que Luís Alves de Lima e Silva, após vitória contra os revoltosos, recebeu a carta de D. Pedro II, nomeando-o marquês de Caxias.

É possível, pois, que a alteração se deva à possibilidade de o louvor do nativismo indígena ser confundido com o louvor dos rebeldes, especialmente os índios que se contavam entre eles, liquidados pelo poder monárquico. A divisão do poema em duas partes, com a eliminação do louvor dos mártires do morro do Alecrim, pode, portanto, ser lida como indício de que havia um lugar preciso para o indianismo romântico no projeto político do governo imperial: era desejável a sua utilização como emblema da oposição do império brasileiro ao reino de Portugal e da singularidade da civilização brasileira; ao mesmo tempo era preciso cuidar para que o louvor do nativo não pudesse ser atualizado como gesto de solidariedade às várias reivindicações localistas e populares que pipocaram ao longo da Regência e no começo do governo de Pedro II.

Já a parte indianista de "O Morro do Alecrim", quando se transforma em "Deprecação", traz pelo menos uma alteração que é interessante registrar. Na primeira versão, Gonçalves Dias fazia o índio invocar repetidamente "manito". Na segunda, "manito" dá lugar a Tupã. Ora, nas notas aos *Primeiros Cantos*, escreveu Gonçalves Dias, que "manitos" ou "manitôs" eram "uns como penates que os Índios veneravam. O seu desaparecimento augurava calamidade sobre a tribo de que eles houvessem desertado". Quando da segunda edição, a nota vinha já corrigida: "uns como penates que os índios da América do Norte veneravam". A substituição de um poema pelo outro é também, portanto, uma adequação de vocabulário e de registro: aquilo que era apenas exotismo americano, bebido em *Atala*, de Chateaubriand, passa agora a ser inspiração brasileira, com mais apropriada cor local[16].

---

16. Gonçalves Dias, entretanto, continuará a utilizar "manitô" como palavra tupi, como se vê em "I-Juca Pirama", embora não a consigne, logicamente, no seu *Dicionário da Língua Tupi*. A palavra, em

Na primeira edição do livro, quando a poesia indianista e suas convenções ainda estavam por estabelecer, Gonçalves Dias não só explicitou o caráter fantasmagórico do índio que ergue uma prece aos "manitôs", mas ainda teve o cuidado de acrescentar às "poesias americanas" esta nota:

> Estes cantos para serem compreendidos precisam de ser confrontados com as relações de viagens, que nos deixaram os primeiros descobridores do Brasil e os viajantes portugueses, franceses e alemães, que depois deles se seguiram.

Quando republicou os *Primeiros Cantos* na edição da sua poesia coligida, em 1857, a convenção indianista já estava estabelecida. A nota, portanto, era desnecessária e foi suprimida, pois a matéria indianista se situava, por si só, num passado quase imemorial, e já não se colocava a possibilidade de que os poemas fossem entendidos como representação de conflitos contemporâneos entre índios e brancos ou outras encarnações da oposição selvagem/civilizado.

Esse ponto merece destaque. Não só porque permite entender melhor o sentido do indianismo de Gonçalves Dias, mas também porque integra uma estratégia literária que, para usar o índio como tema poético nacional por excelência, tratou de o apagar da história presente, subsumindo o Brasil na corte e na nação litorânea.

O procedimento nasce com a preocupação nacionalista e indianista. Gonçalves de Magalhães, no já referido "Ensaio", pode afirmar que os índios são, em 1836, um povo praticamente "desaparecido da face da terra". Nisso, será secundado por Alencar, que, nas cartas de 1856, a propósito d'*A Confederação dos Tamoios,* irá igualmente se referir aos índios brasileiros como "raças extintas"[17].

Alencar não mudará de opinião: em 1865, quando publica *Iracema,* escreve ainda que uma dada imagem inspirada na linguagem indígena era como ouro "desentranhado da profunda camada, onde dorme uma raça extinta". E eis o que escreve sobre o indianismo como base para o nacional:

---

si mesma, é uma prova do poder criador do indianismo gonçalvino: uma vez que entrou no trato da linguagem comum, como índice de nativismo, pouco passou a importar o fato de ser a adaptação de um termo usado por um escritor francês que se ocupou de povos em nada aparentados com os indígenas sul-americanos.

17. José de Alencar, "Cartas sobre *A Confederação dos Tamoios*". Há várias passagens nas quais Alencar afirma a extinção. A primeira está na primeira carta: *op. cit.,* p. 866.

O conhecimento da língua indígena é o melhor critério para a nacionalidade da literatura. Ele nos dá não só verdadeiro estilo, como as imagens poéticas do selvagem, os modos do seu pensamento, as tendências do seu espírito, e até as menores particularidades de sua vida. É nessa fonte que deve beber o poeta brasileiro, é dela que há de sair o verdadeiro poema nacional, tal como eu o imagino[18].

Ou seja, Alencar não estabelece a equação nacional = indígena. Para ele, como para os demais indianistas, engajados no projeto de construção do imaginário brasileiro, o nacional resulta da imitação do selvagem, da apropriação da sua mitologia e do seu vocabulário e formas de dizer pelo homem civilizado, por meio da imaginação arqueológica e da pesquisa lingüística. O que é o mesmo que dizer que o nacionalismo indianista em literatura é uma espécie de exotismo temporal, de exotismo de assunto local, exotismo de tema autóctone.

Sérgio Buarque de Holanda, escrevendo em 1939, constatou a função de cor local do indianismo de Gonçalves Dias, ao afirmar que o poeta praticava "uma arte desinteressada, onde as paixões valem pelo que são e pela beleza de seus contrastes". E acrescentou, de modo inequívoco:

O índio brasileiro, de quem Gonçalves Dias foi um estudioso apaixonado, e não por nacionalismo mas antes por curiosidade erudita, [...] foi a maneira natural de traduzir em termos nossos a temática da Idade Média, característica do romantismo europeu[19].

Antonio Candido, vinte anos depois, retomou essa perspectiva, pondo ênfase no parentesco entre o medievismo coimbrão das *Sextilhas* e o indianismo gonçalvino, cuja função principal não seria dar a conhecer a vida indígena, mas "enriquecer processos literários europeus com um temário e imagens exóticas, incorporados deste modo à nossa sensibilidade", concluindo que, "para o leitor habituado à tradição européia, é no efeito poético da surpresa que consiste o principal significado da poesia indianista"[20].

Já Augusto Meyer, nos anos de 1960, embora vendo no indianismo uma "forma inconsciente de exotismo", pôde dar uma formulação muito clara da função da imagética e vocabulário indígena na literatura romântica:

---

18. José de Alencar, *Iracema, op. cit.*, pp. 195-196.
19. Sérgio Buarque de Holanda, "Prefácio", em D. J. G. de Magalhães, *Obras Completas*, Rio de Janeiro, Ministério da Educação, 1939, vol. II, pp. IX-XXXI.
20. *Formação da Literatura Brasileira*, 4. ed., São Paulo, Martins, 1971, vol. II, pp. 83, 85.

Em *O Guarani, Iracema, Ubirajara*, como nos "poemas americanos" dos nossos poetas, palpita um sentimento sincero de *distância poética e exotismo*, de coisa notável por estranha para nós, embora a rotulemos como *nativa*. [...] destruímos e cantamos o índio; como bons românticos, só o exaltamos quando estava morrendo e já era passado elegíaco para nós, ou simples *matéria etnográfica*[21].

Esse sentimento de distância poética e de exotismo, no caso de Gonçalves Dias, não se limita à matéria americana. A propósito, não deixa de ser interessante que o poeta tenha composto dois poemas com o mesmo título, "Visões", na mesma época, no final de 1844[22]. Num deles, que não foi aproveitado nos *Primeiros Cantos*, lê-se um diálogo entre um índio tupi e o poeta. Trata-se, segundo Antonio Henriques Leal, de uma das primeiras tentativas de poesia americana. No outro, que integrou os *Primeiros Cantos*, uma sucessão de cinco poemas abre com uma cena árabe, e prossegue com outras aparentemente medievais, inspiradas nos romances históricos de Herculano, notadamente no *Eurico*.

E não foi apenas no início de sua carreira que os vários exotismos compareceram conjuntamente. Ao longo da sua obra, não apenas na poesia, mas ainda no teatro e no interesse etnológico, o distante e o estranho ocupam um lugar importante, o que indica que o americano é apenas o principal entre vários exotismos temporais ou espaciais que se fazem presentes, desde a "imitação de uma poesia javanesa" até o africanismo colorido de "A Escrava", passando pelo orientalismo, de tom bíblico ou não ("Agar no Deserto", "Zulmira", "A Flor do Amor"), e pela já mencionada glosa de temas medievais portugueses nas *Sextilhas*, na "Lenda de Sam Gonçalo" e em "O Trovador".

O exotismo indianista, por uma série de motivos, acabou por ser o mais bem-sucedido. Entre outros: por servir à emblemática política do Segundo Império; por atender aos ideais românticos de cor local americana, que também fizeram o sucesso de *Atala* e *Les Natchez*; por trazer para a língua portuguesa do Brasil um diferencial vocabular e imagético, em relação à língua literária de Portugal; por se apresentar como elemento de catálise do anseio de construção do especificamente nacional, que se seguiu à Independência.

---

21. A. Meyer, *A Chave e a Máscara*, Rio de Janeiro, O Cruzeiro, 1964, p 154. Os grifos são do autor. A perspectiva de Meyer é rigorosamente modernista. Daí o menor interesse do resto da sua reflexão sobre o indianismo, que amortece a clareza da percepção do fenômeno literário, subordinando-a ao "drama que transcende a criação literária", qual seja, o do "vazio brasileiro", da "tenuidade da consciência nacional", ou seja, na esteira de Sérgio Buarque, da sensação dos brasileiros de que são "uns desterrados em nossa terra".

22. Informação de Antonio Henriques Leal, em Gonçalves Dias, *Poesias Póstumas*, ed. A. H. Leal, Rio de Janeiro, Garnier, 1868, p. 41.

Mas o principal motivo talvez seja de natureza propriamente literária. Gonçalves Dias – com "Deprecação", "Marabá", "Canção do Tamoio", "O Canto do Guerreiro", "O Canto do Índio" e "Leito de Folhas Verdes" – criou um novo tipo de poesia, ao fazer com que o índio deixasse de ser tema, personagem observada e passasse a assumir a voz lírica, a ser sujeito da enunciação. Foi um lance de gênio o de colocar, lado a lado, na mesma seção inaugural do seu livro, o confessionalismo da "Canção do Exílio" e os poemas "dramáticos" (no sentido que Pessoa dará depois a esse termo, aplicado à poesia lírica) em que a elocução é atribuída a uma figura indígena.

Dessa maneira, por conta da eficácia, do sucesso e da novidade da sua criação, aquele que é talvez o mais internacional dos poetas do Romantismo brasileiro acabou por ser lido principalmente, e para seu prejuízo, como o epítome do nacionalismo, e como tal fez numerosa descendência até as portas do século XX[23].

Entretanto, se comparado o aproveitamento que faz Gonçalves Dias dos nomes e das tradições indígenas com o de Alencar, destaca-se a diferença entre as duas principais formas do indianismo brasileiro.

Um aspecto dessa diferença já foi bem observado: o caráter historizado das personagens indígenas dos romances de Alencar, a que se opõe o caráter típico, convencional das figuras índias de Gonçalves Dias[24]. O que se dá no nível da personagem dá-se no nível da linguagem, onde a homologia é perfeita: a sintaxe e o vocabulário de Alencar serão objeto de reprovação por escritores da antiga matriz, ao passo que em Gonçalves Dias não só a forma do verso exibe a cada passo extração neoclássica, mas também a sua linguagem e estilo se mostram firmemente entroncados na tradição portuguesa.

Viu bem esse ponto Alencar, quando, na carta que acompanha *Iracema*, criticou os índios de Gonçalves Dias por falarem uma linguagem clássica. E não porque esperasse que falassem tupi, mas por desejar que, como os dos seus próprios livros, "usassem termos e frases que ao leitor parecerão naturais na boca do selvagem"[25].

---

23. A direção desta análise é, assim, em tudo contrária à leitura biografizante e nacionalista de Lúcia Miguel Pereira, presente na sua biografia do poeta, de 1943, e já esboçada em "Gonçalves Dias, Poeta da Vida", artigo publicado na *Revista do Brasil*, nº 3, 1938. Este último se encontra reproduzido em L. M. Pereira, *A Leitora e seus Personagens*, Rio de Janeiro, Graphia Editorial, 2005.

24. A. Candido, *op. cit.*, p. 84. Uma comparação rápida dos dois indianismos, sob o ponto de vista da representação do processo colonizador, foi feita por Alfredo Bosi no ensaio "Um Mito Sacrificial: O Indianismo em Alencar". Cf. Alfredo Bosi, *Dialética da Colonização*, São Paulo, Companhia das Letras, 1992, pp. 184-186.

25. Alencar, *op. cit.*, p. 195.

E é de tal maneira semelhante e padronizada a linguagem das suas personagens índias, israelitas ou portuguesas, que é forçoso concluir: o índio, os nomes índios, as referências aos costumes e práticas têm na sua poesia um lugar secundário, quase como um pano de fundo ou uma decoração de ópera.

Contra esse pano de fundo, ou, melhor, adaptando quanto possível a cena ao pano de fundo, Gonçalves Dias vai atualizar situações e valores extraídos do principal filão da literatura ocidental, que é a tradição clássica. De tal modo que um poema tão famoso e emblemático como a "Canção do Tamoio", com a substituição de quatro palavras (taba, tapuia, condor e tapir), poderia denominar-se, genericamente, "canção" ou algo como "canção do fuzileiro".

Ao próprio poeta devia ser isso sensível, pois no trecho de uma carta de 1847, na qual comunica a um amigo o projeto de compor uma epopéia, é notável o tom divertido com que anuncia os elementos pitorescos, "americanos", que utilizará no poema:

> Imaginei um poema... como nunca ouviste falar de outro: magotes de tigres, de quatis, de cascavéis; imaginei mangueiras e jabuticabeiras, jequitibás e ipês arrogantes, sapucaieiras e jambeiros, de palmeiras nem falemos; guerreiros diabólicos, mulheres feiticeiras, sapos e jacarés sem conta; enfim, um gênesis americano, uma Ilíada brasileira, uma criação recriada. §Passa-se a ação no Maranhão e vai terminar no Amazonas com a dispersão dos Timbiras, guerras entre eles e depois com os portugueses. §O primeiro canto já está pronto, o segundo começado[26].

Portanto, não há por que, ao enfocar "a obra-prima da poesia indianista brasileira", "I-Juca Pirama", enfatizar "a situação quase anormal" que a fundamenta[27]. Anormal parece querer dizer falsa ou monstruosa. E talvez seja, do ponto de vista dos costumes e da ética indígena tal como foram construídos e fixados por outras formas do indianismo romântico, pela etnografia e pelos relatos dos viajantes. Uma vez reconhecido o indianismo como uma espécie de exotismo, porém, não faz sentido a exigência realista, nem a acusação de anormalidade. A não ser que por anormal se designe o próprio cerne do indianismo, que é, a rigor, incompatível com a perspectiva realista: a ambientação de situações e conflitos clássicos num universo exótico e, por isso

---

26. Carta a Antônio Henriques Leal, de 1847, *apud* Cassiano Ricardo, "Gonçalves Dias e o Indianismo", em A. Coutinho (org.), *A Literatura no Brasil*, Rio de Janeiro, J. Olympio, 1986, vol. 3, p. 90.
27. A. Candido, *op. cit.*, p. 85.

mesmo, capaz de dar novidade pitoresca a temas fortes da tradição literária do Ocidente. No caso, o conflito entre os valores heróicos e a piedade, bem como o fato de o herói ser um dos últimos descendentes de uma "raça extinta", emigrando e levando consigo o pai senil, permitem ver "I-Juca Pirama" como glosa americana de um dos textos centrais para a constituição da cultura ocidental – a *Eneida*, de Virgílio. Mas, enquanto Enéias, herói de epopéia, é um indivíduo conhecido na história, na mitologia ou na literatura, cujo nome aparece no título do poema e preexiste à obra de Virgílio, o herói da glosa gonçalvina é um herói sem nome, que se move num tempo sem delimitação nem história e num lugar sem fronteiras.

Nesse sentido, mais próximo do modelo épico, pois desenvolve um assunto de conteúdo histórico ou mítico, seria outro poema narrativo composto por Gonçalves Dias, o que se intitula "Tabira". Sua consideração contrastiva, quanto a esse ponto, permite ressaltar a singularidade de "I-Juca Pirama", pois já a consideração do escopo do título das duas obras indica a diferença de tratamento da matéria heróica.

Tabira é o herói cujas façanhas o poema narra: um cacique tabajara convertido ao cristianismo e aliado, portanto, do invasor branco. O poema se articula sobre essa questão, que dá origem aos três tópicos centrais do poema: a conversão de Tabira é o principal motivo de os potiguares lhe moverem guerra; a sua valentia suicida é a demonstração de que, nem por se ter convertido, perdera as virtudes guerreiras; as conseqüências últimas da aliança com o branco traidor se revelam na situação narrativa do poema, ao final, quando o leitor percebe que os feitos heróicos de Tabira são rememorados por índios escravizados, que contam sua história na senzala que dividem com os africanos.

Já o título "I-Juca Pirama", embora se refira também ao herói, não é nome pessoal. Como revela a nota etimológica do poeta, é apenas uma indicação de função, de destino ou de objetivo: "o que há de morrer", o condenado à morte; ou, então, no segundo sentido consignado na explicação do poeta, "o que é digno de ser morto", isto é, o que se torna, por merecimento, alguém digno de morrer heroicamente[28]. Nem mesmo ao longo da narração o herói de "I-Juca Pirama" recebe nome ou qualificativo pessoal, sendo designado apenas com o nome da tribo: é o tupi, como o chefe que o captura é simplesmente o timbira.

---

28. É, pois, uma glosa da saudação tradicionalmente atribuída aos antigos gladiadores, que incluía, em latim, a palavra que traduz a expressão indígena.

Entretanto, embora não tenha nome e nem seja personagem histórica como Tabira, o herói de "I-Juca Pirama" acaba por ser mais individualizado. Tabira é um símbolo da valentia bárbara, do furor guerreiro que não hesita, não sofre medo e é capaz, no calor da batalha, de atos quase sobre-humanos. Tipo plano, unidimensional, ao qual a referência histórica pouco acrescenta em termos de singularidade, tem a mesma individualidade de um herói de terceiro escalão, envolvido num combate menor da *Ilíada*.

Já o herói anônimo de "I-Juca Pirama" representa um momento de quebra da unidimensionalidade do padrão heróico. Mais vazio de história do que Tabira, é mais dotado de psicologia, e funciona melhor, por isso mesmo, como lugar de atualização de valores éticos conflitantes e de sucessão de emoções. É, assim, enquanto herói, mais moderno do que Tabira, mais apto a receber e expressar um especial tipo de heroísmo romântico que consiste, em última análise, no sacrifício e na capacidade de renunciar à glória em nome de um valor mais alto[29].

Boa parte da força dramática do poema provém do conflito entre os dois modelos éticos, personificados pelo pai e pelo filho. Porém, o que acentua o *pathos* do poema é a percepção de que aquele que vai morrer não é somente um indivíduo. Designado pelo nome da tribo, é ele o fim de uma descendência. Diferentemente de Enéias, que abandona Tróia carregando ao mesmo tempo o pai e o filho, do qual nascerá uma civilização nova, o esforço do Tupi não terá continuidade, senão como lembrança de heroísmo:

> Assim o Timbira, coberto de glória,
>> Guardava a memória
>> Do moço guerreiro, do velho Tupi.
> E à noite nas tabas, se alguém duvidava
>> Do que ele contava,
> Tornava prudente: "Meninos, eu vi!"

O detentor da memória, por sua vez, é membro da tribo que Gonçalves Dias celebra em sua epopéia, *Os Timbiras*, que abre com esta proposição:

---

29. Também na forma os dois poemas se opõem simetricamente. "Tabira" é composto num só metro e numa só forma estrófica, de rimas regulares. "I-Juca Pirama" é composto de grande multiplicidade de metros, ritmos e formas estróficas. Por isso talvez, embora tenha metade da extensão de "I-Juca Pirama", "Tabira" pareça, na leitura, mais longo, mais arrastado, apesar da ação una e da rapidez do seu desenvolvimento. É somente no caráter castiço, ou, melhor, arcaizante da sintaxe e do vocabulário que os dois poemas se aproximam um do outro.

As festas, e batalhas mal sangradas
Do povo Americano, agora extinto,
Hei de cantar na lira. – Evoco a sombra
Do selvagem guerreiro!...[30]

Trata-se, pois, de uma lembrança cujo sujeito e objeto pertencem a um mundo irremediavelmente desaparecido. De realmente histórico, na matéria heróica do indianismo de Gonçalves Dias, só mesmo a certeza da extinção dos índios, por conta da chegada do invasor branco.

Essa extinção, sob a forma de pressentimento ou constatação, é o tema principal do primeiro grupo de poemas indianistas do autor: "Deprecação", "O Canto do Piaga", "O Gigante de Pedra" e, mesmo, "Marabá"[31]. É a sua certeza que colore também o segundo grupo dos poemas indianistas (formado por aqueles nos quais não há menção ao fim da raça por conta da chegada do homem branco), e lhes dá o tom elegíaco próprio de um teatro de sombras perdidas, que apenas a evocação romântica, a visão interior, pode reconstruir[32].

Assim, "I-Juca Pirama" conjuga os principais motivos do indianismo de Gonçalves Dias: apresenta uma aldeia selvagem e pujante, ainda não contaminada pela presença do homem branco, mas o tema central é o fim de uma linhagem e a dispersão ou desgraça de uma nação indígena.

Situado num momento edênico, anterior à queda representada pela colonização, o poema permite o livre jogo da imaginação em torno dos valores heróicos de um mundo no qual a ética cristã não havia ainda penetrado. A apresentação da morte voluntária de um dos últimos descendentes dos tupis como resultado do conflito entre os ditames do heroísmo guerreiro e a devoção filial, porém, permite ao poeta não só deixar em relativo segundo plano o sacrifício pagão e a antropofagia, como também produzir um herói

---

30. *Obras Poéticas de A. Gonçalves Dias*, edição crítica de Manuel Bandeira, São Paulo, Nacional, 2 vols. O trecho aparece no vol. II, p. 247.

31. "Marabá", nesse quadro, mostra apenas que, fora da destruição, não há outra possibilidade, pois da mistura das raças só resultam, nesse poema, infelicidade e rejeição. Alfredo Bosi, no texto já referido, chamou a atenção para a matriz apocalíptica das imagens dos primeiros poemas indianistas de Gonçalves Dias, bem como para o fato de que "o conflito das civilizações é trabalhado pelo poeta na sua dimensão de tragédia" (*op. cit.*, p. 184).

32. São quatro esses poemas: "O Canto do Índio", "Canção do Tamoio", "Leito de Folhas Verdes" e "I-Juca Pirama". Neste último pode-se talvez ler uma alusão ao homem branco, na figura dos "que vinham traidores, / com mostras de paz"; mas nada há de concreto a responsabilizar o branco pela diáspora ou extinção da tribo.

66   ESTUDOS DE LITERATURA BRASILEIRA E PORTUGUESA

sentimental, atualizando e abrandando o modelo do heroísmo primitivo por meio do destaque dado ao conflito de consciência e aos valores caros ao universo romântico.

O Poema

Organizado em dez seções numeradas em romano, o poema pode ser lido como uma microepopéia estilizada, cujos "cantos" se organizam como segue[33].

Na primeira seção, a voz épica descreve distanciadamente o ambiente da nação timbira, bem como a preparação do ritual de sacrifício de um prisioneiro cujo porte e feições o distinguem dos que o senhoreiam, e atestam uma origem étnica mais nobre que a deles, como propõem a afirmação "descende por certo dum povo gentil" e a comparação que se segue: "assim lá na Grécia ao escravo insulano / Tornavam distinto do vil muçulmano / As linhas corretas do nobre perfil".

Na segunda, o modo descritivo inicial, que continua a apresentar os preparativos rituais para o festim antropofágico, logo cede lugar à peroração. A voz épica interpela o prisioneiro: indaga a causa da perturbação que, embora sem chorar, sem se queixar, ele deixa transparecer no seu semblante. Termina essa breve seção com o encorajamento do herói, por meio da promessa de glória ao forte e destemido, e se fecha com um símile, ainda dedicado a fortalecer o ânimo do guerreiro, pela sugestão de que a desgraça por ordem dos deuses só atinge os grandes.

Seguem-se três "cantos", nos quais se dá a primeira resolução do poema. Instado pelo chefe da tribo, a quem cabe a execução, o prisioneiro rememora a sua história. Ao fazê-lo, comove-se com a lembrança do velho pai indefeso, que aguardava a sua volta. Chorando, implora um acordo: os timbiras o deixariam viver até que o pai expirasse; ele retornaria, assim que isso sucedesse,

---

33. Segundo Ivan Teixeira, embora seja um poema breve, e não tenha assunto propriamente histórico, "I-Juca Pirama" apresenta as seguintes características, tradicionalmente atribuídas à epopéia: trata-se de uma narrativa em verso de uma aventura singular, com poder de significação transcendente ou alegórica, que põe em cena um herói com força física, astúcia ou caráter notável e traz, para o primeiro plano da narração, costumes e tradições de um povo, bem como a ética segundo a qual se organizam valores e se pautam as ações das personagens. Além dessas características centrais, também remetem à forma da epopéia a divisão da matéria em cantos – o poema tem dez, como *Os Lusíadas* – e o começo da narrativa *in medias res*, isto é, quando a ação já se encontra adiantada. Cf. I. Teixeira, *I-Juca Pirama*, Austin, Universidade do Texas, agosto de 2003, mimeo.

para oferecer-se à morte devida pelas leis da guerra e domínio do território. É, então, libertado. Mas não porque o trato tenha sido aceito, e sim, para sua humilhação, por se ter tornado indigno da cerimônia, ao revelar-se covarde e medroso. Insultado, o herói por momentos hesita entre mostrar-se tal qual é, corajoso e forte, e aceitar a infâmia, para voltar para perto do pai. Decide-se, finalmente, pela última opção.

Aqui é exatamente o ponto médio do poema, no qual termina o primeiro movimento. Na seção VI, que inaugura a segunda parte, dá-se o retorno do jovem para junto do pai. Este percebe, pelas tintas que lhe cobrem o corpo, pela ausência dos cabelos e pela alteração do ânimo, que o filho fora capturado e escapara com vida. Julgando, a partir do silêncio do jovem sobre as condições de sua sobrevivência, que os timbiras o haviam libertado por gentileza para com um velho, decide sobrepujá-los em cortesia, devolvendo-lhes o prisioneiro, para que o executem.

Tem lugar, então, a seção VII, na qual se patenteia a infração do filho ao código de ética guerreira. Humilhado pelo chefe timbira, que lhe conta o ocorrido e qual a causa da libertação do prisioneiro, enfurece-se o velho tupi, renegando o descendente.

Toda a seção VIII do poema é ocupada por um discurso em primeira pessoa: a maldição que o pai lança ao filho, que declara indigno de si.

A seção IX é o momento do reconhecimento e da redenção: percebendo que o seu gesto abnegado não produzira senão desgraça, o jovem tupi põe-se em luta desigual com os timbiras, dizimando-os e só se detendo quando o chefe, em reconhecimento de sua força e brio, o aceita como vítima digna de se oferecer em sacrifício. Reconciliam-se pai e filho, e chora aquele lágrimas de orgulho pela recuperação do filho, nos termos do código heróico de conduta: por meio da demonstração de destemor.

A última seção do poema, o seu fecho breve, põe em cena uma testemunha presencial do episódio: um velho guerreiro timbira, "coberto de glória", que o narrador épico convoca para garantir a verdade do caso – suspeito de inverossimilhança no âmbito dos valores indígenas – do jovem que chorou diante da morte, não obstante ser dotado de extrema força e valentia.

Mais do que o heroísmo guerreiro, portanto, constituem assunto central do poema o amor filial e os conflitos entre a lei e a afeição. O jovem tupi aparece, por certo, animado de noções de honra pessoal. Mas nele é maior a afeição pelo pai e o senso do dever filial. Por isso subordina decididamente a honra ao que julga o seu dever, quando implora pela vida; e por isso doma o movimento de resposta ao insulto, quando é acusado de covardia. Piedoso, só assume o papel de guerreiro destemido, que espalha e merece a morte, quando toma consciência de que a sua devoção causa ao pai mais mal do que bem; quando percebe que, para o pai, a infração ao código de honra é dor maior do que seriam o abandono e a morte solitária na selva.

O pai, inflexível, sintetiza e personifica os valores cavaleirescos que ordenam o mundo heróico. Mesmo em desgraça, mantém alto o orgulho das suas proezas guerreiras, declara-se nunca vencido e capaz de maior gentileza do que a supostamente praticada pelos timbiras, ao pouparem, por piedade, a vida do seu filho. Quando toma consciência dos fatos, seu único e imediato movimento é o de reiteração dos valores guerreiros e de adesão irrestrita ao código de honra, renunciando ao único afeto que lhe restaria e à própria possibilidade de subsistência.

O filho, por sua vez, é um herói sentimental e disposto a sacrificar pragmaticamente o código de honra à afeição. Destaca-se, assim, do ambiente moral que o envolve. Erra o julgamento, ao supor que poderia encontrar compreensão entre os que o capturaram; erra ao julgar que o pai o acusaria de ingrato, caso o abandonasse por uma morte gloriosa, e erraria ainda mais se tentasse dirigir-se ao pai com a expectativa de que o seu ato de renúncia à honra pessoal pudesse ser compreendido como outra forma de heroísmo, ou como ato de amor, capaz de sobrepor-se ao padrão comum do heroísmo e da valentia. Punido com a repulsa e a derrisão, compreende o abismo entre a compulsão do sentimento e a lei da honra, e se subordina finalmente, para encontrar acolhimento e redenção em ambos os universos, o do pai e o dos inimigos, ao código comum que os rege e anima.

Ao subordinar suas escolhas à piedade e respeito pela figura paterna, o filho é sujeito de um heroísmo de feição muito particular. Sua honra guerreira, assim como sua morte, é um sacrifício oferecido ao pai, ou em nome do pai. Por isso mesmo, ecoam tão fortemente, nas palavras com que o acolhe o velho tupi – "Este, sim, que é meu filho muito amado!" – as palavras bíblicas ouvidas no momento da transfiguração: "Este é o meu Filho amado, em quem me comprazo"[34].

A grandeza desse herói é a sua inteireza no amor e na devoção, que o pai se revela incapaz de compreender, pois de alguma forma postula a duplicação do filho, a sua divisão em uma parte boa e uma parte má: "este, sim, que é meu filho" – este, sim, não o outro, o covarde, que aflorara por um momento e se dissipara, quando devidamente deserdado, amaldiçoado ou exorcizado.

---

34. *Evangelho segundo Mateus*, 17, 5, na tradução de João Ferreira de Almeida.

Por conta desse embate de perspectivas e de alcance de visão, adquirem especial interesse, na leitura, as reações psicológicas e o jogo das expectativas e dos julgamentos.

A densidade dramática do poema ganha com o desentendimento, fruto da diferença de propósitos e de valores das personagens centrais, cujos conflitos internos a voz épica amplifica, deslocando-se rapidamente entre a descrição objetiva, a peroração e a apóstrofe direta da personagem e a descrição dos movimentos interiores da imaginação e do sentimento.

São várias passagens. Já se ressaltou, no resumo, a peroração da seção II. Mas o momento mais alto da modulação dos sentimentos, por meio da pintura dos gestos, da transcrição do diálogo e da narração, é a seção VI, na qual se dá a descrição do movimento anímico do velho tupi: começa pela dúvida, passa à suspeita, cumula-se em angústia, consola-se na hipótese de que o filho se livrara pela força e termina na conclusão ilusória de que fora libertado num gesto de generosa piedade dos que o capturaram.

Outro momento no qual a pintura do movimento interior merece destaque é o final da seção V, quando se dá voz inclusive à fantasia interior do prisioneiro:

Sobresteve o Tupi: – arfando em ondas
O rebater do coração se ouvia
Precípite. – Do rosto afogueado
Gélidas bagas de suor corriam:
Talvez que o assaltava um pensamento...
Já não... que na enlutada fantasia,
Um pesar, um martírio ao mesmo tempo,
Do velho pai a moribunda imagem
Quase bradar-lhe ouvia: – Ingrato! ingrato!

É notável, por isso, que a voz do narrador épico onisciente possa colar-se, momentânea e taticamente, a uma perspectiva distante da que preside ao poema como um todo, a uma perspectiva voluntariamente limitada, como se dá na seção II, quando afirma que o destino do prisioneiro será a morte na cerimônia que se prepara: "o prisioneiro, que outro sol no ocaso / jamais verá"; ou nos versos 25-30, nos quais o narrador finge partilhar da ignorância dos timbiras quanto à origem tribal do prisioneiro.

Também dignos de registro, porque neles a voz épica aparece colada aos valores e à perspectiva do velho tupi, celebrando o triunfo da razão heróica sobre a razão sentimental, são os versos 425-429:

Era ele, o Tupi; nem fora justo
Que a fama dos Tupis – o nome, a glória,
Aturado labor de tantos anos,
Derradeiro brasão da raça extinta,
De um jato e por um só se aniquilasse.

Esse é o ponto de vista final do narrador, sobre o qual se arma o poema: a oposição honra/desonra de um povo, dependendo daquele que talvez seja o seu último representante. Daí a responsabilidade ética que se deposita sobre os ombros do prisioneiro, e daí a efusão sentimental dos dois tupis, na qual se frisa a diferente natureza das lágrimas derramadas nos dois momentos. Quando o rito de honra se cumpre e a memória da tribo acaba preservada, é possível até mesmo chorar de emoção: "estas lágrimas, sim, que não desonram".

Apesar disso, ou talvez mesmo por conta dessa ostensiva assunção do ponto de vista heróico pelo narrador, mais ressalta a humanidade do índio piedoso, que se configura como herói sentimental, inadaptado momentaneamente às leis objetivas de conduta heróica e só a elas cedendo quando percebe que com isso conseguirá a realização mais plena da piedade e do amor ao pai, isto é, quando percebe que a obediência ao código de conduta e o amor ao pai são, afinal, uma e mesma coisa[35].

O constante deslocamento do ponto de vista narrativo, os longos trechos dialogados, bem como as amplas passagens nas quais se ergue isolado o discurso de uma personagem respondem pela grande tensão do poema, pelo clima dramático que o domina e gera a expectativa do desfecho. Essa multiplicidade de discursos e pontos de vista encontra equivalente formal na variedade dos metros e formas estróficas, que respondem pelo colorido rítmico do poema.

Cada fala, ou cada parte da mesma fala, tem o seu metro próprio, constrói o ritmo mais adequado ao seu assunto. Diferentemente da regularidade métrica da epopéia, em "I-Juca Pirama", por conta do recorte dramático e psicológico, o metro varia, sensível à necessidade expressiva.

---

35. Nisso esta análise difere da que faz Márcia Lígia Guidin, na introdução ao volume *Poesia Indianista* (São Paulo, Martins Fontes, 2002), cuja conclusão é: "este narrador [o velho timbira], rememorando o que viveu e viu, está repassando para as gerações seguintes sua própria anuência ao *heroísmo que chora*, pois a história do tupi virou lenda, e lenda é narrativa exemplar. Então, a mensagem do velho timbira por trás da frase e da história tem uma tradução, passível de ser transmitida: por amor filial se relativizam os valores do heroísmo". Inclusive porque não se pode atribuir a narração ao "velho timbira", convocado no canto final.

O poema abre, como se viu, com a descrição das tabas indígenas. O verso dessa primeira seção, com onze sílabas métricas, é o mais extenso de todo o poema. A acentuação regular das linhas e o término regular do período sintático em oxítona dividem a estrofe em metades de andamento datílico[36]. O ritmo é não só de ressonâncias épicas, mas ainda, como já se observou, de valor sugestivo, pois a cadência batida pode lembrar o ritmo de tambores festivos.

Na seqüência, para a descrição do prisioneiro e seu encorajamento, com a promessa de glória na vida após a morte, o ritmo se altera bruscamente. Empregam-se aí estrofes de recorte clássico, compostas de decassílabos, predominantemente sáficos, combinados com versos de quatro sílabas. Depois do ritmo batido da abertura, a velocidade da leitura diminui nestas estrofes de versos combinados, por conta da dificuldade de encontrar o acento dos versos cortados por violentos *enjambements*.

Encerrada a apresentação do prisioneiro e da sua provação, a voz épica retoma a narração, que agora se vaza inteira no verso solene por excelência da língua portuguesa, o decassílabo. Trata-se da seção III do poema, onde se narra o desfile do timbira encarregado da execução e se reproduz o seu breve discurso, que termina com a ordem para que o prisioneiro entoe seu último canto. É nesse verso que prosseguirá também a seção V, na qual volta a falar o chefe timbira, para ordenar a soltura do tupi.

Entre ambas, ergue-se o canto de morte do guerreiro, disposto em verso menor, de cinco sílabas métricas. O ritmo datílico é aproximadamente o mesmo da primeira parte, na qual se deu a majestosa descrição da morada dos timbiras. Entretanto, por conta da brevidade de cada verso e das rimas repetidas três a três, o canto adquire uma cadência entrecortada e, por comparação com o espraiar do verso de onze sílabas da primeira seção, intimista.

O decassílabo é ainda o metro da seção VI, constituída, em grande medida, pelo diálogo do pai e do filho, e da seção IX, na qual o jovem tupi reconquista o direito a ser chamado de herói.

Vale notar, quanto a esse ponto, que é o decassílabo o metro predominante no poema. E que, nas partes escritas inteiramente nesse metro, a sua

---

36. Considerados individualmente, pode-se dizer que os versos têm ritmo anfíbraco (átona-tônica-átona); mas na seqüência soam como dátilos (tônica-átona-átona) encadeados, iniciados por anacruse (sílaba átona, que não é levada em conta na definição do pé). Cada metade de estrofe, encadeando os versos um no outro, três a três, soma doze pés no esquema datílico.

cadência solene – porque pouco marcada, ritmicamente, em comparação com os demais metros utilizados no poema – é acrescida de dignidade pelo emprego de versos brancos, de ressonância classicizante.

Entre as seções compostas em decassílabos, vêm duas outras, constituídas quase inteiramente pelas falas do velho tupi.

Na primeira delas, ele se apresenta ao chefe timbira, propondo-se a devolver o filho, em nome da retribuição da cortesia e do cumprimento dos ritos.

Essa seção vem composta no verso mais fácil da língua portuguesa, o que, segundo os tratados, é também o mais apto a reproduzir a fala desataviada: o heptassílabo, ou verso de redondilha maior. E não deixa de ser interessante que o canto de morte do filho – durante o qual ele cede ao sentimento – e a primeira fala do pai aos timbiras – ainda na ignorância da verdade e imbuído do desejo de retribuir à suposta gentileza do inimigo – sejam as únicas duas partes do poema vazadas na "medida velha" dos cancioneiros e da poesia popular de língua portuguesa.

Entretanto, quando o velho tupi descobre a real situação, transforma-se inteiramente não só a sua linguagem, mas também o metro em que se expressa. A seção VIII, na qual profere a terrível maldição contra o filho, é inteiramente martelada no ritmo anapéstico do eneassílabo romântico. É esse, por conta das imagens fortes e da veemência oratória, um dos episódios mais marcantes do poema. Para o efeito geral contribui, sem dúvida, a obsessiva regularidade acentual, que faz de cada verso uma célula completa, uma sentença rítmica fechada. Como também contribui para a força expressiva a distribuição das rimas (abacdeec) que, deixando sempre dois versos soltos, dificulta a percepção do esquema, ao mesmo tempo em que promove o isolamento de cada estrofe, cujo fim se marca pela rima emparelhada, seguida de rima de palavra oxítona.

Após o remanso rítmico representado pela seção IX, vazada em decassílabos predominantemente heróicos, encerra-se o poema com quatro estrofes na quais o metro usado na abertura, o hendecassílabo de ritmo datílico, alterna com o seu quebrado, o verso de cinco sílabas usado no canto de morte do guerreiro, que é aqui lembrado pelo "velho timbira".

Toda essa variação rítmica, acompanhando os afetos das falas e modulando as passagens descritivas, combina-se com uma elevação lingüística constante, que só adquire maior coloquialismo em alguns passos do canto do prisioneiro e nas estrofes finais do poema.

Algumas manifestações do discurso elevado são o léxico amplo e expressivo, que se estende dos nomes indígenas de sabor agreste a formas de cunho lusitano ou arcaizante, como "novéis", "imigos", "mi", "mendaces", "sobrestar", "trigança", "exício"; e a sintaxe, que também modula vários registros, desde o coloquialismo elegante que caracteriza as falas em verso curto, até a sintaxe alatinada de versos como "o índio já querem cativo acabar" e "as vossas forças restaurai perdidas", passando por arcaísmos como "andei longes terras", "não era nado o sol", e "chore a morte do filho o pai cansado, / que somente por seu na voz conhece". Também contribuem para a elevação do discurso o uso de imagens ou perífrases de sabor antigo, como a denominação do cabelo como "natural ornato", e toda a imagética tradicional do horror, posta em cena na maldição que o pai dirige ao filho.

O resultado é grandioso: um poema narrativo que mobiliza amplos recursos poéticos e atualiza referências maiores da cultura ocidental para colocar em cena, num tempo e espaço de cor americana, um drama no qual a tradição e os valores heróicos – centrados na noção de vida destemida, morte com honra e memória gloriosa – triunfam sobre a ternura e os impulsos dos sentimentos ingênuos e mais realçam a transcendência heróica do indivíduo apto a renunciar aos próprios afetos, ou a redimensioná-los, quando eles se revelam incompatíveis com o bem comum.

Embora não seja nem pretenda ser uma epopéia, essa obra de Gonçalves Dias tem, por isso tudo, inegável escopo e alcance épico. E por ser a mais popular, influente e consagrada expressão do veio indianista da poesia brasileira, merece sem dúvida alinhar-se, como ponto mais alto, entre os grandes esforços de composição do poema nacional que marcaram o Romantismo no Brasil.

4

O INDIANISMO ROMÂNTICO REVISITADO: *IRACEMA* OU A POÉTICA DA ETIMOLOGIA

Iracema é um romance dentro de uma carta, acompanhado de profusas notas de autor. Essa constituição singular e as várias partes do livro não receberam até agora, creio, a devida atenção crítica. Tudo se passa como se o que de fato importasse fosse a novela, e o texto restante, quase da mesma extensão, fosse uma espécie de excrescência.

Silviano Santiago, por exemplo, escreve que, para Alencar, "o texto não pode circular sem a bênção do pai" e que ele "é o escritor brasileiro onde mais claro fica o desejo de sempre cercar, cercear o caminho livre do texto". É esse também o ponto de vista de Luís Filipe Ribeiro, para o qual, com a carta e as notas, "a incapacidade civil do texto de *Iracema* estará para sempre decretada".

Penso o contrário: não só que a carta faz parte do livro, mas ainda que a novela só ganha pleno sentido histórico e literário, quando lida em conjunto com a carta e com a seção de notas que a segue imediatamente e que também é envolvida pela carta ao dr. Jaguaribe.

Quanto ao sentido histórico, é evidente o valor da carta: é ela que apresenta ao leitor o romance como seqüência da crítica de seu autor ao poema *A Confederação dos Tamoios* (1856), de Gonçalves de Magalhães, e como resposta ao repto de compor uma obra nacional que não faltasse à verossimilhança na expressão lingüística das personagens índias.

No que toca a este último ponto, a carta é um manifesto, no qual se lêem palavras como estas:

> Este livro é pois um ensaio ou antes mostra. Verá realizadas nele minhas idéias a respeito da literatura nacional e achará aí poesia inteiramente brasileira, haurida

na língua dos selvagens. A etimologia dos nomes das diversas localidades e certos modos de dizer tirados da composição das palavras são de cunho original.

Sem a carta, a novela se deixa ler mais facilmente como história sentimental e como alegoria, que também é, sendo Iracema a América e seus amores a imagem sentimental e idealizada do que teria sido ou deveria ter sido a colonização do Brasil, do ponto de vista de um brasileiro do século XIX, interessado em construir, nos moldes do tempo, uma genealogia digna para o seu país.

A carta e as notas dificultam essa leitura preferencial, trazendo para a frente do palco o caráter radical e mesmo violento da invenção lingüística de Alencar.

É também a carta que destaca um aspecto muito particular da construção do "estilo índio": "Todo este ímprobo trabalho que às vezes custava uma só palavra me seria levado à conta? Saberiam que esse escrúpulo d'ouro fino tinha sido desentranhado da profunda camada, onde dorme uma raça extinta?"

A operação é de caráter arqueológico, pois para Alencar a extinção dos índios era um fato consumado já na sua época. No que não estava sozinho. O príncipe da poesia romântica brasileira, no seu ensaio pioneiro de 1836, na revista *Niterói*, também falava dos índios como um povo "desaparecido da face da terra". Apesar da realidade quotidiana do país, com tribos por contatar e muitas já aculturadas ou em processo de aculturação, Alencar e Gonçalves de Magalhães falam dos índios como extintos habitantes de um passado muito distante.

A extinção simbólica dos índios deve ter sido muito necessária, na economia do pensamento romântico brasileiro, para sua enunciação parecer plausível tanto na década de 1830 quanto na de 1860, contra todas as provas objetivas.

Creio que essa extinção era necessária porque a grave questão das origens da nacionalidade literária, do traço distintivo da literatura brasileira em relação à portuguesa, não se queria propor como continuidade da tradição indígena, mas como a sua recuperação, a sua reinvenção no quadro da cultura do colonizador, isto é, da cultura européia. Cultura única, tanto para Alencar, quanto para Magalhães, na qual o indianismo fazia o papel de diferencial e elemento de especificidade.

Ou seja, ao fazer da fonte do estilo índio a redescoberta (ou reinvenção) da língua de uma raça extinta, Alencar não estabelece identidade entre o nacional e o indígena. Para ele, como para os demais indianistas, engajados no projeto de construção do imaginário brasileiro, o nacional resulta da imitação do selvagem, da apropriação da sua mitologia, vocabulário e formas de dizer pelo homem civilizado, por meio da imaginação arqueológica e da pesquisa lingüística.

O que é o mesmo que dizer que o nacionalismo indianista em literatura – e o de Alencar, em especial – é uma espécie de exotismo temporal, de exotismo de assunto local, exotismo de tema autóctone.

Há um outro aspecto da maneira como Alencar concebia sua atividade de literato brasileiro que mereceria maior atenção. Esse aspecto, que está na carta ao dr. Jaguaribe, comparece ainda mais claramente num outro texto agregado a um romance. Trata-se do famoso prefácio a *Sonhos d'Ouro*, no qual Alencar traça o desenho da sua obra e, neste, o lugar que cabia a *Iracema*:

> A literatura nacional, ¿que outra coisa não é senão a alma da pátria, que transmigrou para este solo virgem com uma raça ilustre, que aqui impregnou-se da seiva americana desta terra que lhe serviu de regaço; e cada dia se enriquece ao contato de outros povos e ao influxo da civilização?
>
> O período orgânico dessa literatura conta já três fases.
>
> A primitiva, que se pode chamar de aborígine, são as lendas e mitos da terra selvagem e conquistada; são as tradições que embalaram a infância do povo, e ele escutava como o filho a quem a mãe acalenta no berço com as canções da pátria, que abandonou.
>
> *Iracema* pertence a essa literatura primitiva, cheia de santidade e enlevo, para aqueles que veneram na terra da pátria a mãe fecunda – *alma mater*, e não enxergam nela apenas o chão onde pisam.
>
> O segundo período é histórico: representa o consórcio do povo invasor com a terra americana, que dele recebia a cultura, e lhe retribuía nos eflúvios de sua natureza virgem e nas reverberações de um solo esplêndido. [...]
>
> A eles pertencem *O Guarani* e *As Minas de Prata* [...].
>
> A terceira fase, a infância da nossa literatura, começada com a independência política, ainda não terminou [...][1].

Iracema pertence à fase aborígine da literatura do Brasil, à sua fase primitiva. O seu autor, porém, se situa na terceira fase, a iniciada com a Independência. O trecho é espantoso, e o que me parece não ter sido devidamente

---

1. "Benção Paterna", em *Sonhos d'Ouro*, vol. 1 de *Ficção Completa*, Rio de Janeiro, Aguilar, 1965, p. 495.

ressaltado é o fato de Alencar não dizer que *Iracema* é uma obra sobre a época de contato do colonizador com o aborígine, mas, sim, que é uma obra que pertence ao período genesíaco da vida brasileira. Tal formulação só escapa ao absurdo se se admite que a literatura é um ato radical de tradução do passado no presente, por meio da recriação do modo primitivo de estar no mundo e de nele se expressar. Que a arte tem a capacidade de operar uma ressurreição do que já foi e estava morto e soterrado pelo tempo.

O indianismo de Alencar é, portanto, um projeto arqueológico, de apropriação completa do passado, com especial atenção para aquilo que, nele, permitiria dar o traço distintivo da civilização brasileira: a visão de mundo indígena e a história da sua destruição e assimilação da sua cultura pelo homem branco. Assimilação, diga-se, da qual a obra de Alencar é um momento último, porém decisivo.

As fontes de Alencar, tanto em inspiração como em método, são os livros de Fenimore Cooper, e, principalmente, os de Chateaubriand sobre os índios da América do Norte, de onde vêm ao livro brasileiro o tom de poema em prosa e muitas imagens, expressões e inclusive um deus. Mas há um aspecto no qual Alencar vai além do modelo francês, e que a carta devidamente destaca como o principal aspecto do livro.

Esse aspecto é a construção/reprodução do estilo índio. De fato, no prefácio da primeira edição de *Atala*, revelou Chateaubriand a solução que encontrou para manter a verossimilhança do discurso das suas personagens índias, sem prejudicar a inteligibilidade do seu romance: valer-se do fato de Chactas ser um selvagem educado na Europa para fazê-lo "falar como selvagem na pintura dos costumes, e como europeu no drama e na narração". E completava: "Sem isso, teria sido preciso renunciar à obra: se eu me houvesse servido sempre do estilo indígena, *Atala* seria como o hebraico para o leitor".

Já Alencar deu a solução oposta ao problema: optou pela radicalização do uso da linguagem indígena.

Segundo se lê na carta, sua primeira intenção era compor um poema indianista. Acreditando, porém, que os índios deveriam falar de modo próprio e verossímil (e essa era sua ressalva aos poemas de Gonçalves Dias), julgou que isso inviabilizaria a escrita em verso, pois significaria "encher o livro de grifos [...] e de notas que ninguém lê".

A opção pela prosa, mais elástica do que o verso, "permitiria então que se empregassem com mais clareza as imagens indígenas" e que o texto patenteasse, por meio de inúmeras perífrases e comparações, o "verdadeiro estilo" e "as imagens poéticas do selvagem". Além disso, a prosa sofreria melhor as notas necessárias à compreensão da obra e do estilo.

Iracema tem 128 notas, que se dividem em dois tipos principais: as que desdobram as palavras, de modo a expor o sentido dos nomes indígenas, e as que explicam os "modos de dizer".

Dentre os vários traços do estilo índio – isto é, os "modos de dizer" – a comparação é o mais forte. Tanto a comparação implícita, por meio de justaposição e equiparação de duas frases (como nesta fala de Iracema: "Que vale um guerreiro só contra mil guerreiros? Valente e forte é o tamanduá, que mordem os gatos selvagens por serem muitos e o acabam"), quanto a comparação explícita, por meio de um "como" ou um "qual".

Não é o caso de tratar aqui das comparações, fundadas sempre num elemento da natureza americana. Cavalcanti Proença, a esse respeito, escreveu já um belo ensaio. Mas vale a pena destacar que as comparações, os epítetos e as metáforas de *Iracema* apresentam muito freqüentemente uma raiz etimológica, que o autor se encarrega de expor, no interior da seqüência narrativa ou nas notas que a acompanham.

O melhor exemplo do procedimento, porque permite ver seu completo alcance, talvez seja este: "– O dia vai ficar triste, disse Caubi. A sombra caminha para a noite. É tempo de partir".

Em nota a essa passagem, Alencar expõe a base etimológica da expressão:

O dia vai ficar triste – Os tupis chamavam a tarde *caruca*, segundo o dicionário. Segundo Lery, *che caruc acy* significa "estou triste". Qual destes era o sentido figurado da palavra? Tiraram a imagem da tristeza, da sombra da tarde, ou imagem do crepúsculo, do turvamento do espírito?

Estabelecida a base etimológica, a metáfora pode então ser explorada ao máximo.

Num primeiro momento, vê-se apenas, na boca de Iracema, a confirmação da metáfora de acordo com o sentido etimológico, mas já acrescida de desenvolvimento: "– A tarde é a tristeza do sol. Os dias de Iracema vão ser longas tardes sem manhã, até que venha para ela a grande noite".

Na seqüência, a metáfora reaparece, já "naturalizada", porque incorporada ao discurso do narrador: "Quando as sombras da tarde entristeciam o dia, o cristão parou no meio da mata".

Por fim, fixada a metáfora, ela pode ser levada às últimas conseqüências:

ESTUDOS DE LITERATURA BRASILEIRA E PORTUGUESA

O sol brilhava sempre sobre as praias do mar, e as areias refletiam os raios ardentes; mas nem a luz que vinha do céu, nem a luz que refletia da terra, espancaram a sombra n'alma do cristão. Cada vez o crepúsculo era maior em sua fronte (Cap. XXV).

Ao dizer que havia crepúsculo no rosto de Martim, após fixar a imagem da tristeza do dia como sinônimo do entardecer, Alencar faz uma operação metafórica por assim dizer reversa, em relação à base etimológica: antes, era a etimologia que motivava a metáfora, fazendo dela a tradução da concretude de expressão indígena; agora, associada a idéia de tarde com tristeza, Alencar consegue o máximo rendimento de uma imagem que, sem a base etimológica indígena, seria apenas banal.

São muitas as formas de Alencar trabalhar com as duas pontas da tradução etimológica. Uma das mais brilhantes é a criação de um subtexto a partir do sentido das palavras e étimos indígenas e sua tradução para o português. O melhor exemplo se encontra na motivação do nome da personagem principal, Iracema: "em guarani significa lábios de mel – de *ira*, mel, e *tembe* – lábios".

Já houve quem contestasse seriamente essa etimologia, afirmando que, se o nome de Iracema tivesse esse sentido, deveria soar como "Eirembé"[2]. Ora, Alencar produz a etimologia de Iracema – talvez mesmo para criar o anagrama famoso – a partir do nome histórico do chefe tabajara Mel-Redondo (Irapuã). Com isso, além do ganho erótico de nomear a heroína com uma metáfora do beijo e da voz, faz de Iracema/Irapuã um par de opostos no que diz respeito à relação com o colonizador. Irapuã, que deseja Iracema, é inimigo de Martim, que também deseja Iracema e é por ela desejado.

Ao longo do romance, as imagens ligadas ao mel proliferam. Limito-me, para não alongar a exposição, a duas, de grande eloqüência.

A primeira ocorre em palavras de Iracema ao filho: "A jati fabrica o mel no tronco cheiroso do sassafrás [...]; mas ela não prova sua doçura, porque a irara devora em uma noite inteira toda a colméia. Tua mãe também, filho de minha angústia, não beberá em teus lábios o mel de teu sorriso".

---

2. Frederico G. Edelweiss, *José de Alencar: O Tupinista segundo as Notas do Romance* Iracema, *apud* H. Campos, *Metalinguagem e Outras Metas, op. cit.*, p. 134. A propósito, Campos escreve: "esse dado é suficiente para avaliarmos o abismo de incompreensão que se pode abrir entre a sisudez da pesquisa tupinológica [...] e a livre inventiva poética do tupinista-amador Alencar, quando o escrúpulo da primeira pretende 'corrigir' o projeto estético da segunda".

A segunda, ecoando negativamente a etimologia do nome da heroína, marca o momento da sua morte: "A filha de Araquém sentiu afinal que suas veias se estancavam; e contudo o *lábio amargo* de tristeza recusava o alimento que devia restaurar-lhe as forças[3].

Se as comparações são apenas moderadamente baseadas na exploração da etimologia dos nomes indígenas, as notas, pelo contrário, são basicamente notas de etimologia.

Muitas delas parecem ter apenas a função de motivar os nomes de lugares ou acidentes geográficos. Como esta, por exemplo, à fala de Martim, no capítulo III: "Sou dos guerreiros brancos, que levantaram a taba nas margens do Jaguaribe [...]".

A nota, no caso, diz apenas: "Jaguaribe – Maior rio da província; tirou o nome da quantidade de onças que povoavam suas margens. *Jaguar* – onça; *iba* – desinência para exprimir cópia, abundância".

Basta aguardar, entretanto, que o procedimento se revela: o que a nota diz será incorporado ao texto; no caso, o acidente geográfico passará a ser nomeado não pela palavra indígena, mas pela sua tradução, dada na nota, quando do seu primeiro aparecimento no texto: "Poti conhece toda a terra [...], até a margem do rio onde habita o jaguar (capítulo XXI)". "[...] foi ele que veio pelas praias do mar, até o rio do jaguar [...] (capítulo XXII)".

Uma variante desse procedimento pode ser vista no capítulo XXII, quando o narrador afirma que Poti e Martim "foram seguindo o curso do rio até onde nele entrava o ribeiro de Pirapora".

Nesse ponto, surge uma nota, que diz: "Rio [...] notável pela frescura de suas águas e excelência dos banhos chamados de Pirapora, no lugar das cachoeiras. Provém o nome de *Pira* – peixe, *pore* – salto; salto do peixe". E eis o parágrafo seguinte, no texto do romance: "A cabana do velho guerreiro estava junto das formosas cascatas, onde salta o peixe no meio dos borbotões de espuma. As águas ali são frescas e macias, como a brisa do mar, que passa entre as palmas dos coqueiros, nas horas da calma".

Nesse caso, é a nota que prepara a construção da cena, pois é nela que se afirma a qualidade das águas e é da etimologia do nome que parece brotar a cascata. Ou seja, é na nota que se monta, a partir da etimologia, a cena que, quando lida na seqüência, aparece como uma extensa tradução do sentido da palavra indígena que nomeia o rio.

---

3. Refiro-me, claro, à expressão "lábio amargo" [grifo meu, no texto], que ecoa, por contraste, os "lábios de mel". A frase encerra o capítulo XXXI.

O procedimento inverso também é freqüente: primeiro comparece a tradução, depois o termo traduzido, como nesta frase, do capítulo XXIX: "e afinal pisam as lindas ribeiras da enseada dos papagaios". A nota a essa passagem diz: "É a baía de *Jericoacoara*, de *jeru* – papagaio, *cua* – várzea, *coara* – buraco ou seio: enseada da várzea dos papagaios. É um dos bons portos do Ceará".

É esse também o caso desta frase de acentuado sabor épico: "Chegam os viajantes à foz do rio onde se criam em abundância as saborosas traíras". A nota mostra que se trata de outra tradução de nome de acidente geográfico. Mas basta, ao redigir a frase, privilegiar o sentido puramente denotativo para perceber de imediato o efeito obtido com a incorporação, ao discurso narrativo, da tradução dos nomes e locuções indígenas: "Chegam os viajantes à foz do Trairi".

Uma terceira forma de trabalhar com a etimologia dos nomes é fazer a glosa do seu sentido, no interior do próprio discurso ficcional, por meio de uma perífrase, um aposto ou uma tradução direta. É o caso deste trecho: "Os guerreiros pitiguaras [...] chamavam a essa lagoa Porangaba, ou lagoa da beleza, porque nela se banhava Iracema [...]".

A nota, nesse caso, fica supérflua. Comparece apenas como reiteração da operação tradutória.

No que diz respeito à relação entre as notas e o texto, um dos casos mais interessantes é o desta passagem, do capítulo XXVI: "sentava-se [Iracema] junto à flecha, até que descia a noite; então recolhia à cabana. [...] Os mesmos guerreiros [...] chamavam aquele sítio de Mecejana, que significa a abandonada".

Na nota, Alencar reconhece que é "a opinião geral é que o nome desse povoado provém de Portugal". Mas, apoiado num frágil argumento ortográfico, decide que deve prevalecer a hipótese da origem índia ou do sentido índio da palavra[4].

Nesse caso, vemos em plena ação a poética da etimologia: se um termo é passível de tradução, segundo o princípio de que na linguagem índia todos

---

4. *Mecejana* – Lagoa e povoação a duas léguas da capital. O verbo *cejar* significa abandonar; a desinência *ana* indica a pessoa que exercita a ação do verbo. *Cejana* significa o que abandona. Junta à partícula *mo* do verbo *monhang* – fazer, vem a palavra a significar – o que fez abandonar ou que foi lugar e ocasião de abandonar. A opinião geral é que o nome deste povoado provém de Portugal, como Soure e Arronches. Nesse caso devia escrever-se *Mesejana*, do árabe *masjana*./Ora, nos mais antigos documentos encontra-se *Mecejana*, com *c*, o que indicaria uma alteração pouco natural, quando o Ceará foi exclusivamente povoado por portugueses, os quais conservaram, em sua pureza, todos os outros nomes de origem lusitana.

os nomes são motivados e dizem respeito a um dado concreto, por que aceitar a idéia corrente, que faz de um nome cheio de significado uma mera herança lingüística sem sentido próprio? Tudo se passa como se houvesse uma sinonímia entre uma expressão da língua indígena e uma palavra da língua comum, e que ao escritor coubesse escolher qual etimologia desenvolver. Ou ainda: o escritor, com a chave decifratória na mão, pode operar a descoberta do sentido primeiro, mesmo quando ele está escondido sob um outro sentido, por conta da coincidência dos significantes.

Assumindo que na língua tupi todas as palavras eram analisáveis, que a análise delas mostraria que o seu sentido estava colado às coisas concretas do mundo, e ainda que nem sempre os termos originais eram facilmente identificáveis no processo aglutinativo, Alencar constrói a utopia de uma língua inteiramente motivada, concreta, na qual os termos abstratos eram sempre metáforas à espera de decifração. Constrói a utopia de uma língua adâmica, portanto, frente à qual mais vale a capacidade poética de interpretação do sentido do que os documentos lingüísticos existentes[5].

Quanto à etimologia dos nomes indígenas, Alencar se baseava nos dicionários, e informações disponíveis no seu tempo, que eram parcos e lacunares. Já quanto aos princípios analíticos que regiam a sua etimologia, deixou registrada a perspectiva que o animava, numa nota do romance *Ubirajara*. Nela, transcreve uma passagem de Alfred Maury, erudito francês, que afirmava que nas línguas indígenas as palavras se encapsulavam umas nas outras para formar novos vocábulos, com deformação dos termos incorporados[6].

Daí que se esforce ao máximo para motivar os nomes indígenas, ou para interpretar como indígenas nomes que talvez fossem portugueses ou árabes, ou ainda de origem latina, como "oitibó" ou "noitibó"[7]. E daí também que, ao

---

5. Cf. Haroldo de Campos, *op. cit.*, p. 161: "quando Alencar fala em 'termos e frases que pareçam naturais na boca do selvagem', não está pensando em 'realismo' ou 'verismo', mas nesse naturalismo adâmico que torna a linguagem motivada, reduzindo-lhe o arbitrário, conaturalizando-a ao mundo da nomeação edênica, fazendo-a um *corpus* onde os signos são tatuagens das coisas".

6. Trata-se da nota 19 de *Ubirajara* (*Obra Completa*, vol. II, p. 323). O trecho transcrito por Alencar pertence ao livro de Alfred Maury (1817-1892), *La terre et l'homme ou aperçu historique de géologie, de géographie et d'ethnologie générales* (1857): "Nas línguas americanas, não é somente uma síntese que concentra em uma palavra todos os elementos da idéia mais complexa; há ainda engranzamento (*enchevêtrement*) das palavras umas nas outras; é o que M. F. Lieber chama *encapsulação*, comparando a maneira por que as palavras entram numa frase a uma caixa na qual se conteria outra que a seu turno conteria terceira, esta uma quarta, e assim por diante. A incorporação das palavras é por vezes levada a extrema exageração nesses idiomas, o que produz a mutilação dos vocábulos incorporados".

7. De noctívolo = que voa de noite.

84   ESTUDOS DE LITERATURA BRASILEIRA E PORTUGUESA

mesmo tempo em que incorpora palavras tupis, decifradas com base no seu método poético-etimológico, se dedique à criação de novas palavras na sua própria língua.

Quanto ao entusiasmo pela etimologia, pela invenção neológica e pela busca de uma espécie de linguagem sintética, inteiramente motivada, por meio da tradução/incorporação de uma língua morta ou extinta, Alencar não estava isolado em sua época e país. Odorico Mendes e Sousândrade compartilhavam do mesmo objetivo poético e estavam animados da mesma ousadia de Alencar. Por isso mesmo, sofreram também a acusação de "barbarismo", de mau gosto e de falta de senso de medida.

Sendo *Iracema* um livro vinculado à série enorme das obras "indianistas" e "nacionalistas", o seu caráter profundamente perturbador, enquanto objeto lingüístico, acabou por ficar obscurecido, exceto pela questão da ofensa ao vernaculismo lusitano. Mas não tenho dúvidas de que o que de mais novo e mais interessante esse livro guarda é, além da sua estrutura brilhantemente arquitetada, o que vim denominando "poética da etimologia".

Embora não seja possível traçar aqui os pontos de contato entre a preocupação de Alencar com a etimologia, por um lado, e a poesia de Sousândrade e a atividade tradutória de Odorico, por outro, penso que vale a pena fazer um último registro: o de que, em clave humorística, mas de grande importância para a definição de toda uma linhagem da literatura moderna, o neologismo aglutinante, praticado pelo tradutor brasileiro de Virgílio e Homero, e o método de decifração das palavras aglutinadas, utilizado por Alencar, tiveram uma outra realização contemporânea deles, bem mais conhecida e valorizada.

Trata-se da palavra-valise de Lewis Carroll, cujo *Alice no País das Maravilhas* é do mesmo ano de *Iracema* e cujo *Através do Espelho e o que Alice Encontrou lá* saiu junto com a segunda edição do romance de Alencar[8].

A palavra-valise, cuja utilização sistemática será, cinqüenta anos mais tarde, uma das características da prosa de James Joyce, é, por assim dizer, o avesso complementar da poética da etimologia de Alencar. Ali se trata de

---

8. Nesse último livro, no capítulo VI, está o episódio de Alice e Humpty Dumpty. Humpty Dumpty utiliza as palavras da forma que lhe parece melhor. Por conta disso, talvez, julga-se capaz de decifrar todos os poemas já escritos e a maioria dos que ainda estão por escrever. Instado por Alice, explica-lhe, no poema "Jabberwocky", o sentido das palavras-valise, que ele define em termos que lembram o "engranzamento" de Maury: "You see it's like a portmanteau – there are two meanings packed up into one word" ("Veja, é como uma valise – há dois significados guardados numa só palavra").

criar uma nova língua (ou, pelo menos, novas palavras numa supralíngua) por meio da aglutinação de étimos vários, às vezes provenientes de vários idiomas. Aqui, de descobrir a língua-outra, por meio da decifração dos étimos comprimidos nas palavras primitivas.

Na ficção de Alencar, a decifração etimológica e a invenção de palavras, junto com a liberdade sintática de opor ao uso português o uso brasileiro, apontam para uma concepção de língua literária muito distante do padrão conservador, castiço e lusitanizante, que se imporia progressiva e hegemonicamente desde Machado de Assis até o momento de esplendor parnasiano, na virada do século XIX para o XX.

Mário de Andrade, num texto célebre, no qual atribui ao Modernismo de 22 "a conquista do direito permanente de pesquisa estética", reconheceu no autor de *Iracema* um homem animado do mesmo ideal, terminando por invocá-lo, na antevisão de um "outro futuro movimento modernista" (que se alinharia, por certo, com o romantismo e o movimento de 22), como "amigo José de Alencar, meu irmão"[9].

Entretanto, a perspectiva modernista, se pôde destacar o que em Alencar havia de preocupação nacional e reivindicação de novidade estética, não levou ao reconhecimento e valorização do que venho denominando "poética da etimologia", nem dos traços de família entre essa atividade de tradução e decifração das palavras tupis aglutinadas e a atividade de tradução, recriação e "miscigenação" vocabular de contemporâneos como Odorico Mendes e Sousândrade.

Na verdade, a continuidade da visada modernista, no Brasil, acabou por produzir um obscurecimento dos resultados poéticos obtidos por Alencar em *Iracema*, da mesma forma que o fez com os de Odorico, nas suas traduções de Homero e Virgílio, reduzindo um a mero precursor (algo desfocado) do Modernismo de 22 e relegando o outro ao domínio da teratologia[10].

---

9. Mário de Andrade, "O Movimento Modernista", em *Aspectos da Literatura Brasileira*, Rio de Janeiro, Martins, 1972, p. 247.

10. Comentando o *Colombo*, de Porto-Alegre, Antonio Candido escrevia, na *Formação da Literatura Brasileira*: "sente-se o mesmo espírito que registramos nos árcades rotinizados, e que encontrou no Odorico Mendes tradutor de Homero um ápice de tolice". No ensaio "Os Três Alencares" – afirmando embora que *Iracema* está entre os três romances de Alencar que "podem ser relidos à vontade e o seu valor tenderá certamente a crescer para o leitor, à medida que a crítica souber assinalar a sua força criadora" – não faz menção ao trabalho propriamente lingüístico de Alencar, reduzindo a sua "arte literária", que termina por reconhecer como "mais consciente e bem armada do que suporíamos à primeira vista", aos aspectos de construção do enredo e da construção

Hoje, à distância de um século e meio da publicação de *Iracema*, esse quadro parece mudar, com o enfraquecimento da leitura "realista" da obra, centrada nas velhas reivindicações de pendor documental e realista. Na verdade, faz-se cada vez mais significativa, desde os trabalhos de Proença e dos ensaios de Haroldo de Campos, a leitura que privilegia a fatura textual de Alencar, dela deduzindo tanto a sua concepção de linguagem e literatura quanto a de língua e literatura nacional.

Com essa mudança de foco, o próprio indianismo de Alencar começa a ser objeto de releitura, com nova hierarquia dos seus fatores constitutivos, vindo para primeiro plano, tanto em importância quanto em novidade inventiva, a aposta radical do autor na construção de uma espécie de evocação da linguagem adâmica, cuja extinção e absorção pela língua européia, com a perda do paraíso indígena situado nas encostas das montanhas do interior brasileiro, parece condição necessária para a construção da civilização mestiça ao longo do litoral, onde a guerra e os vários interesses europeus passam a não só a dominar a denominação dos lugares, mas também a impor um novo tempo e um novo ritmo para a vida e para a morte, bem como o esquecimento do momento genésico, cuja memória *Iracema* e os dois outros livros indianistas de Alencar buscam reinventar.

---

de personagens e ambientes sociais. Já Roberto Schwarz, em passagem destacada por Haroldo de Campos como resultado da "leitura escatológica lukacsiana", escreveu que a obra de Alencar tinha "sempre um quê de descalibrado e, bem pesada a palavra, de bobagem".

5

A NOVELA CAMILIANA

Camilo foi o primeiro escritor português a viver do seu ofício. Numa sociedade que não dispunha de um número expressivo de leitores, num tempo em que os direitos autorais estavam começando a ser reconhecidos (a lei dos direitos de autor, proposta por Garrett, é de 1851), Camilo teve de escrever muito. Suas obras contam-se em centenas: foi poeta, teatrólogo, novelista, crítico literário, editor literário e tradutor de grande atividade.

Ao procedermos a um levantamento do *corpus* moderno da novelística camiliana – isto é: os livros que são citados nos estudos mais conceituados de história e de crítica aparecidos na segunda metade do século XX – veremos que o cruzamento das informações produz um número enorme: só de novelas e contos, ainda se referem usualmente cerca de quarenta títulos.

São textos muito variados, mas a crítica os tem distribuído basicamente em duas categorias principais: a novela passional e a novela satírica de costumes.

Da primeira, a obra-prima é, sem dúvida, o *Amor de Perdição* (1862).

Da segunda, dois livros têm sido muito valorizados desde que Jacinto do Prado Coelho, em 1946, chamou para eles a atenção, distinguindo-os, por serem dotados "dum humorismo fino, sereno, reflexivo, que a crítica até hoje não soube devidamente valorizar", das outras novelas satíricas de Camilo. Esses livros são: *Coração, Cabeça e Estômago* (1862) e *A Queda dum Anjo* (1866)[1].

---

1. Jacinto do Prado Coelho, *Introdução ao Estudo da Novela Camiliana*, Coimbra, Atlântida, 1946, p. 283.

ESTUDOS DE LITERATURA BRASILEIRA E PORTUGUESA

Não erraremos muito se afirmarmos que "novela camiliana" é no vocabulário crítico atual um termo que recobre, na interpretação canônica de Óscar Lopes e António José Saraiva, a produção do autor dividida em duas linhas, cristalizadas nessas obras-primas, que funcionam como pólos de tensão entre os quais oscila o restante da sua obra romanesca.

Esses pólos, para usar as palavras severas de Óscar Lopes e António José Saraiva, são "o idealismo sentimental e [...] o grotesco materialão"; ou, como dizem em outra fórmula menos dura: a obra de Camilo se desenvolveria numa "oscilação pendular", por meio da tensão entre "duas tendências alternativas, que o novelista raro conseguiu resolver numa síntese, ficando assim ao nível da oposição idealismo-materialismo (no sentido moral mais vulgar)", e que "culminam, respectivamente em *Amor de Perdição* e *A Queda dum Anjo*"[2].

Para sermos mais exatos, é preciso apenas acrescentar um outro movimento, detectado pela crítica, que é a aproximação progressiva de Camilo à estética realista, seja por meio do pastiche ostensivo que ele realiza do naturalismo nos romances *A Corja* e *Eusébio Macário*, seja por meio da construção das suas *Novelas do Minho*, que são posteriores aos livros de Júlio Dinis e contemporâneas da primeira versão de *O Crime do Padre Amaro*, de Eça de Queirós.

Nessa descrição, que é a de Prado Coelho e também a de Lopes & Saraiva, o ponto alto da produção literária camiliana é *Amor de Perdição*.

Nesse quadro, as *Novelas do Minho* acabam sendo obras de menor importância, pois não se operaria nelas a síntese das duas tendências básicas da ficção camiliana. Seu valor residiria em que elas demonstrariam o influxo da nova escola realista sobre o velho romancista romântico.

Isso é claramente indicado em Prado Coelho, e é já explícito em Lopes & Saraiva, que assim as avaliam: "nenhuma [...] é perfeitamente homogênea, solidamente carpinteirada. O que interessa é que nelas se engastam longas cenas de antologia realista"[3].

Se essa é a descrição geral da obra, falta ver agora de que modo ela é posta em função do seu tempo e, assim, justificada.

Para isso, vamos recorrer a um outro renomado especialista camiliano, que é Alexandre Cabral.

---

2. A. J. Saraiva, & Ó. Lopes, *História da Literatura Portuguesa*, 7. ed., Santos, Martins Fontes, [1973], p. 876 (o "grotesco materialão" está na p. 880). Essas formulações permanecem as mesmas ao longo das várias edições da *História*, conforme se pode constatar na última, a 17ª, de 1996.

3. Saraiva & Lopes, *op. cit.*, p. 876.

Num texto de 1961, que serviu de introdução à republicação, pela Portugália, das novelas de Camilo, lemos logo de início a afirmação mais comum nos textos sobre o autor: a de que a compreensão em profundidade da problemática da novela camiliana tem de ser precedida por um estudo prévio da biografia.

É claro que a vida de Camilo, conjugada à eleição da novela passional como o ponto alto da sua obra, facilita essa leitura. E eis, também na pena de Cabral, a justificativa usual:

De tal maneira o comportamento dos heróis se assemelha, se entrelaça, se ajusta à desconcertante personalidade do seu criador, multiforme e contraditória; tão coincidentes são as dramáticas situações da vida real, que lhe são impostas ou por ele imaginadas [...], com os conflitos da ficção, que no nosso espírito perdura longamente esta estranha hipótese: as personagens vivem na novela os diabólicos passos da existência do escritor [...], quantas vezes numa antevisão profética e satânica, ou é o romancista que se compraz em reviver fisicamente os dramas de sua criação?[4]

Aqui temos a leitura biográfica e romântica no seu esplendor: até o diabo mostra o rabo.

O que é preciso, do meu ponto de vista, é observar o que está em jogo aqui. De fato, a coincidência entre vida e obra era uma parte da estética confessional romântica. Assim, é certo que a obra de Camilo e a sua vida foram lidas uma em função da outra, como reforço mútuo. E essa conjunção produzia um determinado sentido, tinha uma conseqüência estética. A maneira como Camilo, que era um homem que vivia da pena, fez render esse ponto, com a legenda que criava em torno de si mesmo, é, de fato, uma questão histórica interessante.

Mais interessante ainda é observar que, culturalmente, essa fusão se realizou, e isso agiu também sobre a recepção da obra. O testemunho da eficácia do procedimento é que, cem anos depois, um dos maiores especialistas na obra de Camilo Castelo Branco continue pensando a questão do mesmo ponto de vista instaurado pelo romancista.

Mas há mais do que isso. Alexandre Cabral, na seqüência, justifica também biograficamente os dois pólos do estilo camiliano, descritos por Prado Coelho e por Lopes e Saraiva. Assim: a novela passional seria originada pelo "clima emocional da época [que] foi absorvido pelo mundo novelístico de Camilo, e nessa atmosfera saturada de paixão e lágrimas, de grandezas e misérias, as personagens movem-se, tal como acontece com o seu criador, não

---

4. Alexandre Cabral, "Introdução", em *As Novelas de Camilo*, Lisboa, Portugália, 1961, p. 9.

só pelos impulsos próprios, mas também pela estimulação, digamos, do meio mórbido em que vivem".

Já o humor grosso e a virulência da sátira camiliana se explicam pela tese do ressentimento, de larga fortuna, que em Cabral se vê cristalizada de modo modelar:

> Pondo de lado todos os sofismas, a verdade é apenas esta: as almas eleitas consideravam-se espoliadas na repartição dos benefícios e honrarias da sociedade. Realmente, os gênios, os talentos, os indivíduos inteligentes vegetavam, viam-se na subalterna e vexatória situação de arrebanhar as migalhas que caíssem das suas mesas opulentas. Por isso, eles se vingavam dos nababos, ridicularizando-os na gazeta e no livro [...].

Mas ao mesmo tempo, como repassou toda a obra de Camilo, Cabral vê-se obrigado a anotar que "chega a ser doentia a insistência com que Camilo se refere à sua má fortuna"[5]. E a reconhecer que às vezes devemos considerar exageros algumas delas.

Isto é, reconhece, de alguma forma, como efeito de sentido, estratégia de conquista de público ou de atendimento a um preceito estético, o que vinha lendo numa clave exclusivamente determinista e biográfica.

Mas a falácia biográfica se revela no seu próprio texto, porque a biografia de Camilo e dos seus antepassados, que Cabral resume, nos mostra uma coisa curiosa: que a família de Camilo era da mesma espécie de brigões e cobiçosos que encontramos a rodo em Portugal no correr do século passado, na crise que se seguiu à independência do Brasil.

Quanto à família da qual proveio Camilo, eis o apanhado mais geral: um avô magistrado reconhecidamente corrupto; um tio assassino – o tema de *Amor de Perdição* – que, depois de mil tropelias pouco românticas, acabou degredado para a Índia; uma tia de má fama, concubina de um ricaço, cuja fortuna esbanjou depois de espoliar a herança da filha de seu primeiro casamento e também a dos seus sobrinhos (Camilo, entre eles); o pai, que viveu amancebado sucessivamente com três criadas.

Já quanto à descendência, eis o que nos diz Cabral: a filha do casamento com Joaquina foi exposta na roda dos enjeitados e morreu com cinco anos; a do namoro que teve com Patrícia Emília (nasceu em 1848) foi a única que viveu bem, casada, sem a aprovação do pai, com um rico "brasileiro"; Jorge, filho com Ana Plácido, era louco e incendiário; Nuno, irmão de Jorge, era sem

---

5. A. Cabral, *op. cit.*, p. 13. Os trechos citados anteriormente são das pp. 10 e 11.

escrúpulos, devasso e "batoteiro", e de ambos dizia Camilo numa carta transcrita por Cabral: "O Jorge e o Nuno por aqui andam: o primeiro um pouco desordeiro, o 2º bastante manco; mas quanto a cérebro manquejam ambos".

Depois de nos dar essa história, e de acrescentar que Camilo descobrira ou imaginara que Ana o traíra com cinco ou seis homens, incluindo aí o seu melhor amigo, Vieira de Castro, é que tenta explicar a sua veia satírica e o seu idealismo, dizendo que eles se devem a um "desajustamento entre o seu caráter e a sociedade e os homens da sua época"[6].

É difícil entender o que quer dizer exatamente, e como se sustentaria aqui a tese do homem superior idealista, ressentido com o sucesso dos grosseiros e sem caráter. O quadro que traça de Camilo não o faz nem um pouco diferente dos oportunistas e devassos, portugueses ou "brasileiros" que ele retrata com tanto azedume.

Amancebar-se, envolver-se em negociatas e raptos, mendigar benesses e empregos, lutar por títulos nobiliárquicos comprados com dinheiro ou com a influência dos poderosos – em que isso é diferente do que fez Camilo, segundo Cabral? Se não é diferente, como é possível defender a tese biografista do ressentimento e da idealização, a menos que se mergulhe em complicadas considerações psicológicas sem qualquer garantia de verificação?

De modo que, se quisermos continuar sustentando a validade da postulação das duas tendências da novela camiliana como pólos em tensão, devemos buscar apoio em outra parte que não na biografia.

Mas os termos que descrevem esses pólos, revelando uma extração biográfica tão clara, fazem sentido em outro contexto explicativo? Idealismo sentimental, ressentimento satírico etc.? São ainda operacionais para nós? Descrevem adequadamente a experiência de leitura moderna da obra de Camilo?

Aqui temos de responder que não. Que, pelo contrário, obliteram muito do que há de vivo nessa obra, aquilo que, dela, foi assimilado por outros escritores e que ainda hoje garante o interesse maior da leitura.

Quer isso dizer que não consideramos válida a descrição vigente sobre a polarização da obra de Camilo? Não necessariamente. Como também não se conclui daqui que não possamos continuar julgando *Amor de Perdição* uma obra-prima da novela passional, ou continuar considerando *A Queda dum Anjo* um dos pontos mais altos da novela satírica camiliana.

---

6. A. Cabral, *op. cit.*, p. 21.

Trata-se apenas de observar que aquilo que vem sendo descrito como o mais vivo, o mais importante e o mais característico da obra de Camilo Castelo Branco talvez não o seja. Ou, pelo menos, que não é exclusivo em relação a outras questões e problemas igualmente notáveis.

Essa descrição, que é a tradição atual dos estudos camilianos, enfatiza, coerentemente, os aspectos narrativos. Junto com eles, a representação dos ambientes, que é tanto melhor quanto mais integrada à narração. *Amor de Perdição*, nesse discurso, é valorizada porque aí tudo está a serviço da unidade de ação, que se estrutura toda em torno do conflito entre o real e o ideal. Essa novela é o modelo, e tanto em Prado Coelho, quanto em Lopes & Saraiva, várias vezes percebemos que é ela o texto ideal para o qual converge o restante da obra e o olhar do crítico. Já *A Queda dum Anjo* não é objeto de grandes considerações. Jacinto do Prado Coelho apenas a avalia assim, mantendo a clave biográfica: Camilo experimentava em si mesmo o conflito entre a "magia da civilização e a sedução da vida natural". "Daí o ter feito n'*A Queda dum Anjo* uma obra relativamente profunda: só é profundo, na verdade, o que se elaborou nas próprias entranhas. Mais uma vez, fez auto-ironia."

Mas como se descrevem, tipicamente, as qualidades de *Amor de Perdição*? Eis, novamente, a descrição canônica, no livro de Prado Coelho:

> A vida aparece nela severamente selecionada, reduzida aos elementos dramáticos, aos instantes de crise e ao esqueleto de fatos em que tais instantes se integram. A "rapidez das peripécias", a "derivação concisa do diálogo para os pontos essenciais do enredo" (qualidades que o novelista era o primeiro a apontar no *Amor de Perdição*) caracterizam, dum modo geral, a novela camiliana. A sua técnica aproxima-se, por isso, da técnica teatral, que "abstrai e fixa momentos privilegiados, momentos de crise"[7].

Esse parágrafo atribui, com a única ressalva de ser uma formulação generalizante, a toda a novela camiliana qualidades que não são dominantes na maior parte dos seus textos, nem talvez nos mais conhecidos deles. Ou seja, ela subsume no tipo do *Amor de Perdição* toda a produção novelística do autor. Uma das conseqüências críticas dessa operação é a brutal redução do *corpus* canônico da novela camiliana, porque são de fato poucos os textos em que essas características são as dominantes. Outra é que ela é construída por meio de um obscurecimento de um outro aspecto do texto novelístico de Camilo, que estava presente no mesmo texto citado por Prado Coelho. Veja-

---

7. J. P. Coelho, *op. cit.*, pp. 522-523.

mos, para perceber isso, o texto todo do prefácio de onde o crítico retirou as citações entre aspas:

> Este livro, cujo êxito se me antolhava mau, quando eu o ia escrevendo, teve uma recepção de primazia sobre todos os seus irmãos. [...] Não aprovo a qualificação; mas a crítica escrita conformou-se com a opinião da maioria que antepõe o *Amor de Perdição* ao *Romance de um Homem Rico* e às *Estrelas Propícias*.
> É grande parte neste favorável, embora insustentável juízo, a rapidez das peripécias, a derivação concisa do diálogo para os pontos essenciais do enredo, a ausência de divagações filosóficas, a lhaneza da linguagem e desartifício de locuções. Isto, enquanto a mim, não pode ser um merecimento absoluto. O romance, que não estribar em outras recomendações mais sólidas, deve ter uma voga mui pouco duradoura[8].

Como ressalta da leitura, para Camilo, as qualidades destacadas pelo crítico não são qualidades que ele julga que possam, sozinhas, sustentar um romance. Pelo contrário, elas lhe parecem insuficientes, e é clara a sua aposta na necessidade das divagações filosóficas, na linguagem apurada e no artifício das locuções – elementos cuja ausência é a condição para a rapidez das peripécias e para a derivação concisa do diálogo.

Coincidem assim na valorização de *Amor de Perdição* não apenas os leitores e a crítica contemporânea do autor, mas a posterior tradição crítica, até os nossos dias. A subsunção da novela camiliana nesse texto específico, entretanto, é já uma descrição bem moderna.

Chegamos agora ao ponto que interessa sublinhar, porque é a última e mais séria conseqüência crítica desse procedimento de análise: como é na economia do enredo e na eficácia da representação que se reconheceram e hipostasiaram as qualidades da novela típica camiliana, pouco se tratou até hoje – a não ser como defeito ou excrescências – tanto das divagações filosóficas, quanto da sua escrita metalingüística ou do artifício das suas locuções, ou seja, da utilização específica que ele faz da língua e das formas narrativas.

De fato, muito diferentemente do que ocorre com Eça de Queirós, cujo estilo tem sido bastante bem estudado desde o livro magnífico de Guerra da Cal, não temos até agora um estudo minucioso e amplo da linguagem camiliana. Óscar Lopes, por exemplo, ressalta apenas o aspecto castiço do vocabulário e de alguma sintaxe. Prado Coelho, nem isso.

---

8. "Prefácio da Segunda Edição" de *Amor de Perdição*, em *Obras Completas de Camilo Castelo Branco*, ed. de Justino Mendes de Almeida, Porto, Lello & Irmão, 1984, vol. III, p. 378.

94 ESTUDOS DE LITERATURA BRASILEIRA E PORTUGUESA

E entretanto, quando lemos hoje Camilo de uma maneira extensiva, é justamente o seu estilo e a sua construção textual o que mais impressiona. É a consideração da sua linguagem e da estrutura da sua novela enquanto objeto verbal que nos permite ver os limites da descrição atual e redimensionar a sua interpretação geral.

Para maior clareza desta primeira aproximação ao problema que nos interessa, concentraremos a atenção em apenas dois níveis de organização textual. O primeiro é o nível da construção da frase e da produção de efeitos de sentido irônicos ou inesperados. O segundo, o do manejo dos elementos macroestruturais do romance e da apresentação física do livro: voz narrativa, foco narrativo, narratário, ordenação das partes, disposição tipográfica, etc.

Tomemos, como primeiro exercício de consideração do estilo camiliano, uma das *Novelas do Minho*. Chama-se "O Filho Natural". Consideremos primeiro o enredo: um fidalgo seduz a filha de um farmacêutico; os amantes fogem, vivem algum tempo juntos e têm um filho; ele a abandona para seguir a carreira política e fazer um bom casamento; abandonada, a mulher sobrevive com dificuldades, dando aulas; a certa altura, quando o filho tem 12 anos, manda-o para o Brasil, aos cuidados de um amigo; o amigo é rico, morre e deixa uma fortuna para o rapaz; o rapaz volta a Portugal, com muito dinheiro; o pai fidalgo está arruinado financeiramente, mal conseguindo sustentar a mulher e os filhos; o rapaz se apresenta ao pai como mendigo; uma de suas meio-irmãs tenta ajudá-lo, oferecendo-lhe as jóias que lhe restaram dos bons tempos; o filho ilegítimo se revela um homem rico e doa dinheiro à meio-irmã para salvar a reputação do pai e assim vingar moralmente sua mãe.

É um enredo simples e sentimental. Mas a linguagem é muito cuidada e muito nova. Mais nova, parece-me, do que a de qualquer outro texto da época, incluindo aí as *Farpas* e o único romance que Eça até então publicara, *O Crime do Padre Amaro*.

Para poder avaliar a afirmação da novidade, considerem-se, em primeiro lugar, estes exemplos de dupla determinação, uma concreta e outra abstrata, como maneira de produzir efeito cômico: ao descrever a morada de uma família nobre, diz que "em redor daqueles paços senhoriais pesava um silêncio triste e torvo"; ao traçar a história da família faz referência aos "citaristas das cruzadas que morriam [...] entre duas rimas e três cutiladas"; de um magistrado que se atrapalha numa frase vai dizer: "como lhe faltasse a respiração e a gramática, o procurador tomou fôlego"; umas senhoritas da sociedade são assim apresentadas: "eram as cinco jóias do Porto em delicadeza de espírito

A NOVELA CAMILIANA

e de cintura"; mais além, uma "patrulha vem chegando com a Moral e com a baioneta"[9].

Além desses efeitos irônicos, há outros, ainda mais notáveis. Como, por exemplo, uma frase que apresenta o local de um namoro como "um terceiro andar – altura onde os suspiros exalados desde a rua chegam em temperatura honesta". Ou como esta, na qual, por ocasião de umas eleições, diz-nos o narrador que um fidalgo "saiu eleito... por novecentos mil-réis, trinta e nove cabritos, e 2½ pipas de vinho verde". Ao que ainda acrescenta: " – vinho que devia ser um exagerado castigo daquelas consciências corrompidas dos cidadãos". Ou, finalmente, esta, que descreve a perturbação do pai da heroína, quando percebe que ela fugiu de casa para viver com o amante: desceu ele à sala "tão insuficientemente vestido, como o poderia estar o nosso primeiro avô, se fugisse do Paraíso depois de inventar o lençol"[10].

Já para caracterizar a antiga linhagem do sedutor, o narrador começa seriamente a retroceder na árvore genealógica da família, até que abandona a tarefa e conclui: "indo na pegada da família depararia com o macaco de Darwin; e talvez seja anterior aos macacos; e desmente o dilúvio".

Todos esses exemplos, que são apenas os mais interessantes, mas não os únicos, foram colhidos numa narrativa breve, de trinta páginas e de tom dominante não-jocoso. E são tantos e de tal qualidade, que a pergunta que imediatamente se apresenta ao espírito é: como foi possível que essas características ficassem assim obscurecidas?

Mas não foram apenas essas construções frasais que ficaram sem atenção. Outras questões igualmente notáveis, e talvez até mais importantes, porque dizem respeito ao nível de estruturação macrotextual, também permaneceram sem a devida atenção crítica.

Uma das principais é a constante referência de Camilo ao fato de escrever para viver, e de ter, assim, de dar ao público o que ele quer comprar. E as conseqüências, no plano da construção textual, dessa fala tão reiterada.

Vejamos alguns exemplos, dentre os inúmeros que poderíamos alinhar aqui.

No prefácio da segunda edição de *A Doida do Candal*, Camilo diz que pensou em pôr no livro umas palavras filosóficas contra o duelo, mas que ele tinha vendido mais do que *A Bruxa de Monte Córdova*. Ora, comparando

---

9. *O Filho Natural*, em J. M. de Almeida (ed.), *op.* cit., vol VIII. Os trechos citados neste parágrafo se encontram, respectivamente, nas páginas 182, 184, 230, 185 e 188.
10. *Idem*, p. 187.

96 ESTUDOS DE LITERATURA BRASILEIRA E PORTUGUESA

os dois, achou que fora a filosofia que lhe estragara *A Bruxa*. Daí que tenha resolvido deixar o livro como estava. É que, como logo vai afirmar, ele é um escritor que escreve para viver, e por isso escreve para o leitor do presente, pois só pode escrever para a posteridade quem tem seguro o que comer.

No prólogo de *Onde Está a Felicidade?* (1856) – livro todo permeado de digressões filosofantes – propagandeia as qualidades do seu texto por oposição ao romance romântico típico, que abusa de cenas de tempestades, etc., como forma de atrair o leitor. Mas já em *O que Fazem Mulheres – Romance Filosófico* (1863), tenta juntar as duas qualidades que sete anos antes apresentava como antagônicas, e, num prólogo intitulado "A todos os que lerem", escreve:

> É uma história que faz arripiar os cabelos.
> Há aqui bacamartes e pistolas, lágrimas e sangue, gemidos e berros, anjos e demônios.
> É um arsenal, uma sarrabulhada, e um dia de juízo!
> Isto sim que é romance!
> Não é romance; é um soalheiro, mas trágico, mas horrível, soalheiro em que o sol esconde a cara [...] Tenebroso e medonho! É uma dança macabra! Um tripúdio infernal! Coisa só similhante a uma novela pavorosa das que aterram um editor, e se perpetuam nas estantes, como espectros imóveis.
> Há aí almas de pedra, corações de zinco, olhos de vidro, peitos de asfalto?
> Que venham para cá.
> Aqui há cebola para todos os olhos; Broca para todas as almas;
> Cadinhos de fundição metalúrgica para todos os peitos.
> Não se resiste a isto. Há-de chorar toda a gente, ou eu vou contar aos peixes, como o padre Vieira, este miserando conto[11].

Não satisfeito com esse discurso destinado, apesar da ironia, a atrair o leitor romântico, o autor apresenta a seguir um segundo prólogo, dirigido aos possíveis interessados no "romance filosófico". Intitulado "A algum dos que lerem", é um texto que fala seriamente das virtudes da heroína, e se defende antecipadamente da acusação de inverossimilhança.

Finalmente, como uma espécie de termo conciliatório, dá-nos um terceiro prólogo, que se apresenta como um "Capítulo Avulso / para ser colocado onde o leitor quiser". É o mais divertido e tanto pode ser valorizado pelo leitor afeito aos dramas sentimentais, que o lerá num clave de crítica ao romance de pendor naturalista, quanto pelo leitor adepto deste último, que

---

11. Na edição de Justino Mendes de Almeida, o trecho está nas pp. 1231-1232 do volume II.

o poderá ler como sátira dos procedimentos de construção da personagem romântica exaltada. A composição do "Capítulo Avulso" é, por si só, notável: começa com uma implicância gratuita do narrador com o sobrenome do escritor/personagem Francisco Nunes: com um tal sobrenome ninguém pode, na sua opinião, ser escritor; há sobrenomes, sentencia, que "parecem os epitáfios dos talentos"... Atormentado sem muita razão, talvez apenas em função dos comentários do narrador, o Nunes caminha pela rua fazendo um enorme e empolado discurso contra o charuto que vai fumando. Composto como um herói romântico, revoltado sem causa, Nunes profere, entretanto, um discurso misto de oratória parlamentar e digressão didática e cientificista. De qualquer forma, ninguém o ouve, exceto o narrador, que diz segui-lo "com subtis sapatos de borracha", e faz as vezes do leitor, avaliando-lhe os gestos, a figura e o estilo. Assim, quando o herói narra a história do fumo e sua chegada na Europa com o cuidado de precisar o ano de introdução do tabaco em Portugal, Camilo põe uma nota: "é para espantar a memória de Francisco Nunes, em crise de tamanha angústia"; e quando, em certo ponto, o tom declamatório do solilóquio de Nunes triunfa sobre a situação concreta em que fala e ele dirige incongruentemente uma apóstrofe aos "senhores deputados", o narrador põe outra nota, criticando-lhe duramente o estilo e a distração. Essa oscilação do narrador entre as expectativas de diferentes tipos de leitores do seu "romance filosófico" tem várias outras atualizações textuais, de que referiremos apenas a mais espetacular: entre o capítulo XIV e o XV, deparamos com um não-numerado, intitulado apenas "Cinco páginas que é melhor não se lerem", nas quais a meta do narrador é "um alvo transcendental. Nem mais nem menos, [...] provar que o Código do Imperador Justiniano [...] traz uma lei de tamanho absurdo e insensatez, quanta é a indignação com que para aqui a traslado"...

Podíamos continuar indefinidamente comentando, nas muitas novelas camilianas, um número realmente espantoso de procedimentos metalingüísticos semelhantes, mas vamos nos restringir a apenas mais um texto: a novela *A Filha do Arcediago* (1856), em que o enredo se dissolve em duzentas páginas muito digressivas, nas quais a reflexão jocosa sobre as técnicas e a forma do romance ocupa o lugar central. Tudo aí é objeto de ironia, mas o principal alvo do narrador é ele mesmo, a sua função na narrativa, os recursos técnicos de que lança mão, as convenções de apresentação textual do romance etc. Dentre o leque muito vasto das opções de exemplos que essa novela nos oferece, destacaremos a seguir, apenas alguns poucos: aqueles momentos em que as questões para as quais chamamos a atenção se vêem de modo mais evidente.

Nesta drástica seleção, comecemos por notar que, no capítulo XIX, o casamento de duas personagens é apresentado em forma de teatro: um "drama em um ato", com direito a apartes e descrição de cena. Tem assim o casamento um destaque textual bastante grande. Talvez por isso mesmo o capítulo seguinte comece com uma digressão do narrador, acusando a queda de nível do seu romance: "Sou o primeiro a confessar que o meu romance está caindo muito! [...] Ainda um casamento... passe! Mas dous casamentos!... É abusar dos dons da igreja, ou romantizar o fato mais prosaico desta vida! Isto em mim creio que é falta de imaginação, ou demasiado servilismo à verdade! [...]". Finalmente, depois de muito discretear sobre o fato de haver já promovido os tais dois casamentos e de prometer novos desenvolvimentos do enredo, anota: "por enquanto, peço ao respeitável público que suspenda o juízo a respeito da minha capacidade inventiva".

Outra situação textual interessante se encontra no capítulo XXI, quando o narrador, depois de descrever uma senhora apanhada em situação constrangedora, diz ao leitor o que ele faria se fosse mulher, e para isso abre dois subtítulos "solteira" e "casada", em que assume a primeira pessoa e descreve as ações possíveis.

Finalmente, para não alongar muito estes exemplos, comentemos apenas mais duas passagens notáveis.

A primeira se localiza no final do capítulo XXVII, já no final da novela. Ali deparamos com o seguinte quadro, cuja ironia dispensa comentários:

Relação das pessoas que já morreram neste romance

O mestre de Latim	1
A Senhora Escolástica	1
O arcediago	1
Uma velha da Viela do Cirne, cujo nome me não lembro	1
O Senhor António José da Silva	1
Antónia Brites, amante de Augusto Leite	1
Dous soldados de cavalaria	2
Soma total	8

Continuarão a morrer convenientemente.

A segunda se encontra já quase ao final da novela, quando o narrador se demite da função que até ali exercera com extremos de cabotinismo: dá por encerrada a sua tarefa, transformando o texto em romance epistolar e dando livre curso à intriga sentimental: "Agora, leitores, o meu trabalho termina aqui. As cartas, que ides ler, confiou-as a pessoa, que me contou esta história. São textuais. Podem ver-se em minha casa, desde o meio-dia até às quatro horas da tarde[12]".

Prado Coelho, comentando essa última novela, diz que "*A Filha do Arcediago* constitui, na verdade, a primeira novela de Camilo em que ele foca a vida familiar no seio da burguesia portuense. O seu principal fito não era a fidelidade ao real; a sua intenção era combater o burguês pela caricatura".

O que Prado Coelho não percebe é que muito mais notável do que a caricatura é o jogo com as expectativas de leitura do público burguês. Não só nessa novela, como também em *O Que Fazem Mulheres?*, que comentamos há pouco, e na esmagadora maioria dos outros livros de Camilo.

Não perceber esse jogo com as expectativas deixa no escuro a única regra inflexível que vigora em todas as narrativas camilianas, por mais digressivas que elas se apresentem.

Essa regra é: o tom digressivo não pode manter-se indefinidamente. Em algum momento, sempre cessam as digressões, ou rareiam muito, e a novela sentimental se expande e prossegue até o seu final catártico. Mas não porque, como quer Prado Coelho, "a vocação [de Camilo] o chama para lá". Mas porque esse é o jogo, essa é a expectativa do leitor que, no caso de Camilo, escritor profissional, tem de ser satisfeita no nível da narrativa, embora possa ser discutida e negada no nível da narração.

É esse ponto que é preciso ressaltar: Camilo trabalha, todo o tempo, com as expectativas de leitura. Os procedimentos que a crítica descreveu freqüentemente como mau gosto são talvez melhor descritos como agressão a uma expectativa que exige dele um texto com as características que se valorizaram tão acentuadamente em *Amor de Perdição*. Daí que não perca ocasião de, em prólogos, dedicatórias e digressões internas ao texto das novelas, espezinhar o gosto dominante e a expectativa de leitura que, em algum momento, sabe estar condenado a satisfazer.

É assim que, ano após ano – ou, melhor, mês após mês – escreve prefácios como o que abre a peça "Patologia do Casamento", nas *Cenas Contemporâneas*. Ali, dirigindo-se à leitora d. Fulana, progride rapidamente da ironia ao sarcasmo, e ao atribuir-lhe gostos e leituras românticas típicas, oferece-lhe a peça como concessão desdenhosa, dizendo: sei que "tem na cabeça muita soma de teias de aranha, e não serei eu a vassoura de limpeza".

---

12. Na edição de Justino Mendes de Almeida, vol. I, p. 1136.

E é assim que, mês após mês, vai produzindo a novela passional ou a novela de enredo rocambolesco e comentando qual vendeu mais ou menos e o porquê dos favores do público.

Nesta leitura, Camilo nos aparecerá estilisticamente, num nível macroestrutural, como um homem próximo de Garrett. E, como este, muito próximo de escritores do século anterior, como Stern ou De Maistre, que viam o texto romanesco não como sendo basicamente o desenvolvimento de uma intriga, nos moldes mais propriamente românticos, mas como uma prática narrativa em que o comentário filosófico ou simplesmente digressivo e espirituoso era o ponto distintivo do gosto.

Mas Camilo não é um homem do século XVIII. Está submetido à prática da literatura como profissão, e, portanto, condenado ao público que tem. Por isso, a leitura que aqui ensaiamos aponta para um quadro descritivo em que a genialidade de Camilo está em utilizar criticamente as expectativas de leitura e as formas em que elas se cristalizam, sejam elas a novela sentimental, a novela picaresca, ou a narrativa naturalista. O que quer dizer que a matéria principal dos seus textos são as imagens da narrativa e da sua função na sociedade burguesa.

É no trabalho com as formas, agindo por contraposição, exercendo a literatura como prática polêmica que vamos encontrar o Camilo que melhor corresponde ao desejo do nosso próprio tempo.

Aí podemos reconhecer a sua modernidade, o seu interesse para nós. E desse esforço por uma nova descrição resultará um escritor que situaremos numa outra família espiritual, diferente da que tem sido a sua. Nessa nova família, como já deve ter ficado claro pela exposição, estará também, com alguns degraus de parentesco que ainda cumpre determinar, entre outros, Machado de Assis.

6

HISTÓRIA E FICÇÃO ROMANESCA: UM OLHAR SOBRE A GERAÇÃO DE 70 EM PORTUGAL

A importância da Geração de 70, do ponto de vista da evolução das idéias históricas em Portugal, dificilmente poderá ser sobrevalorizada. Embora a fonte da moderna reflexão histórica portuguesa esteja nas obras de um homem que se formou nos primeiros tempos da revolução liberal, Alexandre Herculano, é apenas com a Geração de 70 que se vai realmente alterar, em ampla escala, a forma de pensar a vida da nação e o sentido da sua existência.

De fato, desde as conferências de 1871, começa a vigorar um modo de compreender as descobertas e conquistas, bem como o Portugal restaurado em 1640, que ganhará sempre mais adeptos ao longo do final do século XIX e começos do XX.

Na tarefa de construção de um novo enfoque da história portuguesa, dois vultos têm lugar de destaque: Antero de Quental e Oliveira Martins. O primeiro lançou a pedra fundamental do novo edifício com a famosa conferência sobre as "Causas da Decadência dos Povos Peninsulares nos Últimos Três Séculos". O segundo, embora anos depois apresentasse sua divergência com esse texto, erigiu, sobre o duro diagnóstico anteriano, a sua *História de Portugal*, um dos livros que mais marcaram a virada do século naquele país.

Entretanto, foi justamente essa geração que explicitamente baniu da sua prática literária um gênero que, desde Herculano, desfrutava de prestígio e de público: a novela histórica. Mesmo correndo o risco de repetir um texto bem conhecido, creio que vale a pena recordar em que termos o autor do *Eurico* equacionava a ficção e a ciência históricas em 1840, na revista *Panorama*:

Novela ou História, qual destas duas cousas é a mais verdadeira? Nenhuma, se o afirmarmos absolutamente de qualquer delas. Quando o caráter dos indivíduos ou das nações é suficientemente conhecido, quando os monumentos, as tradições e as crônicas desenharam esse caráter com pincel firme, o noveleiro pode ser mais verídico do que o historiador; porque está mais habituado a recompor o coração do que é morto pelo coração do que vive, o gênio do povo que passou pelo do povo que passa. Então de um dito ou de muitos ditos ele deduz um pensamento ou muitos pensamentos, não reduzidos à lembrança positiva, não traduzidos, até, materialmente; de um fato ou de muitos fatos deduz um afeto ou muitos afetos, que se revelaram. Essa é a história íntima dos homens que já não são; esta é a novela do passado. Quem sabe fazer isto chama-se Scott, Hugo ou De Vigny, e vale mais e conta mais verdades que boa meia dúzia de bons historiadores[1].

No princípio de sua carreira literária, Oliveira Martins partilhava dessas idéias e acreditava que a novela histórica tinha um papel social importante. Tanto que, em 1867, estreava em volume com uma obra do gênero, que depois repudiaria: o *Febo Moniz*, concebido nos moldes românticos, segundo a matriz herculaniana.

Como nos textos do mestre, temos nessa novela de Martins um narrador que intenta dar das cenas e fatos narrados uma visão de conjunto e relevância histórica e que, para isso, em várias ocasiões, intervém didaticamente, nomeando-se historiador e descobrindo, sob o véu da ficção, o caráter especulativo dessa forma de aproximação ao passado. No prefácio, datado de 1866, deparamo-nos com uma teorização em que a presença de Herculano também é muito sensível. Dá-nos ali Oliveira Martins uma defesa apaixonada do valor pedagógico da ficção histórica, que permitiria "simbolizar, não só no pensamento geral, como no andamento e desenlace do enredo, o caráter dominante de uma época; fazer-lhe sobressair as suas máculas e a sua glória, as suas sombras e a sua luz". Ou seja, sendo mais sensível e concreta que a história, a narrativa ficcional poderia desempenhar mais abrangentemente a tarefa de aperfeiçoamento da sociedade por meio do conhecimento do passado. Subsidiária da história, essa ficção podia e devia ser "a expressão ideal da ciência histórica, a vivificação de uma época, cujas tendências, cujos usos e constituição social ela estudou e descobriu"[2].

---

1. A. Herculano, "A Velhice" (1840), *apud* Vitorino Nemésio, "Eurico – História de um Livro", em A. Herculano, *Eurico, o Presbítero*, 37.ed., Lisboa, Bertrand, s/d., pp. xxi-xxii. A ortografia foi convertida para a norma brasileira, como em todas as demais citações.
2. *Phebus Moniz*, Lisboa, Empresa Lusitana Editora, 1867, p. xiii.

HISTÓRIA E FICÇÃO ROMANESCA: UM OLHAR SOBRE A GERAÇÃO DE 70...

É ainda de Herculano, que em *O Bobo* inserira a personagem fantástica que dá nome ao livro e nela simbolizara um dado segmento social, que provém a concepção martiniana de que a novela histórica se teça em volta de personagens "verdadeiros" e "de fantasia". Se os primeiros deviam provir diretamente dos livros da ciência histórica, os segundos deveriam ser livre criação do escritor, que os desenvolveria para "representar neles os diversos grupos, as diversas crenças, em que a sociedade possa estar dividida"[3]. Portanto, a novela histórica era, para o primeiro Martins, uma espécie de história didática, em que a fantasia (ou inverdade) desempenhava um papel importante, qual seja, o de concretizar sensivelmente as tendências e forças sociais que a história identificara de um modo mais abstrato e científico.

Passados porém doze anos, já Oliveira Martins não pensa a questão da mesma maneira. Em 1879, quando publica a sua *História de Portugal*, o historiador está convencido de que a novela histórica é um gênero desimportante e uma atividade nociva ao interesse da ciência e da pedagogia. Assim, no decorrer de um rápido balanço dos estudos históricos em Portugal, ao tratar de Herculano, valoriza devidamente o seu papel de fundador da nova historiografia e a sua contribuição ao conhecimento do passado nacional. Porém, como nesse elogio pudesse estar incluída a produção novelística do escritor, voltada para as mesmas épocas de que redigira a História, Martins vê-se obrigado a deixar claro o seu ponto de vista atual. Por isso insurge-se violentamente contra a novela histórica, nomeando seus principais cultores e marcando a distância a que agora está do gênero com que iniciara sua carreira. No tempo de Herculano, diz-nos Martins,

ao lado da História formava-se um gênero híbrido e falso, o romance histórico, em que é para lamentar o tempo e o talento desperdiçados a compor verdadeiros pastiches. O valor dessas obras, a que ficaram ligados os nomes de Herculano e Garrett, de Mendes Leal e Rebelo da Silva, de Marreca e Bernardino Pinheiro, de Corvo e Arnaldo Gama, de Camilo Castelo Branco e ainda de Pinheiro Chagas, valor escasso ou nulo como obras poéticas, é apenas o da história dos costumes, trajos, etc., do pitoresco da história, traduzidos pelos autores com maior ou menor saber e fidelidade[4].

Ora, todos sabemos que Oliveira Martins, desde o inverno de 1870, passou a integrar espiritualmente o Cenáculo. Mesmo isolado em Santa Eufêmia, na Espanha, mantinha contato com Antero de Quental e teria feito uma

---

3. Oliveira Martins, *Phebus Moniz, op. cit.*, p. xii.
4. "Notas sobre a Historiografia em Portugal", em *História de Portugal*, ed. crítica de Isabel de Faria e Albuquerque, Lisboa, Imprensa Nacional/Casa da Moeda, 1988, p. 902.

104 ESTUDOS DE LITERATURA BRASILEIRA E PORTUGUESA

das Conferências Democráticas, não fosse a intervenção governamental que as proibiu. Assim, é provável que, para a mudança do ponto de vista do historiador quanto à novela histórica, também tenha contribuído a introdução de novos valores e novas concepções do romance em Portugal.

Afinal, não foi esse justamente o tema da conferência de Eça de Queirós? Não dizia ali o futuro autor de *Os Maias* que o romance moderno deveria fundar-se sobre a observação e análise e, portanto, escolher os seus temas em sincronia com o tempo da escrita?[5] A arte moderna – propunha então Eça de Queirós – tem por objetivos examinar a sociedade e o indivíduo, proceder à "crítica dos temperamentos e dos costumes", tornar-se "auxiliar da ciência e da consciência", comprometendo-se por essa via com a verdade e a promoção da justiça social[6]. Daquele ponto de vista, não havia lugar para o romance histórico, e o estudo do passado era objeto de outra forma de conhecimento, com métodos e técnicas diferenciados: a ciência histórica. Nesse quadro, coerentemente, Eça de Queirós desqualificava os principais romances do século, que explicitamente nomeava (*Eurico, O Monge de Cister, A Mocidade de D. João V, O Arco de Sant'Ana*), recusando-os enquanto gênero e descobrindo-lhes a falsidade e a inferioridade enquanto obras literárias[7].

Entretanto, acredito que haja razões mais profundas, internas ao desenvolvimento da sua própria reflexão, que permitam compreender o trajeto desenvolvido por Oliveira Martins: de cultor do gênero novela histórica a historiador que a condena peremptoriamente.

O ponto de partida para a compreensão do pensamento de Martins está, creio eu, na função que no texto de comentário ao *Febo Moniz* ele atribuía aos personagens "de fantasia": a de simbolizar, de concretizar as tendências e forças sociais que a história identificara de um modo mais abstrato e científico.

Ora, esse procedimento de simbolização é o que vamos encontrar, já poucos anos depois do *Febo Moniz*, como a base do texto histórico marti-

---

5. Nas suas palavras: "O realismo deve ser perfeitamente do seu tempo, tomar a sua matéria na vida contemporânea. Deste princípio, que é basilar, que é a primeira condição do realismo, está longe a nossa literatura. A nossa arte é de todos os tempos, menos do nosso" (Eça de Queirós, "A Literatura Nova: O Realismo como Nova Expressão da Arte", em António Salgado Jr., *História das Conferências do Casino, apud* Maria Aparecida Ribeiro, *História Crítica da Literatura Portuguesa*, Lisboa, Verbo, 1994, vol. VI, p. 94).

6. Eça de Queirós, "A Literatura Nova: O Realismo como Nova Expressão da Arte", *op. cit.*, p. 94.

7. Sobre a questão da falsidade, ver, por exemplo, esta passagem: "[...] quando a ciência nos disser: a idéia é verdadeira; quando a consciência nos segredar: a idéia é justa; e quando a arte nos bradar: a idéia é bela, teremos a obra de arte superior. Do contrário teremos uma obra falsa, fora do momento, da verdade, etc." (*Idem, ibidem*).

HISTÓRIA E FICÇÃO ROMANESCA: UM OLHAR SOBRE A GERAÇÃO DE 70... 105

niano. Como tentei mostrar em outro momento, desde o trabalho sobre *Os Lusíadas*, de 1872, o método de Oliveira Martins se delineia muito claramente: os personagens históricos eles mesmos encarnam as forças em ação num dado momento, tornam-se símbolos vivos das tendências que se debatem no seio da sociedade a que pertencem[8]. Símbolos de uma só força social, muitas vezes; mas também, outras tantas, símbolos do entrechocar de diferentes vetores. De um modo geral, para melhor compreender o papel dos indivíduos na história, segundo Martins, pode-se estender a todos os seus personagens o que escreveu, em 1878, sobre Alexandre Magno: "Logo que se abre a campanha principia o drama entre os diferentes personagens que, reunindo-se na pessoa do herói, faziam dele a representação individual e viva da tragédia histórica"[9].

A forma dramática, assim, está inscrita na própria forma de ser dos agentes históricos. O herói martiniano, portanto, não é simples encarnação de uma idéia, mas um ser múltiplo, que requer, para ser bem compreendido, uma análise abrangente, em que a psicologia – o traçado do caráter e sua evolução – tem um lugar de destaque: "a épica jornada de Alexandre é a sua biografia, e o crítico ao observar a evolução psicológica do herói descobre o segredo da história"[10].

Vemos agora o real estatuto dos heróis na concepção martiniana: por evidenciarem nas suas ações a sua psicologia, e no seu triunfo ou derrota o real estado de forças em vigor numa dada sociedade, os protagonistas singulares são o princípio inteligível da história. Portanto, do ponto de vista do Oliveira Martins da maturidade, era no âmbito dos "personagens verdadeiros" – isto é, históricos – que se podiam e deviam descobrir os símbolos necessários à compreensão e fixação da realidade passada. Contrariamente ao que sucedia em Herculano, para Martins os campos recobertos pelo chamado romance histórico e pela história não eram diferentes. Nem os objetivos dos dois tipos de discurso. Para ser mais exato, do ponto de vista da compreensão do passado, a história ela mesma devia dar conta do que Herculano reservava para

---

8. "Oliveira Martins e a Arte de Escrever a História", *Convergência Lusíada*, Rio de Janeiro, Real Gabinete Português de Leitura, 1995, n. 12, e "No Centenário de Morte de Oliveira Martins", em E. de Queirós & J. P. Oliveira Martins, *Correspondência*, Campinas, Editora da Unicamp, 1995.

9. Oliveira Martins, *O Helenismo e a Civilização Cristã*, 4. ed., Lisboa, Parceria A. M. Pereira, 1928, p. 208.

10. Oliveira Martins, *O Helenismo...*, *op. cit*, p. 209. A propósito da teoria martiniana do herói, veja-se o excelente trabalho de Sérgio Campos Matos, "Na Génese da Teoria do Herói em Oliveira Martins", em *Estudos em Homenagem a Jorge Borges de Macedo*, Lisboa, INIC, 1992, pp. 475-504.

ESTUDOS DE LITERATURA BRASILEIRA E PORTUGUESA

a novela histórica: a fixação dos traços íntimos de uma época, da forma de sentir e de pensar dos homens de outro tempo. Cabia agora à história, e não à novela, o caráter especulativo sobre as formas das sensibilidades, dos afetos e dos valores das eras pretéritas, com vistas a promover a sua ressurreição para o leitor. Assim, nesse quadro, não havia qualquer necessidade de existir outro discurso sobre o passado que não o histórico. A novela tornava-se, aos olhos do historiador, supérflua, e o que ela trazia de diferente do texto propriamente histórico – isto é, basicamente os "personagens de fantasia" – representava não um acréscimo, mas uma perda de verdade[11].

A partir desses pressupostos, não é difícil entender de onde procediam os reparos que, no Portugal Contemporâneo, Oliveira Martins fazia à *História* de Herculano[12]. Como sabemos, Martins apontava, na obra maior de seu mestre, um defeito de estrutura e de concepção. De seu ponto de vista, o livro de Herculano era composto por duas vertentes distintas, que não se juntavam: de um lado, encontrava-se ali "uma crônica verídica desinçada dos erros e das invenções fradescas" (isto é, um registro factual documentado e crível); de outro, "uma dissertação erudita sobre o desenvolvimento das instituições" (ou seja, uma história jurídica, por assim dizer, anônima e coletiva). O efeito dessa estrutura, apontava Martins, era que não se produzia, na leitura, aquele "caráter eminente de realidade" que lhe parecia essencial nos textos históricos. A causa, sempre segundo Martins, era que a Herculano tinha faltado justamente a consideração das individualidades históricas e do seu papel na definição dos rumos da sociedade portuguesa. Por isso, sem a liga que a análise das ações humanas confere aos fatos estabelecidos pela erudição, sem a cor moral e sem a vitalidade que dá aos acontecimentos a inclusão do imaginário do tempo e do fortuito como vetores sociais, ficava a *História* de Herculano como um monumento de erudição, mas falhada enquanto texto literário[13].

---

11. É por isso que, para Martins, enquanto o romance realista se configura como uma forma válida de conhecimento do presente, a mesma palavra "romance", quando ligada ao passado, vai designar sempre a narrativa desprovida de valor de verdade. V.g., esta passagem da "Advertência", em *Os Filhos de D. João I*, Lisboa, Guimarães Editores, 1993, p. 9: "E há-de [a história], por outro lado, assentar sobre a base de um saber solidamente minucioso, de um conhecimento exato e erudito dos fatos e condições reais, sob pena de, em vez de se escrever história, inventarem-se romances".

12. As citações que se seguem neste parágrafo foram colhidas em: Oliveira Martins, *Portugal Contemporâneo*, 5. ed., Lisboa, Parceria A. M. Pereira, 1919, t. II, pp. 321-323.

13. Não vou considerar aqui, porque não caberia, a outra censura que Martins faz a Herculano: a de não ter sido serenamente imparcial, como conviria a um historiador, e sim ter projetado suas

A crítica ao novelista e ao historiador são assim complementares. Herculano teria reservado a história das formas de pensar e de sentir, a "história íntima" (para usar uma expressão de que ambos se servem) para os romances e para as *Lendas e Narrativas*. Labutara assim em dois campos artificialmente separados, com prejuízo da verdade e da força literária para ambos. É que Herculano, para Martins, não possuía uma capacidade essencial para o estudioso do passado, encarregado de o narrar para o presente: não era artista[14]. E a história, como a ficção, sempre foi, para ele, uma arte literária, uma presentificação por meio de uma narrativa. O passado aparecia-lhe como um tecido emaranhado, em que cada tempo tinha o seu ritmo, a sua própria verdade ou verdades, que cumpria ao historiador explicar, analisar e, sobretudo, ressuscitar na sua dinâmica e especificidade. Para desemaranhar o novelo histórico, pensava, para apreender o que chamou de "o palpitar vário dos tempos", cumpria utilizar um método que descrevia como artístico e biográfico. A história era, portanto, além de erudição, uma arte, isto é, uma forma de conhecimento em que a intuição e mesmo a imaginação desempenhavam um papel central e decisivo[15].

Nesse quadro, fica claro que a biografia de alguns dos principais vultos da dinastia de Avis, com que Oliveira Martins pretendia coroar a sua obra reflexiva sobre a sociedade portuguesa, era o desenvolvimento natural dos pressupostos que serviram de base a todo o seu trabalho historiográfico[16]. Também fica claro o trajeto que vimos descrevendo, no que toca ao sentido e valor da novela histórica segundo Oliveira Martins, quando consideramos que essas monografias são um reatar das pontas da sua vida literária: evocam

---

crenças e opiniões sobre o passado que estudava. Registro-a, entretanto, porque é muito curiosa, quando confrontada com a fortuna crítica do próprio Oliveira Martins.

14. *Portugal Contemporâneo*, cit., pp. 319-320: "Para ele que, como lusitano, nada tinha de artista (prova: os seus romances), a literatura era uma missão e não um diletantismo. O universo, a história, a sociedade não se lhe apresentavam como assunto de estudos sutis e curiosos, de observações finas ou profundas, de quadros brilhantes, vivos ou comoventes; mas sim como objeto de afirmações ou negações, inspiradas pela convicção estóica".

15. A passagem em que Oliveira Martins mais claramente apresenta as questões referentes ao método artístico e menciona "o palpitar vário dos tempos" encontra-se na "Advertência" a *Os Filhos de D. João I*.

16. Oliveira Martins planejava escrever cinco biografias, nas quais sintetizaria a vida sob a segunda dinastia: *Os Filhos de D. João I* e *A Vida de Nun'Álvares* (publicados em 1891 e 1893 respectivamente) e mais três, que não teve tempo de realizar: um dedicado a D. João II, outro a Afonso de Albuquerque e o último a D. Sebastião. Se concluísse o seu plano, dizia na apresentação de *A Vida...*, poderia mesmo mudar o nome da sua *História de Portugal* para "Introdução a uma História Portuguesa".

108 ESTUDOS DE LITERATURA BRASILEIRA E PORTUGUESA

e retomam, pelo caráter biográfico e pela temática (a galeria dos vultos exemplares de Avis) a obra com que estreara em livro.

Muito compreensivelmente, desde o seu surgimento as biografias têm chamado a atenção pelo que, em princípio, poderia ser descrito como caráter híbrido: para muitos, não são nem história, nem romance histórico, mas alguma coisa indefinida, situada a meio caminho entre um e outro gênero[17]. Isso apesar de as monografias representarem, do ponto de vista documental e de pesquisa de fontes, o que há de mais rigoroso e metódico em toda a obra de Oliveira Martins[18].

O primeiro leitor a manifestar a sua estranheza foi justamente o maior romancista da geração de Martins, Eça de Queirós. Numa carta datada de 26 de abril de 1894, Eça questionava, na narração histórica de Martins, "certas minudências do detalhe plástico, como a notação dos gestos, etc.". E a título de exemplo, perguntava incisivamente: "Como os sabes tu? Que documentos tens para dizer que a Rainha num certo momento cobriu de beijos o Andeiro, ou que o Mestre passou pensativamente a mão pela face?... Estavas lá? Viste?" E concluía: "Esses traços, penso eu, não dão mais intensidade de vida, e criam uma vaga desconfiança"[19].

O texto é claro e aponta para um problema muito concreto: se é história o que Oliveira Martins escreve, como pode ele inventar "minudências"? Não se trata, aqui, da grande questão dos limites do uso da imaginação e da intuição para suprir os dados documentais. Quero dizer: o que Eça censura não é, por exemplo, o uso da imaginação para montar um quadro impressivo da guerra medieval, em que a pergunta pelo testemunho e pelo valor de verdade dos gestos descritos também caberia. Pelo contrário, considera o episódio da batalha de Valverde uma das grandes páginas do livro. Eça preocupa-se

---

17. Na verdade, toda a obra histórica de Martins foi objeto desse tipo de crítica, como é lógico. Desde a primeira edição da *História de Portugal*, houve aqueles que a acusaram de "fantasista". Ver, a respeito, a nota que Oliveira Martins apôs à segunda edição: "A 'História de Portugal' e os Críticos", em *História de Portugal*, *op. cit.*, pp. 215-226, especialmente p. 217.

18. A respeito das monografias do final da vida, ver o excelente estudo de Martim de Albuquerque, que serve de prefácio à edição crítica da *História de Portugal*, já referida. Nesse texto, a tantos títulos notável, o leitor poderá encontrar dados muito interessantes sobre o esforço documental que presidiu à elaboração das últimas obras martinianas e concluir, com o autor, que "as considerações expendidas permitem questionar a idéia feita sobre a carência de análise e a deficiência documental do historiador Oliveira Martins. Pode-se, inclusive, afirmar que ele percorreu uma trajetória de aperfeiçoamento progressivo, de crescente rigorismo metodológico" (p. 43).

19. Em Eça de Queirós & J. P. Oliveira Martins, *Correspondência*, Campinas, Editora da Unicamp, 1995, p. 167.

com os "detalhes plásticos" porque são infuncionais do ponto de vista da recriação do ambiente e têm o grave inconveniente de despertar a desconfiança. Ou seja, minudências como as que refere lançam sobre o discurso do historiador a sombra do discurso romanesco; despertam no leitor a pergunta indesejável: isto é história ou é novela?

A esse primeiro reparo, Oliveira Martins respondia pela aceitação. Reconhecia que se tratava de "excrescências" originadas do seu processo criativo – "eu vejo, sinto e vivo as cenas que escrevo", responde ele – e prometia suprimi-las nas edições futuras[20].

Entretanto, ia mais fundo a crítica de Eça de Queirós, e numa direção em que já não podia ser aceita pelo historiador. Eça censurava a Martins o uso de familiarismos de linguagem, o excesso de psicologia no tratamento das figuras de épocas recuadas e o traço caricato de algumas personagens, em que o romancista via a projeção das inimizades políticas e de contemporâneos do historiador. Em suma: apontava o que lhe parecia anacrônico na narrativa martiniana, em diferentes níveis da obra.

A réplica de Oliveira Martins, nessa carta datada do ano de sua morte, mais uma vez permite que observemos o quanto ele continuou próximo das concepções de Herculano sobre o que seria o conhecimento artístico do tempo pretérito. Em primeiro lugar, respondia pela postulação do caráter típico das personagens do passado e do presente: há repetições, homologias, que ao historiador cumpriria identificar. Em segundo lugar, em termos que retomavam o texto do mestre, de 1840 ("recompor o coração do que é morto pelo coração do que é vivo"), Oliveira Martins afirmava simultaneamente a importância da sua experiência de intervenção política – cujas vivências lhe pareciam úteis para a melhor compreensão do passado – e a validade do tratamento psicológico das figuras dos tempos recuados. Ambas as postulações se embasavam na crença de que "a alma humana é sempre a mesma" – como respondia ao amigo – "A diferença é que os simples procedem espontânea e inconscientemente, e os requintados [...] refletida e conscientemente"[21]. Partindo dessa premissa, Martins vai afirmar que "não basta o artista pintar um simples reproduzindo a atitude hierática e as formas broncas do seu aspecto exterior", o que é preciso é explicar: "dizer que misteriosas revoluções se abrigaram dentro de um cérebro que todavia as não raciocinava nem as

---

20. Carta de Oliveira Martins a Eça de Queirós, datada de 8 de maio de 1894, em *Correspondência*, *op. cit.*, pp. 169-172.

21. Esta e as seguintes citações provém de: Eça de Queirós & J. P. Oliveira Martins, *Correspondência*, Campinas, Editora da Unicamp, 1995, pp. 171-172.

podia compreender". Por fim, insistia nesse ponto, afirmando: "esmerilhar os estudos de espírito é quanto a mim o dever, a missão do historiador".

Como vemos nesta passagem, muito claramente o artista completa o historiador, confunde-se com ele: apreende o passado a partir de sua vivência do presente, interpreta os heróis do passado de acordo com o conhecimento do seu próprio tempo, projeta os tempos uns sobre os outros na tentativa de compreendê-los pela luz que reciprocamente se poderiam lançar.

A questão formal, genérica, é secundária: a verdade é que o método histórico de Oliveira Martins, muito conscientemente, incorpora ao discurso científico e erudito o tratamento artístico que julgava necessário para a compreensão mais completa do passado[22]. Nesse sentido, o texto martiniano propunha-se, no final do século XIX, cumprir a mesma função que se atribuía à novela histórica nas primeiras gerações românticas em Portugal. Cumprir melhor, porém, uma vez que sem deixar de ser história – ou seja, sem fugir ao âmbito das referências documentais – intentava ainda dar um quadro dos costumes, dos hábitos morais e das formas de consciência dos tempos enfocados. Propunha-se assim a história martiniana como um texto radicalmente interpretativo, que buscava apreender a especificidade da dinâmica histórica por uma visada que se queria totalizante e que para isso levava em conta tanto os fastos registrados nas crônicas quanto os documentos em que Martins julgava apreender a forma do sentimento do tempo, aquilo que chamou a "história íntima" de um período. Nesse sentido, e com essas preocupações, era muito mais moderno, porque muito mais desconfiado da objetividade e cientificidade do discurso histórico, do que a maior parte dos contemporâneos e dos que se lhe seguiram.

É por isso muito compreensível que a crítica tenha, desde Eça de Queirós, batido sempre na mesma tecla, voltando contra Martins as censuras que

---

22. Creio que é essa incorporação decidida do aspecto artístico que levou A. J. Saraiva, em textos dos anos 1840, a identificar nas monografias biográficas uma aproximação ao romance, e a ligá-las, por essa via, ao *Febo Moniz*. Cf. esta frase: "Os próprios livros em que procurou fazer romance, ou aproximar-se dele – *Febo Moniz*, *A Vida de Nun'Álvares* e *Os Filhos de D. João I* – nos dão os argumentos mais flagrantes e consideráveis contra o lugar-comum do Oliveira Martins romancista" (António José Saraiva, "Oliveira Martins, Artista", em *Para a História da Cultura em Portugal*, 4. ed., Lisboa, Europa-América, 1972, vol. I, p. 200). O ponto de Saraiva, nesse ensaio, não é a questão do gênero. Tampouco o ocupa aqui a investigação do valor de verdade dos textos de Martins dentro da oposição romance/história. Está antes preocupado em investigar as capacidades expressivas do texto martiniano. É nesse sentido que recusa o mito do Oliveira Martins romancista: quer dizer, não acredita que as qualidades literárias do texto de Martins provenham da organização romanesca de seus textos.

ele mesmo dirigira à novela histórica: hibridismo, falseamento, gosto pelo pitoresco e pelo dramático em detrimento dos dados mais objetivos revelados pela pesquisa documental e do estilo sóbrio, despido, "científico". Finalmente, porém, desde que se começou a proceder a uma alteração muito profunda na forma de conceber a pesquisa histórica e a própria ciência, cada vez mais as qualidades excepcionais de sua interpretação global da história portuguesa têm passado a ser apreciadas, e o seu método tão singularmente exercido vem sendo objeto de revalorização. O exemplo mais notável da forma como se tem transformado a apreciação das qualidades do texto martiniano deu-nos António José Saraiva no seu último livro, *A Tertúlia Ocidental*, em que dedicou páginas memoráveis a essa "obra de introspecção" que seria a *História de Portugal* de Oliveira Martins. Encontramos aí, pela primeira vez, um julgamento muito abalizado que corresponde, na forma de considerar a obra de Oliveira Martins e de valorizá-la, aos objetivos e preocupações metodológicas do seu autor. Escreve António José Saraiva:

> Ele entendeu que a realidade se processa de dentro para fora, da semente para a flor, ao passo que os historiadores comuns, julgando-se cientistas, procedem de fora para dentro, como é habitual na análise científica, mas afastando-se cada vez mais daquilo que pretendem explicar. [...] É por isso que, em comparação com esta *História de Portugal*, as outras, à sua luz, nos aparecem como sombras imperfeitas[23].

Não creio que interpretasse mal o texto de Saraiva se o acrescentasse, de modo a fazê-lo designar por *História de Portugal* o projeto tal como concebido por Oliveira Martins e deixado em meio: uma introdução (que se chamou "História de Portugal") e dois capítulos brilhantes, de um total de cinco projetados, que são as duas monografias que vimos comentando.

De meu ponto de vista, é esse projeto, informe ainda no *Febo Moniz*, de contar por dentro a história da vida da nação, que vai constituir a espinha dorsal de toda a sua obra e só vai de fato desabrochar plenamente nas páginas de *A Vida de Nun'Álvares*, que, sem qualquer demérito para o autor, também se deixa ler como uma vívida e emocionante novela, apoiada em vários apêndices e muitas centenas de notas eruditas, que o leitor comum pode, sem problema, ignorar.

---

23. A. J. Saraiva, *A Tertúlia Ocidental*, Lisboa, Gradiva, 1990, p. 111. Do mesmo ponto de vista, escreveu Saraiva na p. 122: "Os três grandes livros sobre Portugal são *Os Lusíadas* de Luís de Camões, a *História de Portugal* de Oliveira Martins e *Mensagem* de Fernando Pessoa".

7

OLIVEIRA MARTINS E O BRASIL

Na história da cultura portuguesa do século XIX, um dos atores coletivos mais importantes é o que se convencionou chamar "Geração de 70". Por esse nome, designa-se um conjunto de intelectuais que são assim reunidos por neles se reconhecer o desejo de proceder a uma campanha de reforma da nação, a partir de ideais republicanos ou socialistas. Reforma essa que se apresenta primeiramente como um esforço de submeter a processo a história do país e da constituição do império ultramarino.

O momento central de constituição pública do grupo, que se reflete inclusive no rótulo atribuído à "Geração", foram as Conferências Democráticas, de 1871. Do programa bastante amplo, como se sabe, apenas cinco foram proferidas: a de abertura, a de Antero, sobre as "Causas da Decadência dos Povos Peninsulares nos Últimos Três Séculos"; a de Augusto Soromenho, sobre "A Literatura Portuguesa"; a de Eça, sobre "A Nova Literatura"; e a de Adolfo Coelho, sobre "O Ensino em Portugal". Suspensas por ordem governamental, o que delas restou, além do programa ambicioso e revolucionário, foi a atitude comum que animava os vários textos: promover, pela denúncia do estado atual de estagnação e atraso da cultura portuguesa, os valores modernos, científicos e revolucionários. Nesse sentido, o texto que sintetiza o programa de revisão histórica das Conferências e da "Geração" é mesmo o de Antero de Quental, e não creio que exagere ao dizer que é esse talvez o texto capital da cultura portuguesa no século XIX, pois representa, simultaneamente, um ponto de chegada e um ponto de partida. De chegada porque dá nova síntese, numa clave revolucionária, a temas e questões que já vinham de Herculano. De partida, porque é das teses polêmicas desse texto seminal que nascem, por decorrência ou por contradição, algumas das obras fundamentais para a definição da cultura portuguesa do final do século XIX e começo do XX.

O texto de Antero desenvolve, de modo brilhante, o que depois se tornou o tema central do tempo: o diagnóstico da decadência portuguesa. Essa é a palavra-chave no pensamento dessa época, e a história das várias modalizações do sentimento de decadência na segunda metade dos Oitocentos já foi muito bem feita por António Machado Pires, num livro publicado em 1978[1].

Dentro do propósito crítico e revolucionário que se reconhece sob a denominação de "Geração de 70" – e necessitando, portanto, desse enquadramento, para ser adequadamente compreendido – avulta um conjunto de trabalhos que, pelo seu escopo, pela sua grandeza e pela presença decisiva que teve e ainda tem na cultura luso-brasileira, atrai de imediato a atenção de quem quer que se interesse pelo estudo das coordenadas ideológicas do final do século XIX. Trata-se da obra de Oliveira Martins.

Com o mesmo objetivo com que foram pensadas as Conferências, isto é, com o objetivo de educar o público, de promover a sua atualização como estratégia para reformar a sociedade e reverter a decadência nacional, projetou e compôs Martins uma vasta "Biblioteca das Ciências Sociais", em que os volumes se referem mutuamente e cobrem campos muito amplos, da antropologia à crematística, da etnologia à história do sistema colonial português, da história de Roma à crônica do Portugal seu contemporâneo[2].

No centro desse grande painel, como um eixo sobre o qual giram todas as questões maiores, está uma questão e um país. O país é Portugal; a questão é a decadência e a tentativa de discernir algum caminho possível para revertê-la. A alicerçar o conjunto, fazendo de livros de divulgação (livremente adaptados dos autores mais prestigiosos do tempo) obras que apresentam interesse próprio, está o estilo poderoso de Oliveira Martins, a arte verbal que faz dele, na opinião de António Sérgio, o "mais rico e substancial de todos os prosadores da nossa língua"[3].

---

1. A. Machado Pires, *A Ideia de Decadência na Geração de 70*. Foi publicada recentemente uma segunda edição desse livro fundamental (Lisboa, Vega, 1992).
2. Ver, a propósito da "Biblioteca", Abdool Karim Vakil, "Leituras de Oliveira Martins: História, Ciências Sociais e Modernidade Econômica", comunicação apresentada ao Congresso Internacional "Oliveira Martins: Literatura, História, Política", Coimbra, abril de 1995.
3. A. Sérgio, "Oliveira Martins: Impressões sobre o Significado Político da sua Obra", em J. P. Oliveira Martins, *Dispersos*, Lisboa, Biblioteca Nacional, 1923, p. xxxviii.

É talvez ao estilo, à qualidade artística do texto de Martins que se deve atribuir parte do persistente interesse pelos seus livros em Portugal e, principalmente, no Brasil. A *História de Portugal* lê-se como um romance emocionante, cheio de suspense, de presságios e de lances dramáticos e pitorescos. As suas biografias dos homens de Avis nada ficam a dever, em termos de arte verbal, às boas novelas históricas oitocentistas. Daí que, ainda em 1913, na resposta a um inquérito literário, um intelectual brasileiro, Dantas Barreto, listasse, entre os seus autores preferidos, Oliveira Martins, juntamente com Shakespeare, Goethe, Camões, Alexandre Herculano e Eça de Queirós...[4]. Mas não creio que seja só o estilo de Martins que responda pela sua permanência no centro do interesse da cultura brasileira do final do século XIX e início do XX. Penso que, além do estilo, interessa ao leitor brasileiro a sua peculiar visão dos rumos da cultura portuguesa e do que foi a colonização do Brasil.

Hoje não são certamente muitos os que, no Brasil, tiveram a oportunidade de conhecer diretamente o texto e as idéias de Martins. Mas essas idéias são ainda parte da cultura brasileira de uma forma muito mais intrínseca do que poderia parecer a uma primeira vista de olhos.

Um episódio ocorrido quando do centenário de morte de Oliveira Martins pode servir aqui de exemplo.

Em 1995, no âmbito das homenagens, foi publicado um volume reunindo a correspondência entre ele e seu amigo e companheiro de geração, Eça de Queirós[5]. A publicação, de caráter estritamente acadêmico, provocou uma inesperada resenha de Antonio Callado, na *Folha de São Paulo*. Inesperada porque poucos dias antes o jornal trouxera uma matéria sobre o livro, e porque a coluna do autor de *Quarup* pouco se ocupava de assuntos relativos à cultura portuguesa, e menos ainda de temas ou textos acadêmicos.

O notável no texto de Callado era o tom: expunha aí o escritor brasileiro toda a sua calorosa admiração pela prosa de Martins, de que transcrevia várias passagens, deixando evidente seu fascínio. Mais do que isso, servia a resenha de pretexto para que apresentasse uma confissão do quanto a obra do escritor português tinha marcado sua visão de Portugal e das raízes históricas da civilização brasileira: "talvez eu nunca tenha sentido tanto a ligação

---

4. *Apud* Wilson Martins, *História da Inteligência Brasileira*, São Paulo, Cultrix/Edusp, 1977-1978, vol. V, p. 560.
5. Eça de Queirós & J. P. de Oliveira Martins, *Correspondência*, estabelecimento de texto e notas de Beatriz Berrini, introdução de Paulo Franchetti, Campinas, Editora da Unicamp, 1995.

lusitana como quando li, no meu voluntário exílio em Londres, durante a guerra, a *História de Portugal* de Oliveira Martins", escreveu ele.

Outro ponto interessante dessa resenha é que nela Callado atribuía à influência de Martins o tom galhofeiro com que, vez por outra, na sua coluna, tinha tratado Portugal, principalmente quando se ocupou de comentar o filme *Carlota Joaquina* (1995).

Ora, além de nos dar um depoimento eloqüente da persistência, no Brasil, da influência dos livros de Oliveira Martins, esse texto de Callado, ao referir o filme recentemente lançado, aliava ao testemunho pessoal um testemunho cultural, pois *Carlota Joaquina* era a mais recente atualização artística grandemente tributária da *História de Portugal*. De fato, quem quer que tenha lido as obras de Martins percebe imediatamente que, apesar do esforço enorme de Oliveira Lima para recuperar, numa clave mais positiva, o papel e a figura de D. João VI, *Carlota Joaquina* bebe em Martins todos os estereótipos sobre os quais monta a sátira da corte e da balofa figura do monarca e sua mulher ninfomaníaca.

Para alguns intelectuais portugueses que visitam o Brasil, essa permanência das obras de Martins no horizonte da cultura brasileira causa sempre algum espanto. Um bom exemplo ocorreu nesta mesma ocasião: o historiador João Medina, que por acaso estava em São Paulo quando Callado publicou a referida resenha, dirigiu-lhe uma longa carta, manifestando seu espanto por Martins ser assim uma referência tão central para o intelectual brasileiro, e aproveitando a ocasião para lhe apresentar o que julgava ser de fato o lugar de Martins na historiografia portuguesa... Pondo de lado o caráter anedótico do episódio, não deixa de ser curiosa essa permanência do historiador português como presença ativa. Afinal, desde 1879, que é o ano da publicação da *História*, mudaram os paradigmas que regem o discurso histórico e aumentou muito o conhecimento documental sobre as várias épocas retratadas por Martins. Entretanto, basta observar as bibliografias dos programas de literatura portuguesa de várias universidades brasileiras no final do século XX para ver que em muitas ainda constam, como textos referenciais, os livros de Oliveira Martins. A que se deveria isso? Como explicar a persistência da visada histórica do escritor português ao longo de um século inteiro?

Reservando sempre o recurso à força do estilo, à evidente qualidade literária de sua obra, há outras razões para que ele tenha sido tão lido e meditado, principalmente no Brasil. Uma delas é que, como se reconhece cada vez mais claramente nos dias de hoje, encontra-se em Martins uma profunda e original interpretação da sociedade portuguesa.

Malgrado o que possa haver de incorreto, de lacunar, do ponto de vista documental, e mesmo de apressado e tendencioso no julgamento dos dados de que dispunha, ainda parece plausível a afirmação de António José Saraiva: "ele entendeu que a realidade se processa de dentro para fora, da semente para a flor, ao passo que os historiadores comuns, julgando-se cientistas, procedem de fora para dentro, como é habitual na análise científica, mas afastando-se cada vez mais daquilo que pretendem explicar [...] É por isso – continua Saraiva – que, em comparação com esta *História de Portugal*, as outras, à sua luz, nos aparecem como sombras imperfeitas"[6].

Por outro lado, em nenhum outro escritor português do século XIX se poderá encontrar uma crítica tão feroz, sistemática e radical do seu país e da sua cultura. Assim, ou porque os nossos escritores reconhecessem a propriedade da intuição martiniana sobre a constituição da sociedade portuguesa, ou porque Martins oferecesse, ao sentimento antilusitano exacerbado no período republicano, farto material de combate e embasamento crítico, ou por essas duas razões combinadas, foi o escritor português aproveitado muito extensamente por pensadores que, no início do presente século, se dedicaram a refletir sobre o Brasil e sobre o significado, na nossa vida política e social, da herança da colonização portuguesa.

Seja como for, do que não há dúvida é que boa parte da literatura de caráter reflexivo sobre a sociedade brasileira, no final do século XIX e começo do XX, tem como referência importante, a negar ou a afirmar, a obra histórica de Oliveira Martins. Suas teses, muitas vezes já desvinculadas de seus textos, formam uma espécie de solo comum de algumas das mais fortes interpretações do sentido da herança portuguesa na formação do Brasil. Dissolvidas, aclamadas ou contestadas, suas idéias parecem ter penetrado profundamente na cultura do país. E é por isso que a leitura de qualquer dos livros de Oliveira Martins provoca ainda hoje em qualquer brasileiro culto, como provocou em Antonio Callado, uma espécie de efeito de reconhecimento: está ali, sistematizado num conjunto coeso, muito do que no Brasil se foi pensando do que foi Portugal na história da civilização ocidental.

Um comentário rápido de alguns textos e documentos da cultura brasileira do final do século XIX e começo do século XX permitirá aquilatar melhor a receptividade que tiveram no Brasil os livros de Oliveira Martins. Antes, porém, já que os seus livros não continuam talvez a ser tão lidos, vale

---

6. A. J. Saraiva, *A Tertúlia Ocidental*, Lisboa, Gradiva, 1990.

a pena proceder a um resumo das suas idéias centrais sobre Portugal e, principalmente, sobre o Brasil.

A *História de Portugal* é um livro de cuja leitura, nas palavras de António Sérgio, uma pessoa sai confusa e perturbada, com "cinco impressões essenciais sobre o país: em primeiro lugar, um sentimento geral de desencanto, de incapacidade, de bolor, desde o século XVI até agora; depois, a ignomínia dos lauréis da Índia; e o [...] ingênito sebastianismo; e a negra educação dos jesuítas; e a série mofina dos reis de Bragança, desde D. João IV a D. João VI"[7].

É verdade. De um modo geral, a *História* de Martins é mesmo um panorama triste e pessimista da vida da nação. Mas cheio de cores, de ação e lances romanescos. Forma a sua espinha dorsal, mais do que a narração objetiva dos acontecimentos dispostos em ordem cronológica, uma série de quadros impressivos, dramáticos, mais ou menos trágicos e relativamente completos em si mesmos. Do meu ponto de vista, além das que Sérgio assinalou, há uma sexta "impressão essencial": a de que o fio condutor da narrativa é a exposição de uma persistente e equívoca loucura coletiva, que acaba por dirigir o fluxo dos acontecimentos marcantes na história pátria. Persistente, porque não é privativa de nenhuma das casas reinantes; e equívoca porque, de acordo com o momento, ora parece bastante desprezível, ora puramente trágica, ora sublime.

A maior parte do livro, como já se depreende das impressões de Sérgio, gira à volta do tema da decadência portuguesa. Tudo o que sobreveio depois de 1580 é visto apenas como um longo estertor, em que se debate inutilmente um indivíduo condenado, um demorado e arrastado processo de decomposição de um corpo social já sem vida própria. E mesmo antes, desde D. Manuel, a narração é cheia de prefigurações da desgraça, de que Alcácer-Quibir é apenas o desenlace formidável.

Outra tese fundamental que organiza a visada martiniana é a de que, inaugurado sem uma base rácica ou geográfica, Portugal se afirma como nação com a dinastia de Avis, quando encontra e realiza a sua vocação marítima.

É no desenvolvimento da vida marítima, ou, melhor, na transformação de Portugal de país agrário em país dedicado ao comércio por mar, que Oliveira Martins vai radicar a própria sobrevivência da nação portuguesa, garantida pela Revolução de 1383: "Portugal foi Lisboa, e sem Lisboa não teria resistido à força absorvente do movimento de unificação do corpo peninsu-

---

7. A. Sérgio, *op. cit.*, p. xxvii.

lar", diz ele na sua *História* e completa, no *Portugal nos Mares*: "Portugal é Lisboa, escrevi eu algures. Devia ter dito antes que Lisboa absorveu Portugal, pois esta expressão corresponde melhor à verdade histórica. [...] Desde que a vida marítima e ultramarina nos absorveu de todo, a capital e o seu porto, como um cérebro congestionado, mirraram as províncias. Portugal passou a ser Lisboa: uma cabeça de gigante num corpo de pigmeu"[8].

Mas justamente nessa frase já se mostra o destino trágico da nação. Formado assim para o mar, sem corpo que sustentasse o desenvolvimento desproporcional da ciência e do comércio marítimo, Portugal duraria enquanto durasse o desígnio que o criou: a exploração e o domínio do oceano.

É um curto período, esse da pujança da nação. Do ponto de vista de Oliveira Martins, não vai além do reinado de D. João II. Já no tempo de D. Manuel, a tônica da sua narrativa é a senectude e a decadência. Tanto é assim que o livro V enfeixa sob o título de "A Catástrofe" os reinados de D. Manuel, D. João III e D. Sebastião. Na verdade, os três podem ser lidos como encarnação da tríade responsável pela decadência portuguesa, conforme fora descrita por Antero, no famoso texto das Conferências Democráticas: D. Manuel é o desfecho da aventura marítima, com a exploração criminosa da Índia; D. João III é o triunfo do catolicismo tridentino, jesuítico e inquisitorial; e D. Sebastião é a loucura, que só se torna realidade social, coletiva, devido ao regime político absolutista e ao fanatismo religioso que o embasaria.

Desse ponto de vista, com a catástrofe de África acaba Portugal – isto é, acaba aquela primeira nação, no sentido que essa palavra tinha em seu pensamento. Portugal passa a ser, quando muito, uma nacionalidade[9]. A Restauração de 1640 produzirá um outro ser político, sobre o mesmo território e com o mesmo nome e língua. É o que lemos na "Introdução" à *História*, quando o Portugal restaurado é comparado à Bélgica, fruto artificial das necessidades do equilíbrio europeu, e reduzido às proporções de um protetorado inglês encravado na Europa, cujos feitores serão os reis da dinastia de Bragança.

Uma das mais fortes influências de Oliveira Martins se exerceu justamente nessa assimilação da história de Portugal – nascimento, crescimento e morte – à história das dinastias de Borgonha e Avis, relegando para o domínio da farsa insubsistente a narração dos sucessos da época bragantina.

---

8. *Portugal nos Mares*, Lisboa, Ulmeiro, 1984, p. 10.
9. Ver, a propósito do conceito de nação e nacionalidade em Oliveira Martins, o meu texto "No Centenário de Morte de Oliveira Martins", de onde retomei, com algumas modificações, os parágrafos anteriores. Em J. M. Eça de Queirós & J. P. de Oliveira Martins, *Correspondência, op. cit.*

A pergunta que, nesse quadro, se impõe imediatamente é: como se processou a colonização do Brasil? Como foi possível a construção da nova terra portuguesa no mesmo momento em que a metrópole morria, deixava de ser um organismo vivo? O que o Brasil herdou de Portugal e no que o superou ou ficou inferior? As respostas a essas perguntas, ou a algumas delas, são dadas, por Martins, em outro volume, que se intitula *O Brasil e as Colônias Portuguesas* e que foi publicado pela primeira vez em 1880.

Para bem compreender as articulações centrais do pensamento de Martins sobre o Brasil, distingamos logo de início algumas questões de fundo. Em primeiro lugar, para o historiador Brasil e África formavam um verdadeiro sistema, em que o lugar determinante era ocupado pelo Brasil. O domínio africano foi, para ele, uma clara função dos interesses colonizadores da América: uma fonte de mão-de-obra, e pouco mais do que isso. A esse sistema de exploração colonial opunha-se na economia portuguesa, com ele coexistindo, um outro: o Império da Índia, que Martins descreve como uma empresa anárquica, baseada na conquista, no saque e no comércio.

Cada um desses sistemas representava um lado do gênio nacional português, uma face de um único ser bifronte. Portanto, não se pode entender perfeitamente a narrativa da colonização do Brasil, segundo Martins, se não tivermos em mente a sua narrativa do império da Índia. Num caso, o desastre, a tragédia; no outro, o sucesso e a obra imorredoura. Assim, enquanto na Índia tudo eram miragens e iniqüidades, onde "os portugueses davam larga ao seu gênio guerreiro e mercantil; na África e na América obedeciam aos impulsos mais felizes do seu gênio indagador e audaz"[10]. Já aqui se detecta o problema principal dessa formulação, que se pode sintetizar nesta pergunta: nos termos da visão martiniana, como a mesma nação, que desaparecerá como tal em 1580, pôde encontrar a energia necessária à grande obra da colonização brasileira?

No quadro conceitual da *História de Portugal*, o Brasil vai aparecer como uma espécie de persistência possível dos caracteres positivos que o autor atribuía aos homens do período de Avis. Tudo se passa como se, perdido o tônus nacional na metrópole, tivesse sido ele preservado na população portuguesa da América, que, afastada da fonte de corrupção que era a corte, manteve, dirigia para o sertão interior "a mesma tenacidade com que antes [os portugueses] tinham querido desvendar, e tinham desvendado, os segredos do mar". Era essa tenacidade, essa força do gênio lusitano "que os impelia agora

---

10. *O Brasil e as Colónias Portuguesas*, Lisboa, Guimarães e Cia., 1953, p. 2.

a descobrir os segredos desses vastos e espessos sertões da África e da América austrais".

Essa idéia recorre em várias partes do livro. Por exemplo, quando trata do Nordeste brasileiro, escreve Martins esta frase, devidamente enfatizada cinqüenta anos depois por Gilberto Freyre: "a população, especialmente no Norte, constituiu-se aristocraticamente: isto é, as *casas* de Portugal enviaram ramos para o Ultramar, e desde todo o princípio a colônia apresentou um aspecto diverso das turbulentas imigrações dos castelhanos na América Central e Ocidental". Já quando trata do Sul, descobre sempre nos paulistas as qualidades mais destacadas do período áureo da nação portuguesa: nos habitantes de São Paulo, diz ele, "a semente do gênio descobridor dos portugueses pudera medrar livremente, à sombra de um clima benigno e de uma colonização naturalmente agrícola".

Mas essa semente não germinaria, seria destruída pela atonia geral portuguesa, ao longo dos séculos – como o foi no Norte, do seu ponto de vista – não fosse um caso fortuito que mudou o rumo da história do Brasil: a descoberta das minas de ouro. Eis como descreve ele a vitória do paulista sobre o nortista, que conduzirá, ao longo do tempo, à constituição do Brasil como nação autônoma:

> Na riqueza do ouro encontrou a população de S. Paulo uma força predominante, com que impôs a sua supremacia – como homogeneidade, como coesão, como originalidade e autonomia nacional – às províncias do Norte, cuja existência era artificial, na população toda estrangeira, quer nos brancos portugueses, quer nos negros africanos; artificial no regime do trabalho e natureza da cultura: cuja vida, enfim, era a de uma *fazenda* ultramarina de Portugal, amanhada e cultivada pelo gênio dos estadistas, e não a de uma nação nova existindo independente e autônoma, por virtude de uma população fixada e naturalizada no solo sobre que vivia.

A nação brasileira, portanto, vai sobreviver graças à preservação, nos paulistas, do gênio descobridor português, fixado na terra e erguido a um lugar de poder pela descoberta fortuita das minas, no século XVIII.

E por que São Paulo não se corrompeu, não integrou a corrente descendente em que Portugal mergulhou desde a segunda metade do século XVI? Perguntar isso é o mesmo que perguntar por que Martins pôde dizer que "o Brasil se salvou *apesar* dos Braganças reinarem em Portugal"[11].

---

11. *O Brasil...*, *op. cit.*, p. 36.

Esse ponto não é devidamente esclarecido no texto. Em algumas passagens parece sugerir Martins que foi o caráter aventureiro de que logo se revestiu a vida paulista, com as entradas e bandeiras, que respondeu pela manutenção do gênio explorador português nessa parte do país, enquanto as demais o perdiam pela vida ociosa, apoiada na escravidão e dissolvida pelo luxo excessivo.

De qualquer forma, o que importa notar é que, segundo Martins, "o espírito aventureiro dos paulistas foi a primeira alma da nação brasileira; e São Paulo, esse foco de lendas e tradições maravilhosas, o coração do país"[12]. Graças a esse espírito aventureiro, haveria em São Paulo um germe de nação já no final do século XVI. Assim, para Martins, o Brasil se forma como nação forte na mesma época em que Portugal mergulha na mais profunda decadência. E se forma como tal por obra dos paulistas e por obra do acaso, que foi a descoberta das minas.

Esse é o primeiro eixo, e o central, do livro sobre o Brasil: a narrativa da adaptação de uma das facetas do gênio português a um novo espaço geográfico, em que pôde sobreviver e desenvolver-se, preservado da decadência metropolitana. É por essa narrativa que *O Brasil e as Colônias Portuguesas* se integra no quadro mais amplo, de que também fazem parte a *História de Portugal* e a *História da Civilização Ibérica*.

Um segundo eixo de articulação do texto de Martins é o que se dedica às circunstâncias particulares dessa adaptação, e que consiste na defesa da escravidão do negro e da guerra ao indígena. Dele decorre, em primeiro lugar, um sistemático combate à atividade jesuítica. Dele decorre também a parte menos legível do seu texto, que é a exposição reiterada de sua concepção da superioridade racial dos arianos e o esforço brutal para demonstrar, com base na literatura racista da época, o caráter pouco humano, ou inferiormente humano da raça negra.

Quanto ao argumento racista, há pouco a dizer, mas a ele voltarei em breve. Já a concepção de que o índio representa um obstáculo à expansão ariana, que deveria ser assimilado ou simplesmente destruído, merece mais atenção, porque o combate ao jesuíta provém da concepção de que uma sociedade indígena "cretinizada" pelos padres representaria uma aberração histórica e a eliminação de qualquer possibilidade de o Brasil vir a ser uma nação civilizada.

12. *O Brasil...*, pp. 80-81.

Isso, claro, porque, para Martins, civilizada significava, essencialmente, européia. De modo que o libelo antijesuítico que perpassa toda a *História de Portugal* recebe aqui cor local e mais contundência, aliado à certeza de que a afirmação da igualdade essencial das raças humanas era apenas uma quimera do pensamento cristão, nada científica.

Já no que diz respeito ao negro, o ponto interessante a notar é que, apesar das hoje revoltantes páginas racistas, há um momento no livro de Martins em que fala não o cientista social, não o ardoroso defensor das teorias da supremacia da raça branca, mas o historiador-artista. Trata-se da descrição do quilombo de Palmares, página memorável em que, esquecendo-se por instantes de todos os preconceitos, o escritor celebra a cidade negra.

Afirmando que em Palmares temos o mais belo e heróico exemplo do protesto e da revolta dos escravos, chama-lhe república, e diz que ali se tinha um agrupamento humano que bem merecia o nome de nação, e que se comparava, pela forma de organização, à Roma primitiva, e, pelo destino, à grandeza de Tróia[13]. Essa contradição entre os pressupostos teóricos e as necessidades da composição artística, tão fortemente assinalável nos vários livros de Oliveira Martins, embora extremamente interessante, não poderá ser investigada aqui. Basta, no momento, registrar que o darwinismo social adotado pelo historiador faz com que, tirante essa página, todo o seu livro possa ser lido como uma decidida defesa da escravidão do negro e do extermínio das populações indígenas como etapas necessárias à construção de uma sociedade civilizada, européia, no Novo Mundo.

Um último ponto a ressaltar, na visão martiniana do Brasil, é a sua preocupação constante com o futuro da grande obra portuguesa. De duas formas essa preocupação se manifesta, no que diz respeito ao Brasil seu contemporâneo. Por um lado, Martins se preocupa com a falta de um passo necessário e decisivo para a plena constituição da nação brasileira: a diversificação da economia, que ele considera ainda de moldes coloniais, fundada na monocultura, primeiro do açúcar e então do café. Por outro lado, assusta-o a possibilidade de fragmentação do vasto território, devido a uma política de imigração que ele considerava inadequada. Como o Império incentivasse a imigração dos países nórdicos, defende o incentivo à imigração de italianos e espanhóis, como forma de promover a homogeneização da população, reforçando o predomínio do caráter latino na nacionalidade brasileira. Mas esse é

---

13. Manoel Bomfim, no livro *A América Latina – Males de Origem*, que comentarei a seguir, notou essa contradição do texto martiniano.

um aspecto da sua visada que não será enfocado aqui, pois não diz respeito à história pregressa do Brasil, e sim ao seu futuro e permanência enquanto unidade nacional.

Tendo traçado o que julgo serem as teses fundamentais de Oliveira Martins, é o caso, agora, de passar à segunda parte do trabalho, isto é: de tentar observar algumas de suas repercussões e modalizações em textos brasileiros.

Logo n um primeiro momento, o diálogo com a obra de Martins sobre o Brasil encontra uma expressão muito eloqüente na obra fragmentária de Eduardo Prado. Amigo pessoal de vários integrantes da Geração de 70, Prado teve longa e íntima convivência com Martins e com Eça de Queirós.

Monarquista, católico, patriota exaltado, Eduardo Prado não podia aceitar a condenação martiniana da Companhia de Jesus e da sua obra catequista. Como não podia também deixar de valorizar, na obra do amigo português, a exaltação dos paulistas como a base da nacionalidade brasileira e a melhor expressão do gênio português transplantado para a América. Assim, se dedicou boa parte de seu tempo a estudos sobre os jesuítas, no intuito de mostrar, contra a opinião de Martins, a importância da obra catequista para a definição da nacionalidade brasileira, também tratou de corrigir a opinião daquele escritor sobre a forma e o sentido da mestiçagem entre o europeu e o índio.

Entre os vários trabalhos de Eduardo Prado, há um texto que interessa especialmente. Trata-se de uma conferência pronunciada em 1896, intitulada "O Catolicismo, a Companhia de Jesus e a Colonização do Novo Mundo"[14]. Vêem-se aí retomadas algumas teses de Martins: o heroísmo tingido de uma ponta de loucura, que levou Portugal a realizar uma tarefa desmedida para o seu tamanho e capacidade populacional, e a reafirmação do papel central de São Paulo para a constituição do Brasil. Mas o que é novo é a defesa intransigente da Companhia de Jesus, responsável, entre outras grandes obras, por duas que Prado destaca e que crê relacionadas: a fundação de São Paulo e a domesticação do índio, que permitiu a mestiçagem cabocla, por ele considerada a origem da força específica que o próprio Martins descobrira na população paulista.

A tese mais interessante desse trabalho de Eduardo Prado é, porém, aquela que explica o que ficara mais ou menos inexplicado no texto de Oliveira Martins: por que em São Paulo, e apenas em São Paulo, pôde-se pre-

---

14. Em *Collectaneas*, São Paulo, Escola Typographica Salesiana, 1906, vol. IV.

servar o antigo heroísmo português, desaparecido na pátria-mãe depois da morte nacional simbolizada no desastre de Alcácer-Quibir.

A explicação de Eduardo Prado vai em duas direções: de um lado, tem-se o elogio da mestiçagem, em que o branco entra com o cérebro mais desenvolvido e o índio com "a agudeza da sensibilidade dos seus sentidos e a agilidade elástica dos seus músculos", formando assim um tipo, não inferior, mas superior e mais adaptado à empresa de desbravamento que foi a dos paulistas[15]. De outro – e este ponto é muito importante – a afirmação de que o isolamento de São Paulo em relação à costa teve papel decisivo na formação da nova raça. Isso porque a localização geográfica teria permitido simultaneamente que a sua população se mantivesse fora do "contato imediato com a gente do mar, forasteiros e aventureiros", cujo convívio era "corruptor e fatal", e que ali predominasse o europeu, pois o clima não lhe era tão hostil quanto ao nível do mar. Foi essa convergência de circunstâncias que, segundo Eduardo Prado, permitiu que no planalto se formasse o tipo adequado à colonização dos trópicos: o cabloco paulista. São Paulo foi, assim, uma "oficina de homens", e o berço da que poderia ser chamada a raça brasileira.

A tese de que o isolamento de São Paulo foi responsável pela manutenção de qualidades que se perderam ou nunca chegaram a existir no litoral fará fortuna crítica, pois permite separar os portugueses do Brasil (devidamente mestiçados com o índio, é verdade) dos decadentes portugueses dos períodos filipino e bragantino, estigmatizados por Oliveira Martins.

Compõe-se, dessa forma, um quadro muito interessante, que persistirá pelo menos até os anos trinta do século XX: uma singular mistura de antilusitanismo e de elogio das virtudes portuguesas dos fundadores e propulsores do progresso brasileiro. Ainda em Eduardo Prado não há antilusitanismo, mas já nas fileiras republicanas ele será o tom dominante, e Oliveira Martins será muito freqüentemente a referência mais forte do discurso antilusitano e antibragantino.

O desolado quadro da decadência portuguesa traçado por Martins, conjugado à tese de Eduardo Prado de que o isolamento foi a forma pela qual se mantiveram, em alguma população brasileira, as boas qualidades étnicas do período heróico, vai reaparecer num dos textos mais importantes da literatura brasileira do começo deste século: *Os Sertões*, de Euclides da Cunha. Mas já aqui o isolamento das populações interioranas não terá sempre um valor positivo, pois tanto servirá para preservar as boas qualidades renascentistas

---

15. E. Prado, *op. cit.*, p. 85.

quanto para cristalizar os vícios da decadência, transplantados para o Brasil ao longo dos séculos coloniais.

Assim, na mesma linha de Martins e Eduardo Prado, na tipologia do homem brasileiro distingue Euclides o habitante do litoral e o *paulista*, nome que designa "os filhos do Rio de Janeiro, Minas, São Paulo e regiões do sul", que resultaram da melhor aclimatação dos primeiros portugueses e da absorção, por eles, das populações indígenas. Com o mesmo entusiasmo de seus predecessores, vai chamar a esses *paulistas* "cruzados das conquistas sertanejas", definindo-os racialmente como os "mamalucos audazes". Os *paulistas* de Euclides, como os de Martins e Eduardo Prado, são essencialmente os habitantes do planalto. O isolamento geográfico era simultaneamente uma proteção militar – "a disposição orográfica (diz Euclides) libertava-o da preocupação de defender o litoral, onde aproava a cobiça do estrangeiro" – e moral, contra a degeneração operada pelo clima litorâneo, que "delia num clima enervante" "a força viva restante do temperamento dos que vinham de romper o mar imoto".

Mas, se o isolamento fora benéfico na construção da raça paulista, tivera efeito diverso sobre as populações sertanejas do Norte. Lá, a falta de contato com outros agrupamentos humanos produzira monstruosidades, entre as quais a religiosidade mestiça, cujos "fatores históricos" o autor vê como um "caso notável de atavismo, na história". Segundo Euclides, que se apóia expressamente em Oliveira Martins para traçar o quadro da decadência portuguesa e dos fatores que a explicariam, "o povoamento do Brasil fez-se, intenso, com D. João III, precisamente no fastígio de completo desequilíbrio moral, quando 'todos os terrores da Idade Média tinham cristalizado no catolicismo peninsular' "[16]. Por se manterem relativamente isoladas, as populações sertanejas apresentariam, ainda nos tempos modernos, cristalizados, os vários momentos da loucura e degenerescência coletiva que foi a história de Portugal desde o reinado faustoso e já decadente de D. Manuel: "Esta justaposição histórica – diz Euclides – calca-se sobre três séculos. Mas é exata, completa, sem dobras. Imóvel o tempo sobre a rústica sociedade sertaneja, despeada do movimento geral da evolução humana, ela respira ainda na mesma atmosfera moral dos iluminados que encalçavam, doidos, o Miguelinho ou o Bandarra. Nem lhe falta, para completar o símile, o misticismo político do *Sebastianismo*. Extinto em Portugal, ele persiste todo, hoje, de modo singularmente impressionador, nos sertões do norte".

---

16. Todas as citações são do texto de *Os Sertões*, em Euclides da Cunha, *Obra Completa*, Rio de Janeiro, Aguilar, 1995, vol. 2, pp. 155, 197 e 198.

Portanto, enquanto os isolados do Sul cristalizaram o que de melhor havia na índole do português descobridor, guardaram os do Norte apenas a herança negativa, os vícios da metrópole decadente. E se, no primeiro caso, o contato intenso com outros povos e culturas poderia ser nocivo à manutenção do caráter heróico dos mamelucos, já no segundo poderia ter amenizado talvez as taras herdadas dos portugueses decadentes que continuaram a colonização do Brasil.

A tese de que o isolamento preservou no Brasil os traços heróicos do caráter português e permitiu preservar da decadência geral um significativo segmento da população da colônia terá uma larga fortuna e muitas modalizações, que entretanto pouco lhe acrescentam em termos de novidade. Muito mais importante do que os desenvolvimentos das idéias de Eduardo Prado ou de Euclides, do ponto de vista da história da influência de Oliveira Martins no pensamento brasileiro do começo do século XX, é o que veio num volume publicado quase ao mesmo tempo que *Os Sertões*, mas que, não obstante a qualidade de sua reflexão, ficou quase esquecido ao longo de oito décadas. Trata-se do ensaio *A América Latina – Males de Origem*, de autoria de Manoel Bomfim.

Manoel Bomfim talvez seja ainda hoje mais conhecido como o co-autor de *Através do Brasil*, livro de leitura escolar escrito de parceria com Olavo Bilac. Sua obra principal, porém, é o referido ensaio, que foi publicado em 1905, em Paris, e republicado em 1938[17].

Nesse trabalho, Bomfim desenvolve a tese de que o mal de origem da América Latina é o parasitismo das metrópoles, perpetuado, depois, no parasitismo das classes dominantes. Como avalia e resume Darcy Ribeiro, "Manuel Bomfim surgia com um livro sábio e profundo [...] em que demonstra cabalmente, dizendo-o com todas as letras [...] que nossos males não vêm do povo. São, isto sim, produto da mediocridade do projeto das classes dominantes que aqui organizaram nossas sociedades em proveito próprio, com o maior descaso pelo povo trabalhador, visto como uma mera fonte de energia produtiva".

Pretendendo dar do Brasil uma visão real, e não coada pelos preconceitos da antropologia e das teorias políticas européias, Bomfim produz um

---

17. Cinqüenta e cinco anos depois, o livro foi relançado, com um prefácio acalorado de Darcy Ribeiro, no qual o autor se mostra revoltado por o livro não ter tido a repercussão que merecia e chama a Manoel Bomfim "o fundador da antropologia do Brasil e dos brasileiros": Manoel Bomfim, *A América Latina – Males de Origem*, Rio de Janeiro, Topbooks, 1993, p. 18.

128   ESTUDOS DE LITERATURA BRASILEIRA E PORTUGUESA

discurso profundamente nacionalista e, por isso mesmo, nos termos daquele momento, profundamente antilusitano.

E aqui aparece uma questão muito interessante. Como organiza Bomfim o seu discurso antilusitano? Apoiando-se inteira e extensamente nas obras de Oliveira Martins. Dizendo assim, é difícil fazer idéia real do aproveitamento de Martins por Bomfim. É preciso olhar para as páginas do volume, para poder bem avaliar a interação dos textos: praticamente todas as inúmeras citações destacadas do corpo do discurso são do historiador português. Sílvio Romero, numa crítica virulenta ao livro, teve a pachorra de contar as linhas escritas por Bomfim e as que foram transcritas de Martins. Na terceira parte do livro, chegou a estes números: das 2 276 linhas, 1 114 são do historiador português. "Mais da metade!", exclama Sílvio, que concentra então suas baterias em Oliveira Martins, chamando aos seus dois livros principais, *História de Portugal* e *História da Civilização Ibérica* "dois panfletos histórico-políticos [...], livros perniciosíssimos, causadores de males incalculáveis entre diletantes"[18].

Comentando a crítica de Romero, Darcy Ribeiro escreveu: "Pouco depois de publicada, ela foi objeto de todo um livro de contestação do genioso Sílvio Romero. Nesta polêmica, Sílvio desanca Manoel Bomfim procurando demonstrar que ele é um completo idiota. Idiota era Sílvio, coitado. Tão diligente no esforço de compreender o Brasil, mas tão habitado pelos pensadores europeus em moda, que só sabia papagaiá-los". É curiosa a crítica, porque silencia sobre o ponto central: a acusação de Romero de que Bomfim papagaiava Oliveira Martins.

Ora, sem qualquer juízo de valor, é justamente esse aproveitamento tão intenso dos livros de Martins o que aqui mais interessa. É verdade que Bomfim discorda profundamente de Martins em alguns aspectos fundamentais da sua interpretação do Brasil. Principalmente das teorias racistas sobre a inferioridade congênita do negro. Mas a visão martiniana do que foi a história portuguesa e de quais os males principais da organização da sociedade da metrópole que se teriam transmitido ao Brasil é o verdadeiro eixo desse livro excepcional.

O diagnóstico dos males de origem das sociedades latino-americanas se processa segundo duas linhas argumentativas. Em primeiro lugar, vem a tese do parasitismo das nações ibéricas. Em segundo, a de que os males da

---

18. Sylvio Romero, *A América Latina: Analyse do Livro de Igual Título do Dr. M. Bomfim*, Porto, Livraria Chardron, 1906, p. 50.

sociedade brasileira se explicam em grande parte pelo que chamou os *remanescentes* do parasitismo metropolitano, cujo lugar de expressão é o Estado brasileiro, divorciado das necessidades populares, e cujo traço político é o conservadorismo das elites.

Para o desenvolvimento dos dois argumentos, a obra de Oliveira Martins fornece a base ideológica, quando não o próprio vocabulário. Mesmo a idéia do parasitismo ocorre repetidamente em Martins, em passagens que são reproduzidas e, às vezes, repetidas em pontos diferentes do livro. Como esta: "Enxame de parasitas imundos, desembargadores e repentistas, peraltas e sécias, frades e freiras, monsenhores e castrados... [...] Portugal quase que se tornara um comunismo monástico, em que as classes privilegiadas, fruindo todos os rendimentos, distribuíam comedorias à nação sob a forma de empregos e outras". Essa passagem, por exemplo, comparece duas vezes no livro de Bomfim: primeiro para comprovar o caráter parasitário interno à própria sociedade metropolitana; e depois, quando trata do Estado brasileiro, vemo-la novamente, agora como fragmento de uma colagem com um trecho de *O Brasil e as Colônias Portuguesas*, de modo a demonstrar a transferência da praga metropolitana para o Brasil, com a vinda da corte de D. João VI. O trecho com que vem montada é bastante eloqüente: "Uma nuvem de gafanhotos, que desde o século XVII devorava tudo em Portugal, e ia pousar agora no Brasil, para, em casa, o digerir mais à vontade..."[19].

Demonstrado, dessa forma, o caráter parasitário das classes dominantes portuguesas com as citações de Martins, e assim apoiada a tese numa autoridade insuspeita, por portuguesa, Bomfim desenvolve o seu segundo argumento: o de que boa parte dos males nacionais são resultantes dos *resíduos* ou *remanescentes da metrópole*. Por esses termos, Bomfim entende os segmentos da sociedade que representam "diretamente os interesses parasitas", que constituem "uma parte da metrópole plantada na colônia". São eles que reprimiram os movimentos de emancipação real do país, pensa Bomfim, e foram eles que, conservadoramente, mantendo os privilégios parasitários, arranjaram a Independência, em acordos sem a participação popular. Na síntese do seu diagnóstico sobre os males das sociedades latino-americanas, escreve Bomfim:

> As classes dirigentes, herdeiras diretas, continuadoras indefectíveis das tradições governamentais, políticas e sociais do Estado-metrópole, parecem incapazes de

---

19. Bomfim, *op. cit.*, pp. 111 e 227.

130 ESTUDOS DE LITERATURA BRASILEIRA E PORTUGUESA

vencer o peso dessa herança; e tudo o que o parasitismo peninsular incrustou no caráter e na inteligência dos governantes de então, aqui se encontra nas novas classes dirigentes; qualquer que seja o indivíduo, qualquer que seja o seu ponto de partida e o seu programa, o traço ibérico lá está – o conservantismo, o formalismo, a ausência de vida, o tradicionalismo, a sensatez conselheiral, um horror instintivo ao progresso, ao novo, ao desconhecido, horror bem instintivo e inconsciente, pois que é herdado.

Os resultados dessa herança eram muito semelhantes ao quadro traçado por Oliveira Martins, no Portugal finissecular. Apenas se atualizavam os termos:

> O resultado desse passado recalcitrante é esta sociedade que aí está: pobre, esgotada, ignara, embrutecida, apática, sem noção do próprio valor, esperando dos céus remédio à sua miséria, pedindo fortuna ao azar – loterias, jogo de bichos, romarias, "ex-votos"; analfabetismo, incompetência, falta de preparo para a vida, superstições e crendices, teias de aranha sobre inteligências abandonadas...[20].

Curiosamente, sucede com o texto de Bomfim o mesmo que com o de Martins: hoje já o estilo não é o nosso, nem as teses básicas parecem sustentáveis, nem os dados em que se apóiam muito confiáveis. Entretanto, muitos leitores brasileiros de hoje saem da leitura com uma forte impressão de realidade e adequação, e, pelo menos quanto a mim, parecem muito exatas estas palavras de Luís Paulino Bomfim, de 1993: "O grande drama do continente americano é que, nos dias de hoje, *A América Latina* de Manoel Bomfim, que deveria ser como um *videotape* em preto e branco do passado, se apresenta como uma reportagem a cores – e ao vivo – do presente"[21].

Como se explica esse fenômeno? Tratar-se-ia de uma profunda intuição histórica, que se impõe até hoje apesar do instrumental analítico? Ou apenas de uma alta coerência estética na formação dos argumentos e na sua exposição literária? A resposta a estas questões constitui um desafio para a compreensão do sentido e do alcance de um certo discurso que foi o de Martins e também o de Bomfim. Mas o lugar de responder a esse desafio não é, decerto, este.

Aqui, nos limites desta primeira aproximação, o importante é ressaltar que, por meio da incorporação das teses, do estilo acusatório e admoestativo e da visada central de Oliveira Martins sobre a decadência e o parasitismo estruturante das sociedades peninsulares, Bomfim vai compor um texto de

---

20. Bomfim, *op. cit.*, pp. 327-328.
21. "Pequena Biografia de Manoel Bomfim", em Manoel Bomfim, *op. cit.*, p. 358.

alto poder de persuasão e grande consistência literária. Corrigindo o pendor racista dos trabalhos de Martins, abria ele também as portas a uma nova compreensão do sentido da mistura racial no Brasil, e foi realmente uma pena que o seu livro não criasse escola, nem fosse o início de uma nova corrente de pensamento brasileiro, como justamente lamenta Darcy Ribeiro.

Nos anos subseqüentes, há ainda dois momentos fortes em que Martins desempenha um papel importante no pensamento brasileiro, antes que sua presença se vá fazendo sentir cada vez menos e sua influência seja suplantada, nos meios eruditos, por outras interpretações da história de Portugal – principalmente a de António Sérgio e, depois, por efeito de sua estada prolongada no Brasil, a de Jaime Cortesão.

O primeiro é constituído, na década de 1920, por dois livros de Paulo Prado – *Paulística* (1925) e *Retrato do Brasil* (1928) – cuja reflexão etnológica e histórica se articulará sobre a oposição entre os brasileiros do litoral e os do planalto, conjugada a uma especulação sobre os vários tipos de mestiçagem e seus efeitos culturais. Mas não tratarei desse livros aqui, por dois motivos. Primeiro, porque a apresentação do que neles há de martiniano já foi feita[22]. Segundo, porque Paulo Prado parece apenas desenvolver, no tocante a Oliveira Martins, os mesmos tópicos que já identificamos no comentário dos textos de Eduardo Prado e de Euclides da Cunha.

Mais importante, porque ainda por estudar, é a presença do pensamento de Oliveira Martins na obra de Gilberto Freyre. A consulta ao índice onomástico de alguns dos seus livros indicará a importância de Martins para o seu pensamento. Mas o lugar do historiador português na obra de Freyre é maior do que o ocupado pelo conjunto das várias citações, porque, mais do que de referência, é um lugar de método.

Sei que a afirmativa parecerá estranha, sendo tão díspar a forma de organização textual. Mas penso que a forma de conceber a história tem em ambos notáveis semelhanças. No prefácio da primeira edição de *Casa-Grande & Senzala*, lêem-se estas palavras: "A história social da casa-grande é a história íntima de quase todo brasileiro: de sua vida doméstica, conjugal, sob o patriarcalismo escravocrata e polígamo [...] O estudo da história íntima de um povo tem alguma cousa de introspecção proustiana". E mais adiante:

No estudo da sua história íntima despreza-se tudo o que a história política e militar nos oferece de empolgante por uma quase rotina de vida: mas dentro dessa

---

22. Carlos Berriel, *Tietê, Tejo, Sena: A Obra de Paulo Prado*, Campinas, Papirus, 2000.

rotina é que melhor se sente o caráter de um povo. Estudando a vida doméstica dos antepassados sentimo-nos aos poucos nos completar: é outro meio de procurar-se o "tempo perdido". Outro meio de nos sentirmos nos outros – nos que viveram antes de nós; e em cuja vida se antecipou a nossa. É um passado que se estuda tocando em nervos; um passado que emenda com a vida de cada um; uma aventura de sensibilidade, não apenas um esforço de pesquisa pelos arquivos[23].

Compare-se esta passagem com o que escrevia 50 anos antes Oliveira Martins, na "Advertência" da sua *História de Portugal*:

Nada disso, porém, é ainda realmente a história, embora todas essas condições sejam indispensáveis para a sua compreensão. O íntimo e essencial consiste no sistema das instituições e nos sistemas das idéias coletivas, que são para a sociedade como os órgãos e os sentimentos são para o indivíduo, consistindo, por outro lado, no desenho real dos costumes e dos caracteres, na pintura animada dos lugares e acessórios que forma o cenário do teatro histórico[24].

Ao que, na resposta aos críticos do seu livro, acrescenta ainda:

porque eu entendi que usando da reserva conveniente sempre que os fatos essenciais da história eram desconhecidos [...] para não cair em aventuras perigosas, devia por toda a parte construir a história íntima com os monumentos sinceros, confissões e memórias, sem o cunho da convenção banal das publicações oficiais ou propriamente literárias[25].

Foi a especificidade do ponto de vista martiniano, ao empenhar-se na reconstrução da história íntima da nação, que António José Saraiva acabou por reconhecer como a grande conquista de Martins. E é curioso que, para descrever essa especificidade, tenha utilizado a mesma expressão utilizada por Freyre para descrever o próprio texto: uma "história introspectiva". E da mesma forma que, na reavaliação de Eduardo Lourenço, a *História* de Martins constitui o "imaginário coletivo" da modernidade portuguesa, cada vez mais nos apercebemos que a mesma função tem a obra de Freyre, no Brasil de hoje.

---

23. "Prefácio à Primeira Edição", em Gilberto Freyre, *Casa-Grande e Senzala*, São Paulo, Círculo do Livro, 1986, p. 26.
24. Oliveira Martins, *História de Portugal*, Lisboa, Guimarães, 1991, p. 8.
25. *A História de Portugal: Os Críticos da 1ª Edição*, repr. em Isabel de Faria e Albuquerque (ed.), *História de Portugal de J. P. Oliveira Martins*, Lisboa, Imprensa Nacional/Casa da Moeda, 1988. O trecho citado está na p. 218.

Essa homologia de função era algo que o próprio Freyre parecia entrever e desejar. Pelo menos, é o que se depreende da leitura de um romance seu, pouco conhecido. Trata-se de *O Outro Amor do Dr. Paulo*, que é, nas suas próprias palavras, uma "seminovela", um texto ficcional de intenção histórica.

A personagem central é um brasileiro chamado Paulo, que passa longo tempo na Europa, onde convive, no final do século, com o Barão de Rio Branco, Eduardo Prado e Eça de Queirós, entre outros. As passagens que interessam aqui são duas. Numa delas, Paulo presencia uma cena em que outro brasileiro diz a Eça que o Brasil precisava ter um Eça de Queirós. Eça então responde: "Não, não precisa. [...] Precisa de um Oliveira Martins, historiador, sociólogo, pensador, ensaísta em profundidade. [...] Cada vez admiro mais Machado de Assis. E Portugal nada seria sem Oliveira Martins"[26].

No final do romance, a mesma afirmação é atribuída a Eça. Mas numa situação que revela com muito vigor a homologia entre Freyre e Martins. No texto, a frase aparece justamente depois de o narrador fazer uma digressão sobre o sistema patriarcal no Brasil, a que, justamente, Freyre consagrara suas obras principais. No romance, o tempo histórico é anterior, e assim surgem como profecias de si mesmo estas frases do narrador da seminovela:

> Evidentemente esse sistema patriarcal de família – o brasileiro projetado sobre Portugal – com afinidades com o grego, não tivera ainda o seu analista. Eça de Queirós tinha alguma razão quando dissera uma vez, no apartamento de Eduardo Prado, em resposta ao reparo de um brasileiro de que o Brasil precisava de ter um Eça de Queirós: "O Brasil já tem um mestre nesse gênero de literatura que é Machado de Assis. O Brasil precisa é de grandes pensadores e historiadores que o analisem e interpretem. Precisa, tanto quanto Portugal precisou, de um Antero, de um Oliveira Martins, de um Ramalho Ortigão. Precisa muito de um Oliveira Martins". Mais ou menos o que dissera quando visitado por Paulo e seu grupo[27].

Assim, embora não seja o caso de desenvolver a reflexão sobre que pontos, de fato, Freyre incorporou da obra ou das idéias de Martins, registre-se esse seu testemunho, como mais uma prova de que, pela interpretação global do que foi a história da nação portuguesa – interpretação essa que a muitos brasileiros tem parecido a mais adequada e convincente – parece fora de dúvida que a obra de Oliveira Martins vem organizando, em vários níveis, ao

---

26. Gilberto Freyre, *O Outro Amor do Dr. Paulo*, Rio de Janeiro, J. Olympio, 1977, p. 91.
27. Gilberto Freyre, *idem*, p. 193.

longo de mais de cem anos e quase até o presente, a visão brasileira do que foi e do que é Portugal e do que foi ou é o Brasil enquanto produto da pequena nação ibérica.

Neste texto, que é apenas um balanço parcial dos resultados de um trabalho ainda inconcluso, contento-me em apresentar este mapeamento sumário de um território pouco conhecido, mas que, pela importância do que pode revelar a respeito da história do pensamento brasileiro, sem dúvida merece e precisa ser melhor explorado.

8

O PRIMO BASÍLIO

Para compreender melhor o período em que Eça de Queirós viveu e produziu seus textos, é preciso recuar um pouco no tempo e rastrear, na história de Portugal, as grandes transformações pelas quais passou aquele país ao longo do século XIX.

O fato político mais importante da primeira metade do século é a luta entre os partidários da continuidade da monarquia absoluta e os partidários da implantação de um regime liberal, em que o poder do Estado fosse definido por uma constituição e o sistema de propriedade fosse modernizado. A primeira revolução liberal aconteceu em 1820, e foi propiciada pela estranha situação política e administrativa criada com a transferência, em 1808, da corte portuguesa para o nosso país, que, na prática, inverteu a relação de dependência entre a metrópole e a colônia. Mas foi a independência política do Brasil que deu nova força ao liberalismo na antiga metrópole, porque, perdida a principal fonte de sustento e de riqueza, Portugal se viu frente à necessidade de redefinir os rumos da sua vida econômica e as bases do seu regime político. Também no plano ideológico, a independência brasileira foi um acontecimento da maior importância, porque significou muito claramente o fim da ilusão de que Lisboa pudesse manter-se indefinidamente como cabeça de um grande império ultramarino.

A implantação do liberalismo em Portugal redundou numa guerra longa e penosa (1832-1834), em que se defrontaram os dois filhos de D. João VI. De um lado, estava o filho mais moço, D. Miguel, que em 1828 dera um golpe de Estado e restaurara o regime absolutista; de outro, chefiando um exército de exilados, o filho mais velho, D. Pedro, que em 1831 abdicara da coroa brasileira para reivindicar o título de rei de Portugal e garantir o regime liberal naquele país. Se a expressão política do liberalismo em Portugal é o que chamamos hoje de Constitucionalismo, a sua expressão literária é o Romantismo. Essa conjugação é visível na biografia de dois dos maiores escritores portugueses românticos, Almeida Garrett (1799-1854) e Alexandre Herculano (1810-1877), que não foram partidários do liberalismo apenas no plano das idéias, mas pegaram em armas para defendê-lo, alistando-se no exército de D. Pedro.

Essa primeira geração romântica, marcada pela guerra, vai manifestar uma aguda percepção de que o país estava em crise e de que eram necessárias medidas enérgicas para revitalizá-lo, e por isso tanto Garrett quanto Herculano vão trabalhar intensamente no sentido de construir as novas tradições e instituições de que o novo regime necessitava. Nos trinta anos que se seguem à guerra, assiste-se ao esforço de criação de uma cultura liberal: reescreve-se a história da nação, reorganizam-se os arquivos e bibliotecas, criam-se novos instrumentos de produção e divulgação cultural, reforma-se o ensino básico e cria-se o ensino técnico, desenvolve-se uma série de publicações periódicas destinadas à instrução do novo público burguês.

Mas o resultado do esforço de modernização empreendido pelo Constitucionalismo não parece redundar na formação de uma sociedade mais justa, nem sequer na atualização de Portugal face às demais nações européias. Essa é pelo menos a percepção da segunda geração intelectual de importância surgida no período constitucionalista, que estréia literariamente em 1865 com a chamada Questão Coimbrã. Essa geração, cujos principais integrantes eram Antero de Quental, Oliveira Martins, Teófilo Braga e Eça de Queirós, ficou conhecida pelo nome de Geração de 70, e a ela se deve a introdução do Realismo em Portugal. Do ponto de vista da ação política, a Geração de 70 tinha como objetivo declarado proceder a uma ampla crítica da sociedade portuguesa, como forma de superar o que considerava ser um estado de profunda decadência da vida espiritual e econômica da nação. Para iniciar o movimento de idéias que deveria desencadear as reformas necessárias, esses jovens intelectuais organizaram em 1871, no Casino Lisbonense, uma série de conferências abertas sobre os temas que julgavam mais importantes no debate cultural do tempo.

Embora tenham sido logo proibidas pelo governo, as conferências tiveram importância central na redefinição dos rumos da cultura portuguesa, e alguns dos nomes mais conhecidos do Portugal oitocentista se encontram, de uma forma ou de outra, ligados à sua realização.

A primeira conferência, depois da fala de abertura, foi feita por Antero de Quental e se intitulava "Causas da Decadência dos Povos Peninsulares nos Últimos Três Séculos". A longo prazo, foi esse um dos textos que teve mais repercussões na moderna cultura portuguesa e pode-se ver nele uma síntese ideológica da visão histórica do grupo todo. O ponto central da visada de Antero era a tese de que Portugal (e também a Espanha, mas em outra medida) se encontrava há muito tempo num processo de decadência que era urgente interromper e reverter. Antero identificava três causas para a decadência das nações ibéricas: no plano moral, a causa era o catolicismo da Contra-reforma, que, entre outros males, teria impedido o desenvolvimento do moderno pensamento científico e filosófico na península; no plano político, apontava a longa vigência do regime absolutista, que com os seus privilégios de classe impedira a formação de uma burguesia forte; no plano econômico, finalmente, responsabilizava a persistência de uma economia baseada na exploração das colônias pela ausência da valorização do trabalho e do esforço de industrialização que era característico do século XVIII europeu. A esses fatores negativos na determinação da vida ibérica, Antero opunha simetricamente os três fatores que julgava responsáveis pelo progresso de outros países europeus: a Reforma protestante, a ascensão das classes médias pela implantação de regimes liberais ou republicanos e o desenvolvimento de indústrias nacionais. Embora esta apresentação seja muito sumária, já se pode ver aí que duas das bases principais da auto-imagem portuguesa eram duramente atacadas por Antero: o catolicismo e a empresa dos descobrimentos, que levou à exploração das colônias.

Tão importante foi essa conferência, que se pode mesmo dizer que a obra cultural da Geração de 70 consiste no desenvolvimento das teses e propostas aí apresentadas, e que, cada um a seu modo, os companheiros de Antero tratarão de descobrir e apresentar caminhos para reverter a decadência profunda que, de seu ponto de vista, caracterizava aquele momento da vida nacional.

A participação de Eça de Queirós nas Conferências consistiu numa fala combativa, em que o escritor defendeu a idéia de que a literatura deveria estar engajada no amplo processo de revolução que era necessário à modernização do país.

A reivindicação central da conferência de Eça, de que temos hoje apenas um resumo e não o texto completo, é a de que a arte moderna tinha por objetivos examinar a sociedade e o indivíduo e proceder à "crítica dos temperamentos e dos costumes". Ao fazê-lo, a arte moderna tornava-se uma eficiente "auxiliar da ciência e da consciência", e se comprometia com a verdade e a promoção da justiça social, isto é, com a revolução. Entendida assim a arte como forma de conhecimento e veículo de uma proposta de alteração da estrutura social, era claro para o autor que o romance moderno, devendo fundar-se sobre a observação e a análise, tinha necessariamente de buscar os seus temas no tempo presente, na vida contemporânea. Nas suas próprias palavras: "O realismo deve ser perfeitamente do seu tempo, tomar a sua matéria na vida contemporânea. Deste princípio, que é basilar, que é a primeira condição do realismo, está longe a nossa literatura. A nossa arte é de todos os tempos, menos do nosso".

Dentro das coordenadas da época, é fácil ver qual é o antagonista visado por essas palavras de Eça de Queirós. Tomado por uma concepção da arte em que o essencial era a verdade e a pertinência da análise, Eça entendia que o passado era objeto de uma outra arte ou ciência, a história, que dispunha de métodos e técnicas próprios para atingir a verdade. Temos aqui, portanto, uma completa recusa a uma das formas privilegiadas do romance romântico, a novela histórica, que o escritor realista vê apenas como fantasiosa, inútil e deseducativa. À literatura, assim, ficava reservado um estatuto eminentemente crítico e participativo, e por isso o seu método deveria ser a observação e a análise do tecido social contemporâneo e a sua finalidade a correção dos problemas detectados. Daqui à fórmula famosa com que um dia Eça definiria a sua arte, vai apenas um passo: a literatura, escreverá, deve apresentar, "sob o manto diáfano da fantasia, a nudez crua da verdade".

Por se ter assim pronunciado e por ter composto, a partir dessas premissas, o seu primeiro grande romance, que é *O Crime do Padre Amaro* (1. ed.: 1875; 1. ed. em livro: 1876; 2. ed. em livro: 1880), Eça de Queirós vem referido nos manuais escolares como o introdutor do Naturalismo em Portugal. É verdade. Mas também é verdade que a obra de Eça não pode ser inteiramente enquadrada sob essa definição. De fato, se por Naturalismo entendermos o romance baseado na investigação das determinações que o meio físico, os costumes e a herança genética impõem às personagens, de todos os livros publicados em vida de Eça de Queirós apenas poderão ser denominados naturalistas (e mesmo assim com reservas) os romances *O Crime do Padre Amaro* e *O Primo Basílio* (1878). As obras que publicou antes ou depois dessas pouco têm a ver com o Naturalismo, como podemos observar no rápido esboço da sua evolução literária, que apresentamos a seguir.

Eça de Queirós e o Romance Naturalista

Os primeiros textos ficcionais de Eça de Queirós são algumas crônicas e contos escritos por volta de 1865 e só reunidos em livro postumamente, sob o título de *Prosas Bárbaras*. São narrativas breves, marcadas pela influência de nomes emblemáticos da literatura fantástica – Gérard de Nerval, Edgar Allan Poe, E. T. Hoffman, H. Heine – e sobretudo pelo espiritualismo do grande escritor do tempo, Victor Hugo. Impregnadas de um forte sentimento místico panteísta, essas *Prosas* não trazem, nem nos temas, nem na forma, qualquer indicação de que o seu autor será, passados uns poucos anos, o convicto defensor do Realismo artístico. Por outro lado, pode-se dizer também que foi bastante rápida a fase programaticamente naturalista da produção de Eça de Queirós, pois já em 1880, apenas dois anos depois de *O Primo Basílio*, o romancista publica *O Mandarim*, que ele mesmo define como "um conto fantasista e fantástico, onde se vê ainda, como nos bons velhos tempos, aparecer o diabo, embora vestindo sobrecasaca, e onde há ainda fantasmas, embora com ótimas intenções psicológicas". *O Mandarim* representa, na obra do autor, um divisor de águas. Como Eça registrou em carta ao seu editor francês, essa obra "se afasta consideravelmente da corrente moderna da nossa literatura, que se tornou, nestes últimos anos, analista e experimental". Pelo seu enredo fabuloso – em que um indivíduo consegue, por meio de um pacto com o diabo, matar magicamente um mandarim e herdar-lhe impunemente a fortuna – pelo gosto pronunciado do exotismo, pela ausência de interesse em condicionalismos que determinassem a ação dos indivíduos e, finalmente, pela intervenção do sobrenatural, temos aqui um texto que não se enquadra nos objetivos e definições da arte que encontramos na famosa conferência proferida em 1871.

Os textos escritos por Eça de Queirós depois de *O Mandarim* também muito dificilmente se poderão denominar naturalistas, e suas últimas obras, desenvolvendo os elementos centrais do seu estilo, apontam claramente para a constituição de um discurso impressionista. O momento mais alto desse desenvolvimento do estilo e da forma de composição queirosianos encontram-se em textos pouco conhecidos: as impressionantes vidas de santos (*São Cristóvão, Santo Onofre*), escritas no final da vida do escritor, deixadas mais ou menos inacabadas, e só reunidas em livro postumamente, em 1912.

No quadro de sua obra, portanto, *O Primo Basílio* pertence ao que poderíamos chamar de a segunda fase da escrita do autor, aquela que se deixa definir como de influência naturalista e que se inaugura com a publicação, em 1875, de *O Crime do Padre Amaro*. *O Crime*, que sofreu uma profunda alteração entre a primeira e a segunda edição em volume, é o romance mais naturalista que o autor publicou: enfoca uma instituição social específica – o celibato religioso – e tenta demonstrar os efeitos nocivos que dele decorrem muito freqüentemente. Ao mesmo tempo, o caráter da personagem principal é bastante determinado pela sua história pessoal, seja no nível da herança biológica, seja no nível da influência exercida pelo meio em que foi criado.

Mas já quando publica *O Primo Basílio* o autor não parecia sentir-se completamente à vontade quanto aos princípios que defendia enquanto artista revolucionário. É o que nos mostra uma carta que escreveu a Teófilo Braga, seu companheiro de geração, que como ele defendia o empenho da arte na promoção da justiça social. Teófilo, escritor e filósofo combativo, lera o romance e gostara muito, elogiando o autor nestes termos: "como processo artístico *O Primo Basílio* é inexcedível; não haverá nas literaturas européias romance que se lhe avantaje". Em resposta, escrevia então Eça de Queirós, em março de 1878: "muitas vezes, depois de ver o *Primo Basílio* impresso, pensei: – *o Teófilo não vai gostar!* Com o seu nobre e belo fanatismo da Revolução, não admitindo que se desvie do seu serviço nem uma parcela do movimento intelectual – era bem possível que Você, vendo o *Primo Basílio* separar-se, pelo assunto e pelo processo, da arte de combate a que pertencia o *Padre Amaro*, o desaprovasse".

É que Eça percebia, talvez melhor do que o filósofo, que *O Primo Basílio* não era um texto da mesma espécie que *O Crime do Padre Amaro*. Por isso, mesmo depois da recepção entusiasmada de Teófilo, ele se preocupa em frisar o potencial revolucionário do livro, dizendo que traçara ali "um pequeno quadro doméstico, extremamente familiar a quem conhece bem a burguesia de Lisboa". E para ressaltar o conteúdo da crítica social que existia no livro, apresenta desta forma as personagens do romance:

a senhora sentimental mal educada, nem espiritual (porque cristianismo já o não tem; sanção moral da justiça, não sabe o que isso é), arrasada de romance, lírica, sobreexcitada no temperamento e pela ociosidade e pelo mesmo fim do casamento peninsular que é ordinariamente a luxúria, nervosa pela falta de exercício e disciplina moral, etc, etc, – enfim a *burguesinha da Baixa*. Por outro lado, o amante – um maroto, sem paixão nem a justificação da sua tirania, que o que pretende é a vaidadezinha de uma aventura, e o amor *grátis*. Do outro lado, a criada, em revolta secreta contra a sua condição, ávida de desforra. Por outro lado ainda, a sociedade que cerca estes personagens – o formalismo oficial (Acácio), a beatice parva de temperamento irritado (D. Felicidade), a literaturinha acéfala (Ernestinho), o descontentamento azedo, e o tédio de profissão (Julião) e às vezes, quando calha, um pobre bom rapaz (Sebastião).

O resumo de Eça, que é bastante empobrecedor e, em alguns aspectos (como na caracterização de Juliana), infiel ao livro, procura destacar o potencial crítico de sua obra, carregando nos traços que descrevem os defeitos das personagens. Mas aqui mesmo já aparece uma característica central do romance: não há, nessa estrutura, uma rede determinística. Trata-se de um ensaio de descrição de um ambiente que se apresenta como típico, mas as relações entre os elementos envolvidos é determinada de modo negativo: é a falta de formação religiosa e de outros imperativos morais que cria as condições para o desenvolvimento da trama. As personagens são, em certo sentido, vítimas de uma conjunção casual de situações e a crítica social se exerce, aqui, por meio do reforço do traço caricatural. Foi de fato essa uma das críticas mais recorrentes que o livro sofreu, como logo veremos. Mas, por enquanto, o que queríamos realçar é a diferença de perspectiva artística entre os dois primeiros romances queirosianos; diferença essa, lembremos, que ele mesmo reconheceu ao notar que *O Primo Basílio* não era um texto construído segundo o mesmo "processo" que utilizara em *O Crime do Padre Amaro*.

Hoje, lendo em perspectiva essa carta de Eça e o texto do seu romance, percebemos, como ele não podia talvez perceber, o quanto de esforço de justificação ia nessas palavras a Teófilo, e o quanto ele se distanciava já dos pressupostos naturalistas que originavam, na França e um pouco por toda a parte, os chamados "romances experimentais". Preocupado com as questões programáticas, Eça não parece se dar conta de que o seu texto já não segue o modelo que, naquele momento, ele mesmo julga ainda ser o melhor, e por isso se mostra tão inseguro quanto ao processo de composição que empregara em *O Primo Basílio*:

> Enquanto ao processo – estimo que Você o aprove. Eu acho n'*O Primo Basílio* uma superabundância de detalhes, que obstruem e abafam um pouco a ação: o meu processo precisa simplificar-se, condensar-se – e estudo isso. O essencial é dar a *nota justa*: um traço justo e sóbrio cria mais que a acumulação de tons e de valores – como se diz em pintura. Pobre de mim – nunca poderei dar a sublime nota da realidade eterna, como o divino Balzac – ou a nota justa da realidade transitória, como o grande Flaubert!

Eça de Queirós aqui parece lamentar que o processo de construção da narrativa de *O Primo Basílio* não seja o mesmo que reconhece nos seus modelos realistas. De fato, não é. Porém o que ele sente como defeito neste começo de carreira literária será, ao longo do tempo, uma das maiores qualidades do seu estilo e uma marca da sua modernidade: a abundância de detalhes e o processo de composição cumulativo, em que a ação muito freqüentemente cai para segundo plano, enquanto o mundo sensório e a arte da escrita e da ironia vem para a frente da cena.

À crítica da época não passou despercebido que o estilo de Eça de Queirós se desenvolvia numa direção própria, à margem das escolas. Assim, para um naturalista ortodoxo seu contemporâneo, José dos Reis Dámaso, era bastante claro já em 1884 que Eça não podia ser considerado um bom exemplo da arte naturalista: "O que lhe falta [a Eça] todos nós sabemos: é uma disciplina filosófica que decerto evitaria a reprodução dos sentimentos romanescos e a sua preocupação única, detestável em arte, – a do erotismo depravado que faz com que ele tantas vezes falte à verdade, ao que é natural e lógico, e despreze a missão social de escritor". Esse trecho, além de apontar a falta de ortodoxia filosófica de Eça, traz ainda um elemento que será muito recorrente na crítica aos primeiros livros de Eça de Queirós: a acusação de que o autor superpõe, ao que devia ser o método realista/naturalista, uma mórbida obsessão com o erotismo. A conjugação dessas duas acusações – falta de método e falta de moralidade – constituirá boa parte da fortuna crítica de *O Primo Basílio* e se encontrará cristalizada pela primeira vez num texto muito famoso de um autor brasileiro, sobre o qual nos concentraremos logo a seguir.

A Recepção Crítica do Romance

O sucesso de *O Primo Basílio* foi grande e imediato. Uma primeira edição de três mil exemplares se esgotou rapidamente e uma segunda, com revisões do autor, saiu ainda no mesmo ano de 1878. Pode-se dizer que foi o sucesso de *O Primo Basílio* que gerou maior interesse pelo romance anterior. De fato, *O Crime do Padre Amaro*, que tinha sido publicado pela primeira vez em livro em 1876, com uma tiragem de apenas 800 exemplares, vai ser relançado logo a seguir ao sucesso de *O Primo Basílio*, encontrando dessa vez muito maior receptividade no público leitor.

A reação crítica positiva imediata ficou por conta de Teófilo Braga. Apesar do enorme sucesso de público, a crítica, de modo geral, foi bastante restritiva quanto aos méritos do romance, e mesmo nos anos subseqüentes à sua publicação, contam-se nos dedos as apreciações positivas que recebeu.

Assim, depois da carta de Teófilo, será preciso esperar pelo ano de 1897 para encontrar novamente uma clara valorização crítica de *O Primo Basílio*; esta, de Moniz Barreto:

pela coerência interna, pela abundância e convergência de pormenores úteis, pela lógica veloz que conduz a ação sem desvio, da primeira à última página, pelo talento da narração e do diálogo, e sobretudo pela perspicácia aguda com que esmiúça os escaninhos de uma alma, e a habilidade dramática com que expõe a influência duma alma sobre a outra, este livro ficará sendo o exemplar culminante do romance português, comparável às obras-primas do romance estrangeiro.

A recepção crítica do romance no seu próprio tempo foi, portanto, bastante desfavorável, sendo a tônica das acolhidas negativas a imoralidade da trama e do texto. Hoje os critérios de avaliação da moralidade de uma obra de arte são muito diferentes dos que imperavam no século XIX, e por isso temos às vezes dificuldade em avaliar o impacto que teve esse livro sobre os leitores contemporâneos. Mas devemos fazer um esforço de compreensão desse impacto, porque foi a questão da finalidade ou perspectiva moral de *O Primo Basílio* que sempre esteve no centro da maior parte das críticas feitas ao livro. Tanto em Portugal quanto no Brasil, esse romance foi por muito tempo identificado como obra naturalista e imoral. Na verdade, os dois adjetivos passaram a ser quase sinônimos. E foi tão ampla essa reação e tão marcante esse rótulo, que, no final do século, querendo denegrir certo texto de que não gostara, o diretor do periódico católico *O Cruzeiro*, Henrique Correia Moreira, dizia: é "sórdido como uma página de Eça de Queirós".

Entre todas as reações críticas negativas que se seguiram ao sucesso de *O Primo Basílio*, há uma que merece atenção, publicada em duas partes em *O Cruzeiro*, em abril de 1878, assinada por "Eleazar". Sob o pseudônimo estava um escritor que em alguns anos seria o maior romancista da nossa literatura realista, mas que na época publicava em folhetins, no mesmo jornal, um romance romântico intitulado *Iaiá Garcia*. Como o texto de Machado de Assis até hoje orienta a apreciação crítica de *O Primo Basílio*, sendo citado praticamente toda vez que se analisa o romance de Eça, vale a pena analisá-lo detidamente, tentando observar em que consiste a crítica, de que modo ela se articula, de que concepção de literatura procede e qual é o seu objetivo.

O artigo de Machado se organiza de modo a apontar os defeitos de *O Primo Basílio* a partir de dois ângulos principais. Por um lado, vê nessa obra uma realização de uma tendência literária que não merece a sua aprovação: o realismo de Zola. Ou, como diríamos hoje, o Naturalismo. Por outro lado, considera que o livro tem defeitos de concepção e de realização, seja na forma de construir as personagens, seja na forma de compor a trama, seja ainda na maneira de conduzir a narração.

Machado inicia o texto constatando que o livro de Eça fazia grande sucesso, e justifica esse sucesso apresentando duas razões. Por um lado, dizia o escritor brasileiro, era uma questão de moda: *O Primo Basílio* era a tradução, para o português, do receituário naturalista, que já fazia sucesso na França. Por outro lado, o gosto do público moderno estava muito rebaixado e a literatura grosseira do Naturalismo o atendia perfeitamente.

Já quanto ao texto do romance, Machado inicia sua crítica pela forma de constituição do enredo e das personagens:

> Vejamos o que é o *Primo Basílio* e comecemos por uma palavra que há nele. Um dos personagens, Sebastião, conta a outro o caso de Basílio, que, tendo namorado Luísa em solteira, estivera para casar com ela; mas falindo o pai, veio para o Brasil, donde escreveu desfazendo o casamento. – Mas é a *Eugênia Grandet*! exclama o outro. O Sr. Eça de Queirós incumbiu-se de nos dar o fio da sua concepção. Disse talvez consigo: – Balzac separa os dois primos, depois de um beijo (aliás, o mais casto dos beijos). Carlos vai para a América; a outra fica, e fica solteira. Se a casássemos com outro, qual seria o resultado do encontro dos dois na Europa? – Se tal foi a reflexão do autor, devo dizer, desde já, que de nenhum modo plagiou os personagens de Balzac. A Eugênia deste, a provinciana singela e boa, cujo corpo, aliás robusto, encerra uma alma apaixonada e sublime, nada tem com a Luísa do Sr. Eça de Queirós. Na Eugênia, há uma personalidade acentuada, uma figura moral, que por isso mesmo nos interessa e prende; a Luísa – força é dizê-lo – a Luísa é um caráter negativo, e no meio da ação ideada pelo autor, é antes um títere do que uma pessoa moral. Repito, é um títere; não quero dizer que não tenha nervos e músculos; não tem mesmo outra coisa; não lhe peçam paixões nem remorsos; menos ainda consciência.

Esta passagem é bem conhecida, e muitas vezes tem sido citada como um juízo definitivo sobre os defeitos do livro de Eça. Ora, o que é preciso notar é que esse texto de Machado não é apenas uma apreciação estética. É claro que é também, e talvez principalmente estético o foco da discussão, mas não há como não levar em conta que Machado de Assis, escritor de língua portuguesa empenhado na criação de uma tradição cultural em nosso país, lia o texto de Eça de uma perspectiva muito interessada. De fato, é patente no texto um esforço de combate à narrativa naturalista, que Machado entende aqui como uma narrativa que favorece a descrição e a notação sensual em prejuízo da análise das paixões e da complicação lógica do enredo. A crítica de Machado se processa, assim, a partir de uma concepção de romance que é oposta à que ele identifica no texto de Eça e que ele mesmo tentava pôr em prática no seu *Iaiá Garcia*: o bom romance é o que investe na construção de personagens complexas, movidas por paixões e motivações morais que garantam o interesse dos desdobramentos da narrativa. O que Machado combate assim, em *O Primo Basílio*, não é apenas uma específica realização literária, mas também, tendo em mente o sucesso de público do livro de Eça, a possível influência do estilo naturalista sobre a jovem literatura brasileira. Apoiado numa perspectiva marcadamente romântica, Machado vai de fato mostrar que o perigo da disseminação do Naturalismo é interromper a continuidade histórica da literatura de língua portuguesa, e o objetivo de sua crítica se revela quando ele expressa a esperança de superação do hiato causado pela súbita voga do Naturalismo: terminada a moda – que ele mesmo, com esse texto, se esforça por combater – "a arte pura, apropriando-se do que ele contiver aproveitável (porque o há, quando se não despenha no excessivo, no tedioso, no obsceno, e até no ridículo), a arte pura [...] voltará a beber aquelas águas sadias d'*O Monge de Cister*, d'*O Arco de Sant'Ana* e d'*O Guarani*". Nessa frase, revela-se uma conjunção de sentidos que percorre todo esse texto de Machado, e procede dos pressupostos românticos que ainda eram os seus: a arte pura, as águas sadias e o beijo castíssimo de Eugênia Grandet se opõem à arte impura, às águas perversas da maré naturalista e à sensualidade mais ou menos vazia que vê no romance de Luísa. Esse poder de corrupção do romance de Eça é claramente tematizado por Machado, que condena "essa pintura, esse aroma de alcova, essa descrição minuciosa, quase técnica, das relações adúlteras", e conclui pelo perigo que ele representa para o público leitor: "a castidade inadvertida que ler o livro chegará à última página, sem fechá-lo, e tornará atrás para reler outras".

Mas Machado não quer fazer um julgamento apenas moral. Seu objetivo é também questionar o resultado estético da concepção naturalista do romance e demonstrar a sua ineficácia artística. Para isso, procede a uma síntese do enredo do texto, e tenta apontar as implicações narrativas dos pressupostos da escola a que filia Eça de Queirós. Vejamos, então, o seu resumo da primeira parte do livro:

> Casada com Jorge, faz este uma viagem ao Alentejo, ficando ela [Luísa] sozinha em Lisboa; apareceu-lhe o primo Basílio, que a amou em solteira. Ela já não o ama; quando leu a notícia da chegada dele, doze dias antes, ficou muito "admirada"; depois foi cuidar dos coletes do marido. Agora, que o vê, começa por ficar nervosa; ele lhe fala das viagens, do patriarca de Jerusalém, do papa, das luvas de oito botões, de um rosário e dos namoros de outro tempo; diz-lhe que estimara ter vindo justamente

146 ESTUDOS DE LITERATURA BRASILEIRA E PORTUGUESA

na ocasião de o marido estar ausente. Era uma injúria: Luísa fez-se escarlate; mas à despedida dá-lhe a mão a beijar, dá-lhe até a entender que o espera no dia seguinte. Ele sai; Luísa sente-se "afogueada, cansada", vai despir-se diante de um espelho, "olhando-se muito, gostando de se ver branca". A tarde e a noite gasta-as a pensar ora no primo, ora no marido. Tal é o intróito de uma queda, que nenhuma razão moral explica, nenhuma paixão, sublime ou subalterna, nenhum amor, nenhum despeito, nenhuma perversão sequer. Luísa resvala no lodo, sem vontade, sem repulsa, sem consciência; Basílio não faz mais do que empuxá-la, como matéria inerte, que é. Uma vez rolada ao erro, como nenhuma flama espiritual a alenta, não acha ali a saciedade das grandes paixões criminosas: rebolca-se simplesmente./Assim, essa ligação de algumas semanas, que é o fato inicial e essencial da ação, não passa de um incidente erótico, sem relevo, repugnante, vulgar. Que tem o leitor do livro com essas duas criaturas sem ocupação nem sentimento? Positivamente nada.

Como se pode perceber, o que incomoda Machado é, principalmente, a falta de motivação psicológica para a conduta criminosa da protagonista. O que lhe parece repugnante não é a apresentação da paixão adúltera mas justamente a sua ausência e a redução do adultério a um simples ato imotivado ou puramente sensual. Não encontrando no nível na narrativa nada que justifique a transgressão dos limites morais, identifica aí uma falha estética, pois a personagem lhe parece uma construção abstrata da vontade do autor. É já uma acusação dura, que continuará sendo repetida até os dias de hoje, mas, do ponto de vista de Machado, ainda não aponta para o que seria a falha maior do texto de Eça. Para o escritor brasileiro, o problema estrutural, correlato deste, mas ainda mais grave, reside na própria construção e desenvolvimento da trama romanesca:

E aqui chegamos ao defeito capital da concepção do Sr. Eça de Queirós. A situação tende a acabar, porque o marido está prestes a voltar do Alentejo, e Basílio já começa a enfastiar-se, e, já por isso, já porque o instiga um companheiro seu, não tardará a trasladar-se a Paris. Interveio, neste ponto, uma criada. Juliana, o caráter mais completo e verdadeiro do livro; Juliana está enfadada de servir; espreita um meio de enriquecer depressa; logra apoderar-se de quatro cartas; é o triunfo, é a opulência. Um dia em que a ama lhe ralha com aspereza, Juliana denuncia as armas que possui. Luísa resolve fugir com o primo; prepara um saco de viagem, mete dentro alguns objetos, entre eles um retrato do marido. Ignoro inteiramente a razão fisiológica ou psicológica desta precaução de ternura conjugal: deve haver alguma; em todo o caso, não é aparente. Não se efetua a fuga, porque o primo rejeita essa complicação; limita-se a oferecer o dinheiro para reaver as cartas – dinheiro que a prima recusa – despede-se e retira-se de Lisboa. Daí em diante o cordel que move a alma inerte de Luísa passa das mãos de Basílio para as da criada. Juliana, com a ameaça nas mãos, obtém de Luísa tudo, que lhe dê roupa, que lhe troque a alcova, que lha forre de palhinha, que a dispense de trabalhar. Faz mais: obriga-a a varrer, a engomar, a desempenhar outros misteres imundos. Um dia Luísa não se contém; confia tudo a um amigo de casa, que ameaça a criada com a polícia e a prisão, e obtém assim as fatais letras. Juliana sucumbe a um aneurisma; Luísa, que já padecia com a longa ameaça e perpétua humilhação, expira alguns dias depois.

Exceto por um pormenor do desenlace – a omissão da carta de Basílio que revela o adultério ao marido de Luísa – o resumo é muito fiel ao enredo, e a crítica de Machado se concentra, nesse aspecto, na ausência de uma necessidade psicológica ou moral para a segunda parte do romance.

O que parece mais aberrante ao romancista brasileiro é, portanto, a substituição das determinações morais ou psicológicas por determinações externas à personagem, como maneira de dar continuidade à narrativa. Segundo Machado, da mesma forma que Luísa é arrastada para o adultério sem qualquer empenho efetivo ou envolvimento amoroso, assim também ela poderia depois voltar à vida normal com o marido, sem quaisquer conflitos de consciência; o que a impede é apenas a intervenção da empregada, e o seu sofrimento nada tem de interessante, pois não decorre intimamente nem do adultério, em si mesmo considerado, nem da paixão amorosa, inexistente no caso.

Acreditando que o interesse de uma obra ficcional resida principalmente na análise das personagens e na consideração dos motivos de suas ações ("para que Luísa me atraia e me prenda, é preciso que as tribulações que a afligem venham dela mesma"), Machado vai considerar que esse romance de Eça apresenta, no que diz respeito à estruturação da narrativa, uma incongruência de concepção, um defeito de ordem estética, que busca identificar com esta pergunta curiosa: "Suponhamos que tais cartas não eram descobertas, ou que Juliana não tinha a malícia de as procurar, ou enfim que não havia semelhante fâmula em casa, nem outra da mesma índole. Estava acabado o romance, porque o primo enfastiado seguiria para a França, e Jorge regressaria do Alentejo; os dois esposos voltavam à vida anterior". É aqui, portanto, que identifica o amoralismo do romance: na falta de motivação interna para a ligação entre os dois momentos, o do delito e o da punição. Não havendo, e consistindo toda a primeira parte do romance na descrição do processo de sedução e do conseqüente adultério de Luísa, Machado vai concluir pela ausência, no texto de Eça, de um real propósito de edificação moral, bem como de ensinamento de qualquer espécie. O que esse romance nos ensina, diz ironicamente Machado, é que se queremos ser adúlteros temos de escolher bem os criados...

Finalmente, falta ainda observar um último defeito que Machado atribui ao texto de Eça, e que se manifestaria agora na própria apresentação da

148   ESTUDOS DE LITERATURA BRASILEIRA E PORTUGUESA

matéria narrada: o olhar descritivo, exterior, que se compraz na própria descrição e que por isso não separa o que é acessório do que é essencial. Eis a passagem:

quanto à preocupação constante do acessório, bastará citar as confidências de Sebastião a Julião, feitas casualmente à porta e dentro de uma confeitaria, para termos ocasião de ver reproduzidos o mostrador e as suas pirâmides de doces, os bancos, as mesas, um sujeito que lê um jornal e cospe a miúdo, o choque das bolas de bilhar, uma rixa interior, e outro sujeito que sai a vociferar contra o parceiro; bastará citar o longo jantar do conselheiro Acácio (transcrição do personagem de Henri Monier); finalmente, o capítulo do teatro de S. Carlos, quase no fim do livro. Quando todo o interesse se concentra em casa de Luísa, onde Sebastião trata de reaver as cartas subtraídas pela criada, descreve-nos o autor uma noite inteira de espetáculos, a platéia, os camarotes, a cena, uma altercação de espectadores.

Um Princípio Construtivo

O texto de Machado submete à crítica, assim, todos os níveis da narrativa de Eça de Queirós. É a concepção que lhe parece equivocada, e não a realização. Por isso o interesse de Machado não está fixado naquilo que o livro de Eça realiza e apresenta ao leitor, mas, sim, naquilo que ele deveria apresentar ou deixar de apresentar. Escrito para defender uma dada concepção do romance e para atacar uma outra, que não lhe corresponde, não é exatamente um texto de avaliação crítica, animado pelo desejo de conhecer uma forma específica de funcionamento textual, mas um texto de caráter combativo e, principalmente, normativo.

Consideremos, por exemplo, a condenação à sensualidade queirosiana, nos vários níveis em que ela se processa no texto de Machado. É bastante sensível, aí, uma espécie de identificação entre a sensualidade e a exterioridade, a superficialidade – elementos já de início valorados de modo negativo. Essa identificação procede de uma tomada de posição estética que valoriza na narrativa o aspecto dramático, a tensão criada entre personagens, e que assim parece admitir a descrição e a apresentação sensual na medida em que elas estejam diretamente subordinadas ao núcleo dramático, a serviço dele. Ora, no texto de Eça predomina um outro tipo de linguagem, de orientação mais épica, mais descritiva, em que o mundo narrado é iluminado sob vários ângulos e apresentado ao leitor como um objeto interessante por si mesmo[1].

---

1. Utilizamos aqui os termos *épico* e *dramático* para designar formas de organização do discur-

Duas das cenas condenadas por Machado são, na verdade, primorosas e têm ainda hoje um sabor bastante acentuado.

A cena da confeitaria, que se encontra no final do capítulo IV, não parece ter de fato função visível na economia narrativa. Sebastião e Julião conversam sobre as murmurações da vizinhança sobre as visitas de Basílio, e no meio de seu diálogo vai-se intercalando uma cena vulgar passada entre os fregueses da loja. Muito diferentemente de um certo episódio de *Madame Bovary*, de Flaubert, em que também há intercalação de dois níveis discursivos, aqui não há grande oposição ou contraste entre a conversa dos dois homens e o que sucede dentro da confeitaria; não se trata, assim, de dois planos distintos de realidade que se vêem confundidos momentaneamente. Na verdade, o que se dá é uma intercalação dos dois discursos, tendo como resultado uma espécie de retardamento da ação. E basta ler a cena desarmadamente para perceber de imediato a capacidade de presentificação que ela tem: estamos de súbito vendo aquela confeitaria, com tudo o que nela há de reles, de sujo e de típico; e a discussão do caso de Luísa nesse ambiente contribui para promover uma espécie de neutralização, de diminuição da tensão dramática. Na verdade, esse é um procedimento constante nesse livro, em que tudo, desde o tropeção de Basílio, ao atirar-se sobre Luísa no clímax da sedução, até o contraste entre a pobreza mesquinha e reles do "Paraíso" com as fantasias ingênuas de Luísa, tudo contribui para retirar qualquer aura romântica da aventura adúltera que é o centro da história. E é tão forte esse procedimento, ao longo do livro, que podemos mesmo dizer que em *O Primo Basílio* o adultério é alvo de uma estratégia de neutralização moral, que se realiza por meio de um esforço generalizado de rebaixamento e diminuição. Nesse sentido, essa cena tem uma clara função significativa, pois se insere numa estratégia textual; apenas não tem uma forte função dramática, do ponto de vista da construção ou da apresentação da trama romanesca.

A descrição da cena da ópera, no final do livro, é também um procedimento de retardamento da ação, como bem viu Machado, mas seu sentido e função diferem sensivelmente da cena da confeitaria. A música do *Fausto* de Gounod é uma das referências mais recorrentes ao longo da narrativa e Basílio é um sedutor, como o Fausto da ópera, sendo uma das suas armas a

---

so. É épica, nesse sentido, a organização discursiva que apresenta objetiva e distanciadamente personagens, objetos e acontecimentos. A descrição é, por isso mesmo, um dos procedimentos privilegiados da forma épica. Para uma discussão desses conceitos, ver Emil Staiger, *Conceitos Fundamentais da Poética*, Rio de Janeiro, Tempo Brasileiro, 1972.

bela voz com que canta para Luísa. Ora, uma das árias que ele canta no dia em que Luísa se entrega a ele pela primeira vez é justamente a que precede a sedução de Margarida por Fausto. De modo que, ao descrever a cena do teatro, Eça faz com que Luísa repasse, tomada pela ansiedade, a memória da cena da própria sedução. Só que, ao invés de Basílio, ao seu lado está Jorge, seu marido (que também costumava cantar a mesma ária), e toda a sua preocupação está concentrada no lado mais mesquinho do episódio: a chantagem de Juliana e a missão que confiara a Sebastião. A cena, portanto, tampouco é infuncional, nem se deve ao puro gosto pelo detalhe e pelo pitoresco. Na verdade, sua função é dupla: não apenas opera novamente um retardamento épico no desenrolar da ação, mas permite conjugar, de modo muito eficaz e concentrado, os motivos fáusticos espalhados ao longo da narrativa e a circunstância decepcionante em que redundou a aventura pessoal de Luísa.

Dissemos há pouco que a forma de estruturação do texto desse romance de Eça privilegia a descrição e a sucessão de cenas e episódios, em detrimento da tensão e do choque de caracteres; no comentário às duas cenas que acabamos de enfocar, também assinalamos que a forma de organização do texto de Eça é mais próxima da épica do que do drama. O que falta agora observar é que esse olhar que tenta iluminar todos os objetos e os envolve numa luz igual e bem distribuída, esse olhar distanciado e épico que caracteriza a forma narrativa de *O Primo Basílio* não incide sobre uma matéria épica e digna. Pelo contrário, só vai recortando figuras medíocres, fracas e estereotipadas. É por isso que não está na análise das personagens – que são desprovidas de paixão e de profundidade moral – nem no conjunto de suas ações, o princípio de coesão da narrativa queirosiana. O que caracteriza o texto queirosiano é a peculiar fusão, encontrada em todos os planos do discurso, de uma forma discursiva épica e um conteúdo burlesco ou rebaixado. Não pode assim estar no nível do narrado o elemento que solda o conjunto, que enfeixa os vários elementos da narrativa num todo coerente e vivo. Está, sim, no estilo e na construção textual, e sobretudo no que é o efeito de sentido da conjugação de ambos: aquele olhar distanciado e profundamente irônico, tão característico de Eça de Queirós.

Quanto à construção, notemos que o texto de Eça, ao mesmo tempo em que põe em cena personagens que são no geral vazias de grandeza, reduzidas a tipos mais ou menos caricaturais, constitui um sistema bastante cerrado de alusões literárias, de antecipações premonitórias e de recorrências de situações e elementos simbólicos que, em geral, se situam num nível superior ao da consciência das próprias personagens. Para exemplo, no caso específico de *O Primo Basílio*, observe-se que não é necessário que nenhuma personagem em particular escute um piano da vizinhança tocando ao longe a *Oração de uma Virgem*, ou o realejo que repete a *Casta Diva* e outros temas do momento: é o leitor que deve perceber, em contraponto ao envolvimento adúltero de Luísa, a ironia presente nesses títulos. Da mesma forma, é ao leitor que se dirige todo o extenso comentário intertextual à história de Luísa: as obras lidas ou ouvidas por Luísa funcionam, ao longo da narrativa, ou como prefigurações do seu destino, ou como contraste às suas experiências efetivas. Luísa é uma leitora ingênua, mas o romancista e o leitor previsto no texto não são como ela, e podem ir saboreando, ao mesmo tempo em que contemplam a progressiva queda e humilhação da protagonista, a rede de alusões e de comentários metalingüísticos que vão anunciando e pontuando os desdobramentos da intriga. Nesse sentido, a ficção de Eça é frontalmente antiromântica e anti-sentimental: quase nunca nos identificamos com as suas personagens, nunca sofremos verdadeiramente com elas, mas as observamos sempre à distância. Talvez o único texto de Eça em que exista espaço para a catarse seja *O Crime do Padre Amaro*, e talvez fosse por isso que seu amigo Oliveira Martins dissesse que aquele era o único verdadeiro romance que tinha escrito. Nos seus textos todos, a partir de *O Primo Basílio*, vigora uma espécie de princípio de desierarquização da realidade, em que os ambientes, as personagens, as situações criadas são submetidas ao crivo da crítica pela ironia, dentro do que chamamos acima de uma estratégia de rebaixamento. Exagerando um pouco, apenas para tornar mais claro o ponto que queremos frisar, podemos dizer que nada tem relevo nos romances de Eça de Queirós, exceto a construção textual, desde o nível da palavra até o ritmo da frase, que é colocada a serviço da ironia e da sensualidade descritiva.

Nesse mundo textual em que as personagens são reduzidas a tipos e em que a ironia se exerce tão poderosamente no sentido de impedir a identificação sentimental, altera-se, em relação ao paradigma romântico, a própria forma de leitura, centrando-se o interesse agora no mundo paralelo dos sonhos da personagem, na evocação sensória dos vários ambientes em que decorre a narrativa, na caracterização de personagens que, do ponto de vista da intriga, têm pouca ou nenhuma importância actancial.

Por isso tudo, podemos dizer que já em *O Primo Basílio* se processa no estilo de Eça de Queirós a transição do método naturalista da escrita para uma composição de molde impressionista, que só se realizará plenamente num momento futuro da escrita do autor. Aqui, o tema é ainda de gosto naturalista, bem como a trama e o intuito moralizante; mas a forma de apresentação tem já um claro vetor impressionista e exige, para que o livro seja bem avaliado e compreendido, uma leitura menos comprometida com a concepção positivista da escrita e da função da literatura na sociedade. Dizendo de outra forma, em *O Primo Basílio* os elementos e a forma externa do enredo ainda mantêm fortes características naturalistas, mas o conjunto, a composição dos elementos, obedece já a uma outra maneira de ver e de descrever o mundo, em que o condicionalismo não tem papel central, nem a causalidade é o principal vetor de desenvolvimento e estruturação do texto.

Nessa transição, tem importância fundamental a sensualidade, que é a base da descrição queirosiana. A esse respeito, escreveu um dos maiores críticos portugueses do século XX um período que pode sintetizar, de momento, o papel da sensualidade na definição e evolução precoce, em termos do mundo de língua portuguesa, do estilo de Eça de Queirós:

> Falando de "sensualidade", Eça falava de algo que como poucos conhecia: o contato dos sentidos com o mundo. [...] Nele o tinir de um cristal fica longamente repercutindo, tal como o céu azul de Lisboa ou o aroma das rosas, ou o labirinto inesperado das ruas do Cairo. Como dirá Cesário (falando de si próprio), as coisas *tangem* os sentidos a Eça. E ele persegue a cor até ao limite em que se confunde com a luz, intentando com a pena aquilo que os pintores impressionistas – como Manet ou Monnet – quiseram obter com o pincel[2].

Notas para a Leitura do Romance

Um primeiro objeto de interesse, quando se considera uma narrativa é a sua tendência típica. No caso de *O Primo Basílio*, temos uma narrativa que se apóia, pelo menos em tese, no enredo e no suspense. Até o final do episódio dos amores de Basílio com Luísa, o interesse se localiza no processo de sedução. A princípio, interessa-nos saber se Basílio realizará o seu intento e como o fará. Depois, passa a interessar-nos o futuro do casal e da aventura que viveram. Finalmente, quando entra em cena a chantagem de Juliana, reacende-se o suspense, e ficamos à espera do desenlace: conseguirá Luísa reaver as cartas? Jorge descobrirá que fora enganado pela mulher? Mas, embora seja tipicamente uma narrativa de suspense, não reside no trabalho do enredo a maior qualidade de *O Primo Basílio*, e sim em dois outros planos narrativos: primeiro, na sua capacidade descritiva, ou épica, que presentifica perante os nossos olhos os lugares e as situações que se apresentam no romance; segun-

---

2. António J. Saraiva, *A Tertúlia Ocidental*, Lisboa, Gradiva, 1990.

do, na forma de composição apoiada no estilo do escritor, na voz narrativa muito especial que vai construindo comentários distanciados e irônicos às ações e personagens, rebaixando-os e diminuindo o seu eventual poder de angariar a empatia do leitor. De modo que *O Primo Basílio* é também, para uma leitura mais elaborada, uma narrativa de ambiente, em que o principal interesse está na apresentação de uma determinada forma de viver, num determinado contexto social e natural.

Do ponto de vista da constituição das personagens, é bastante claro que há aqui duas espécies de seres ficcionais: por um lado, temos as personagens "planas". Estão neste caso o conselheiro Acácio, d. Felicidade e praticamente todas as outras. Por outro lado, há uma personagem que poderia ser considerada, segundo a terminologia de E. Forster, "esférica", no sentido de que possui densidade psicológica, experimenta desenvolvimento emocional durante o período da ação e apresenta várias facetas diferentes, conforme o ângulo pela qual é olhada. A única personagem que reúne essas qualidades, neste romance, é Juliana. Enquanto todos os outros atores desta história se deixam definir com umas poucas palavras, a partir de um traço ou de um comportamento típico, Juliana se impõe como a única personagem realmente forte e densa.

Esse estatuto diferenciado da personagem Juliana se deve ao fato de que sua importância no romance vai muito além da sua função principal na estrutura narrativa, que é a de instrumento para a perdição de Luísa. Ao construí-la como individualidade marcante, e ao retratar suas motivações e sua situação na casa burguesa, Eça de Queirós consegue desenvolver uma outra frente de crítica social, que não tem sido muito destacada nos comentários ao romance: as desumanas condições de vida dos pobres, mesmo daqueles que tinham residência na casa dos patrões.

De fato, quando Juliana começa a chantagear Luísa, tudo o que lhe pede é a supressão das condições insalubres em que vivia: quer um quarto mais limpo, mais confortável, menos sufocante no tempo de verão; quer poder comer um pouco mais do que os restos que antes eram o seu alimento; quer ter direito a algum descanso depois de longos dias e longas semanas de trabalho duro. Além das descrições do seu quarto e dos seus serviços, há no romance uma passagem sutil em que nos é dada a real dimensão da exploração: melhor alimentada e melhor abrigada, diz-nos o narrador em determinado momento, a criada até trabalhava melhor, e com mais vontade. E também é preciso ressaltar todos os comentários de Jorge, quando Luísa lhe diz que Juliana estava doente e por isso não podia trabalhar muito: tudo o que ocorre ao patrão é desvencilhar-se logo da empregada, para que vá morrer em outro lugar, e não em sua casa. Por isso tudo, é impossível não empatizar com Juliana, pelo menos por alguns momentos: injustiçada pela antiga patroa, tratada como um animal em casa de Luísa, vê na chantagem o único caminho para conseguir o seu grande objetivo, o pão para a velhice, para os dias em que já não prestasse para o serviço. É Juliana assim um elemento contrastivo no universo de Luísa: é uma infeliz, e é também, em certo sentido, ingênua e vaidosa como a patroa; o que as opõe de fato é que as ações todas de Juliana, ao contrário das de Luísa que apenas se deixa levar pelas situações, são regidas por uma vontade firme e por um plano de ação. Luísa fracassa por se deixar levar, por deixar-se envolver em situações pelas quais não tem um real empenho. Já Juliana fracassa porque a sua vontade é impotente para alterar uma situação que é determinada socialmente, como ela bem compreende, quando é neutralizada por Sebastião: "*eles* tinham tudo por si, a polícia, a Boa Hora, a cadeia, a África!... E ela – nada!". Ora, percebendo assim a personagem Juliana, é difícil não vê-la – a chantagista, a vilã da história – como a personagem afinal mais humana e talvez a mais digna de todo o conjunto de caracteres desse romance. Não é, portanto, apenas como parte central da intriga que Juliana existe e tem importância no romance, mas também porque, por meio da sua história, podemos deixar por instantes a sala social de Luísa e olhar para aquela casa burguesa a partir da porta dos fundos, podemos momentaneamente escapar do universo oficialesco e boçal onde se move o Conselheiro e vislumbrar rapidamente a vida pobre que circundava a casa de Luísa. Assim, a diferença de estatuto entre as personagens serve ao propósito de crítica social: os burgueses todos são planos e unívocos, vazios até o ponto de não encontrarmos uma boa explicação para o adultério de Luísa; a proletária Juliana é complexa e humana e é de sua ação e da determinação com que tenta obter, por meios ilícitos, aquilo que julgava seu direito, que decorre toda a segunda parte do romance. Ainda quanto às personagens, é interessante observar que o narrador quase sempre as introduz da mesma maneira, configurando uma rotina textual: primeiro, apresenta o nome numa seqüência narrativa; logo depois, descreve a personagem em traços muito rápidos, a partir do exterior; se a personagem tem relevo para a história, procede então a um rápido *flashback*; só depois de todas essas etapas é que a põe em ação para que o retrato se complete. Todo o primeiro capítulo é composto da apresentação das principais personagens da história, e a leitura das primeiras páginas permite observar o que dizemos com a apresentação da criada Juliana e da amiga de Luísa, Leopoldina.

Um terceiro aspecto que importa considerar é a forma como se estrutura o tempo neste romance. A ação começa em julho, e o ano pertence a meados da década de 1870, como mostra a cronologia das peças musicais comentadas no romance. A duração da ação é bastante concentrada: toda a primeira parte do romance transcorre entre julho e setembro, que é quando se encerra o capítulo IX. A partir da volta de Jorge, em início ou meados de outubro, inicia-se a segunda parte, que se conclui com a aproximação do inverno. A ação do romance é, portanto, situada num tempo bastante próximo ao da escrita (lembre-se que o livro foi *publicado* em 1878), o que corresponde a um dos preceitos da estética realista, que enfatiza a análise da sociedade contemporânea do escritor como um dos objetivos principais da literatura. Já o enquadramento sazonal da ação tem uma dimensão simbólica, pois a aventura de Luísa se dá no verão, a sua tortura por Juliana cobre o período do outono, e o desenlace aco ntece no início do inverno. A forma de situação dos eventos no tempo é bastante simples e linear, e os pequenos retornos ao passado se situam quase todos nos primeiros capítulos do livro, servindo basicamente à apresentação das personagens. Um aspecto a ressaltar, na consideração do tempo neste romance, é uma busca de retardamento da ação, que se dá pela inserção de cenas descritivas aparentemente acessórias do ponto de vista dos acontecimentos narrados, mas não só: a duração do tempo é marcada quase dia a dia, de modo que acompanhamos a história de modo contínuo, sem interrupção temporal da matéria narrada. O efeito de sentido desse procedimento é uma espécie de intensificação do ambiente em que vivem as personagens, trazendo para a cena, em prejuízo talvez do desenvolvimento dramático, o lado doméstico, as circunstâncias da vida sufocante e fútil de Luísa.

Um último aspecto que merece atenção, na constituição deste texto, é o processo de composição. De modo geral, as suas linhas principais já foram apresentadas, e se podem resumir pela afirmação de que o distanciamento irônico e o estilo de Eça de Queirós determinam todos os outros elementos compositivos, em detrimento da verossimilhança e, principalmente, da identificação sentimental entre o leitor e as personagens. Um bom exemplo do método queirosiano de construção pode ser encontrado na consideração do tratamento dos sonhos neste romance.

Consideremos, então, os sonhos de Luísa, que são três: dois ocorrem no capítulo medial do romance, o oitavo, e o terceiro e mais importante encerra o capítulo nono. Os três não têm o mesmo estatuto, nem a mesma funcionalidade, nem a mesma verossimilhança, e por isso devem ser considerados separadamente.

No primeiro, Luísa sonha que um cavalheiro desconhecido lhe transmite o dinheiro necessário ao pagamento da chantagem. É esse o mais simples dos sonhos da protagonista e o que melhor se pode explicar em termos de verossimilhança: a personagem necessita do dinheiro e sonha que o está recebendo. Mas o que há de interessante nesse sonho não é a sua conformação à personagem e à situação em que ocorre, mas, sim, o fato de que o doador do dinheiro é uma figura de cavanhaque que Luísa associa com o Diabo. Nós, leitores, não temos dificuldade em reconhecer, na personagem do sonho, uma recorrência de uma outra personagem do romance: o homem de cavanhaque que acompanhara e examinara Luísa e Basílio, quando os dois andavam pelo Passeio Público, no momento mais intenso do seu namoro. Com esse sonho e com a associação de Luísa, tem o leitor assim reforçado um dos traços estruturantes dessa história de sedução, que é o intertexto com a ópera *Fausto* de Gounod, acima apontado. Isto é: além da função de espelhar a consciência da personagem e a sua autopercepção, tem o sonho uma outra função, que é a de intensificar um elemento narrativo que poderia ter ficado obscuro para o leitor. No caso, o sentido simbólico do homem de cavanhaque do Passeio Público.

No segundo sonho, já é mais clara a interferência do narrador, pois Luísa sonha com algo que parece destoar da sua percepção do mundo, tal como ela nos é apresentada. Não apenas a relação entre as partes do sonho, mas a própria construção grotesca da figura de Basílio, que aí se apresenta vestido de palhaço e tocando viola, parece muito mais próxima do olhar irônico do narrador do que da percepção angustiada de Luísa e o sonho já parece um desenvolvimento das questões que interessam ao narrador, mais do que uma vivência interna da personagem.

Finalmente, o terceiro não deixa margem para dúvidas: é o narrador queirosiano quem, valendo-se da maior liberdade narrativa propiciada pela apresentação do sonho, o utiliza como uma forma de aumentar os efeitos irônicos e reafirmar os traços caricaturais das personagens de sua história. Não parece ser um produto do inconsciente de Luísa, por exemplo, aquela cena em que o conselheiro Acácio desparafusa a própria cabeça e a atira ao palco para imitar o gesto do rei, que para lá atirara a esfera armilar. O ato sintetiza tudo o que o narrador e nós sabemos da personalidade de Acácio, mas nada nos diz que seja essa a percepção que Luísa tem dele. O sonho também permite reafirmar o caráter fantasista e romântico de Luísa, transformando-a numa personagem de um dramalhão romântico, encenado em tom farsesco e canastrão. Todo o clima do sonho é, assim, uma crítica paródica ao drama romântico – mas uma crítica efetuada de um ponto de vista que transcende inteiramente a consciência atribuída à personagem Luísa ao longo da apresentação narrativa.

A forma de utilização e apresentação dos sonhos é um exemplo, e apenas um, entre muitos, do que julgamos importante sublinhar aqui: desde *O Primo Basílio* verifica-se um afastamento de Eça dos modelos do romance naturalista, em direção a uma nova forma de composição em que o olhar absoluto do narrador e a sua arte assumem o primeiro plano em detrimento de quaisquer outros elementos da narrativa.

Trazendo assim um inequívoco conteúdo de crítica social e uma forma de estruturação inovadora, que já se afastava decididamente do receituário do romance experimental, *O Primo Basílio* é um momento muito especial no desenvolvimento do estilo e da visão de mundo de Eça de Queirós. Uma das muitas metamorfoses em que consistiu a sua evolução literária, para usar a expressão de António José Saraiva. Foi talvez esse caráter mais ou menos híbrido do texto que, aliado à comoção moral causada pelo tema e pela forma do seu desenvolvimento, impediu, durante tantos anos, que *O Primo Basílio* fosse visto na sua real dimensão. Mas hoje em dia, à distância de mais de um século, vai o olhar contemporâneo, cada vez mais, perspectivando o romance na obra de Eça e no conjunto da literatura do seu tempo. E aquilo que parecia defeito para alguns dos seus contemporâneos se afirma agora como inovação e ousadia, de modo que *O Primo Basílio* pode ser hoje reconhecido como um momento maior (senão mesmo o maior, como queria José Régio) da obra ficcional de Eça de Queirós.

9

UM PATIFE ENCANTADOR?

Gonçalo Mendes Ramires, o "protagonista absorvente, em redor de quem giram as demais personagens e tramas" do romance *A Ilustre Casa de Ramires*, é, segundo Beatriz Berrini, "uma das mais felizes criações de Eça de Queirós, uma de suas personagens mais bem delineadas" e "uma das figuras mais bem trabalhadas do ponto de vista psicológico"[1]. Esse é também o pensamento de Álvaro Lins, que julga Gonçalo "a mais analisada e a mais *conhecida*" de todas as personagens queirosianas, a que melhor se oferece à contemplação do leitor[2]. E Carlos Reis por sua vez anota que é "n'*A Ilustre Casa de Ramires* e no processo de análise psicológica de Gonçalo Mendes Ramires que a focalização interna atinge o ponto mais elevado de uma curva evolutiva que tem como forçosa contrapartida a desvalorização da onisciência do narrador"[3].

Mas quem é Gonçalo Mendes Ramires? Como poderíamos definir essa personagem cuja perspectiva "comanda a representação narrativa ao longo da quase totalidade do discurso"?[4]

Para António Sérgio, era uma criatura ficcional caracterizada pela "inércia psíquica". Uma criatura cujo perfil psicológico e moral traçou nestas pala-

---

1. Beatriz Berrini, *Nota*, em J. M. Eça de Queirós, *Obra Completa*, Rio de Janeiro, Nova Aguilar, 1997, vol. 2, p. 220. Todas as citações de *A Ilustre Casa de Ramires* serão feitas segundo essa edição.
2. Álvaro Lins, *História Literária de Eça de Queirós*, 2.ed., Rio de Janeiro, Globo, 1945.
3. Carlos Reis, *Estatuto de Perspectivas do Narrador na Ficção de Eça de Queirós*, Coimbra, Almedina, 1975, p. 378.
4. Carlos Reis, *op. cit.*, p. 363.

160   ESTUDOS DE LITERATURA BRASILEIRA E PORTUGUESA

vras: "ante as inclinações fisiológicas do seu ser orgânico e as forças exterio-res que sobre ele atuam, o desgraçado é uma coisa que se deixa ir"[5].

Já para João Gaspar Simões, Gonçalo parecia psicologicamente incon-vincente: "em toda a obra do romancista não há maior títere que este Gonça-lo Ramires"[6]. E o mesmo pensava, em 1945, António José Saraiva, para quem o protagonista de *A Ilustre Casa* era uma personagem sem "personalidade própria", que apenas obedecia a um "esquema preconcebido"[7].

Em termos morais, o resultado da análise a que a personagem é subme-tida produz, segundo Simões, um ser algo desprezível, senão mesmo incon-gruente:

quando é bom, generoso e humano, Ramires não dá por isso; age naturalmente. [...] Pelo contrário, quando é cobarde, acomodatício ou torpe, é-o de forma tão refletida, tão ponderada, tão consciente que, a não ser um novo Maquiavel, só poderá ser um cretino[8].

E Beatriz Berrini, que o descreve como "um ambicioso de poder, que tudo sacrifica para conseguir subir politicamente ou para obter a sonhada fortuna, inclusive a honra, sua e da irmã", também o considera "um covarde, que pelo romance afora, quase até o final, é alguém dominado pelos outros, temeroso de tomar esta ou aquela atitude".

O retrato moral de Gonçalo não é melhor em outros textos importantes da bibliografia sobre o romance: trata-se sempre, em medida variável, de um patife. A divergência única diz respeito à extensão temporal da sua canalhice. Para alguns, a história de Gonçalo é a de uma metamorfose e a personagem finalmente se redime e reforma; para outros, não há qualquer transformação profunda. Entre os primeiros está a maior parte da fortuna crítica, que seria, por isso mesmo, ocioso referir; entre os segundos, o caso mais ilustrativo é o de Marie-Hélène Piwnik, que não precisa senão de um texto muito breve para demonstrar de forma muito convincente que, sob todos os aspectos, Gonçalo é um "degenerado", sem nenhum momento de grandeza, nem pers-pectiva de regeneração[9].

---

5. António Sérgio, "Sobre a Imaginação, a Fantasia e o Problema Psicológico-moral na Obra Nove-lística de Eça de Queirós", em *Ensaios*, Lisboa, Sá da Costa, 1980, vol. VI.
6. João Gaspar Simões, *Vida e Obra de Eça de Queirós*, 3. ed., Lisboa, Bertrand, 1980, p. 656.
7. António José Saraiva, *As Ideias de Eça de Queirós*, 2. ed., Lisboa, Bertrand, 1992, p. 51.
8. João Gaspar Simões, *op. cit.*
9. No que diz respeito ao primeiro grupo, mencione-se apenas que Óscar Lopes e A. J. Saraiva estão entre os que entendem que Gonçalo passa por uma "metamorfose moral" (*História da Literatura Portuguesa*, 17. ed., Porto, Porto Editora, pp. 882-883. O texto de Piwnik é o seguinte: "Gonçalo

UM PATIFE ENCANTADOR? 161

Esse conjunto de defeitos torna Gonçalo, como reconhece Beatriz Berrini, "alguém que deveria merecer a nossa reprovação moral e não o nosso apreço"[10]. Sem dúvida. Mas o modo verbal da frase já deixa ver que essa personagem, apesar de toda a sua configuração moral negativa, pode ainda receber o apreço do leitor. E é de fato o que ela afirma, logo em seguida:

> Todavia, Gonçalo é uma personagem encantadora, dotado de extrema sedução, que nos conquista justamente pela sua fraqueza, que ele não deixa de reconhecer e que o leitor acompanha graças ao monólogo interior. Como não perdoar e amar este jovem fidalgo, consciente e arrependido, enredado nas preocupações de uma carreira político-social e, simultaneamente, apegado ainda aos códigos de sua classe? Fidalgo de uma nobreza genuína, mais antiga que o reino, aparece ao mesmo tempo muito próximo dos pequeninos, dos humildes, dos subalternos. Como escapar ao seu peculiar encanto?[11]

É claro, portanto, que há aqui um problema. Depois de traçado o retrato psicológico e moral de Gonçalo, o que exatamente significa o movimento de adesão emocional que a autora descreve neste trecho? Que ele existe, fica evidenciado porque esse trecho foi escrito. Que não é idiossincrático revela-o sem lugar para dúvida a leitura da fortuna crítica do livro. De fato, não só a "metamorfose" de Gonçalo, a sua "regeneração" é descrita em vários textos de forma muito positiva, quando não entusiasmada, mas ainda se viu muito reiteradamente em Gonçalo uma personificação do próprio Eça de Queirós – o que seria inimaginável se a personagem fosse univocamente canalha ou irresponsável[12]. Esses testemunhos atestam a aura sedutora de Gonçalo. A pergunta a responder é, portanto: o que é que, no livro, produz ou estimula a adesão do leitor à personagem Gonçalo?

Mendes Ramires: História de uma Degeneração", em *Eça e Os Maias Cem Anos Depois*, Porto, Universidade do Porto, 1990, pp. 221-226.

10. Beatriz Berrini, "Introdução Geral", em J. M. Eça de Queirós, *Obra Completa*, Rio de Janeiro, Aguilar, 1997, vol. I, p. 61.

11. Beatriz Berrini, "Nota", *op. cit.*, pp. 220-221.

12. Textos em que a idéia de metamorfose do protagonista vem para o primeiro plano são, por exemplo, os assinados por Lélia Parreira Duarte, Maria Teresa Pinto Coelho e por Paulo Franchetti, no volume *150 Anos com Eça de Queirós*, São Paulo, CEP/USP, 1997. Alguns textos em que se aceita ou propõe a identificação Eça/Gonçalo são: o livro de Álvaro Lins há pouco referido, o de Viana Moog (*Eça de Queirós e o Século XIX*, Rio de Janeiro, Nova Fronteira, 1977) e o de Laura Cavalcante Padilha (*O Espaço do Desejo*, Brasília, Editora da UnB, 1989).

Primeira Tentativa de Resposta: O Meio

Uma das maneiras de o romance produzir a adesão do leitor à personagem Gonçalo poderia ser o acentuado contraste que nele se estabelece entre o protagonista e o seu ambiente. Gonçalo é moralmente fraco; é mesmo bastante cínico e calculista; e também não resta dúvida de que ele não se destaca nem pela cultura, nem pelas realizações pessoais. Tem, entretanto, pelo menos um momento de bondade desinteressada e suas crises de arrependimento denotam alguma consciência do seu caráter miserável. Para gostar dele parece ser preciso, como anota Beatriz Berrini na frase citada no início deste texto, "perdoá-lo". Uma das formas de perdoá-lo é justificá-lo. E um dos caminhos para isso é a constatação de que as demais personagens do romance não são melhores do que ele. E não o são porque ou são inferiores a Gonçalo em caráter, ou nem chegam a ter qualquer densidade psicológica. André Cavaleiro, por exemplo, é uma figura vulgar, quase repelente na sua prepotência. Barrolo é um rústico pouco elegante e ainda menos inteligente do que elegante. As irmãs Lousadas são desprezíveis moralmente, além de muito feias de corpo e de caráter. Graça não tem muita substância anímica: nem sequer parece ter dúvidas íntimas ou remorsos. As demais personagens, mesmo as mais simpáticas como o padre Soeiro, não aparecem retratadas de corpo inteiro, mas são apenas perfis fixos, com valor imutável.

Essa percepção é, evidentemente, produzida pela específica conformação do foco narrativo do romance. Durante quase todo o livro, o mundo é, direta ou indiretamente, avaliado pelo olhar de Gonçalo, e até o final do penúltimo capítulo, o leitor sabe o que Gonçalo sabe, e pouco mais. Por estar tão colado o foco narrativo à perspectiva da personagem, é muito freqüente o trânsito do discurso indireto livre para o monólogo interior. De modo que as informações que o leitor tem sobre o ambiente de Gonçalo são mediadas pela sua consciência, apresentadas em função dos seus interesses e expectativas.

Cabe assim à "focalização interna" o papel principal na captação da simpatia do leitor. E ela o faz não apenas porque lhe dá uma visão muito rebaixada do meio em que se move a personagem, mas também porque lhe representa os vários movimentos mentais da personagem. Vendo pelos olhos de Gonçalo, o leitor participa da sua repulsa pelo ambiente provinciano, desprovido de dignidade, inteligência e densidade moral. Junto com ele, anseia pela tal fenda no muro que empareda no "buraco rural" um homem que, apesar de tudo, reúne algumas poucas qualidades e tem um par de gestos dignos. E por isso mesmo é levado a entender todos os gestos mais ou menos ignóbeis de Gonçalo como uma tentativa de jogar segundo as regras do jogo do ambiente do qual procura se evadir. Contrariamente ao que parece ter sentido João Gaspar Simões, essa personagem que é boa quando segue o instinto e má quando segue os cálculos racionais – mais que isso: que se dá bem quando segue o instinto e se dá mal quando age calculadamente – nada tem de maquiavélica, e só é cretina enquanto tenta se adaptar a um meio que é apresentado ao leitor como inferior a ela. Ou seja: é uma personagem de extração romântica, e, sem ter grandes qualidades pessoais, ainda assim se constitui, por causa do meio em que se situa, como mais um agrilhoado que anseia – e o leitor com ele – por libertação.

Mas não é apenas a "focalização interna" que sublinha o contraste entre o protagonista e o seu ambiente. Em vários momentos da narrativa, o ponto de vista se inverte, e o que é oferecido ao leitor é a representação que de Gonçalo têm algumas personagens representativas do meio em que ele vive. A cena em que se dá essa inversão de perspectiva de modo mais forte e evidente é a que encerra o romance. Mas há várias outras, mais ou menos filtradas pela consciência de Gonçalo, como, por exemplo, o encontro de Gonçalo com Cavaleiro na sede da Administração ou os vários relatos indiretos das manifestações populares por ocasião das eleições.

O resultado desse contraste é um argumento deste tipo: ainda com toda a sua canalhice, Gonçalo parece mais digno (ou pelo menos mais completo e, por isso, mais humano) do que as personagens com as quais convive.

Mas há ainda um aspecto a considerar nas relações do protagonista com o seu meio: o espelhamento dos olhares. Em várias ocasiões, principalmente no final do romance, esse olhar de fora é contemplado pelo próprio Gonçalo, que se surpreende por ser alvo de tanta admiração e amor. Desses momentos de gratificação, o mais forte é a apoteose da eleição, em que Gonçalo é celebrado com foguetes e seu retrato é levado como uma bandeira por uma procissão. No que diz respeito à imagem que têm do protagonista as demais personagens, não há como o leitor não reparar em como são pequenos os atos de Gonçalo que lhe granjeiam afeto e respeito tão grandes. Abrigar da chuva uma criança cujo pai traíra e mandara para a cadeia torna-o quase um anjo. Uma cesta de flores que envia a uma menina torna-o um primor de gentileza e boa educação. E ceder a sua montaria a um homem ferido é um ato de tal maneira inaudito que produz uma espécie de santificação popular. Os atos são irrisórios, mas não os efeitos que produzem. Daí que possa parecer necessário buscar uma explicação para a desproporção entre eles. É certo que entre Gonçalo e Cavaleiro se estabelece um contraste muito claro: de um lado, o fidalgo de velha cepa, decadente, porém elegante e paternal para com os humildes; de outro, o fidalgo recente, arrogante e brutal no trato com os inferiores. Dessa oposição, o leitor poderia retirar uma explicação para a repercussão dos gestos gentis de Gonçalo: eles seriam apenas catalisadores que poriam em ação o amor incondicional do povo pelos fidalgos velhos de Portugal. Embora já se tenha lido assim, não parece que seja a leitura mais verossímil. Outra forma de entender o sucesso popular de Gonçalo seria esta: a reação muito positiva aos seus gestos gentis indicaria apenas que era muito pouco, ou quase nada, o que se poderia esperar de um fidalgo português no final do século XIX, fosse ele de família velha ou de família nova. Seja como for, num ambiente que é sempre mesquinho, o fidalgo Gonçalo pelo menos tem a qualidade de ser sentimental e, vez por outra, generoso.

O olhar externo, assim – seja o olhar mais ou menos anônimo do povo que promove a apoteose de Gonçalo, seja o olhar do padre Soeiro no final do livro – só parece reafirmar, no romance, a qualidade fundamental e talvez única do caráter de Gonçalo: a bondade, que o torna amorável apesar dos graves defeitos que possui.

Ao lado desse olhar externo, ou, melhor, precedendo esse olhar externo, há o olhar introspectivo do próprio protagonista, que se desnuda e se acusa perante o leitor. Do ponto de vista dos ângulos pelos quais é visto Gonçalo, a história desse romance é a história da incorporação do ponto de vista externo pelo ponto de vista interno. O destino da personagem está completo quando ela compreende como era olhada pelos outros. Ou, melhor, quando consegue olhar para si mesma da forma como era e é olhada pelos outros; quando vê que é espontaneamente amada e não necessitava dos subterfúgios torpes para conseguir o que queria conseguir. Nesse momento, interrompe-se a focalização interna, e Gonçalo passa a ser apenas matéria de relatos de terceiros.

Acompanhando, de um lado, o olhar introspectivo auto-referenciado e, do outro, o olhar externo mais ou menos anônimo (que desde o começo se carrega de expectativas que aparentemente se vão realizando até terminar em apoteose), está o olhar do leitor. O que ele vê é o sentido da incorporação de um no outro, o sentido da realização das expectativas. E esse sentido é um só: promover a coincidência das espontaneidades. É essa coincidência que se desenha ao longo do texto como desejo difuso de restauração da ordem. E é a bondade espontânea de Gonçalo, assim promovida a princípio de ordenação ou reordenação do mundo, que permite que um acontecimento boçal como uma eleição provinciana possa ser credivelmente apresentada como um momento de apoteose que produz a única reflexão elevada da personagem Gonçalo, que é a meditação a que se dedica no alto da Torre.

Segunda Tentativa de Resposta: Raça e Paisagem

Logo no início do romance, o narrador traça a história dos Ramires, que é homóloga à de Portugal. Entretanto, os Ramires não são, como os heróis de Oliveira Martins, hegelianas encarnações de forças coletivas. Não são símbolos ou singularizações de forças existentes no corpo político da nação. Por isso se afirma tantas vezes que a sua Casa é anterior a Portugal, e por isso também na sua história está escrito: "Já, porém, como a nação, degenera a nobre raça". Não *por causa da* nação. Nem mesmo *junto com* a nação. A relação é de homologia, e não de causa/efeito ou de identidade. Os Ramires são alguma coisa de mais antigo do que a constituição política do reino: são a encarnação do fundo primitivo, da *raça* portuguesa.

Gonçalo é o último representante dessa família. A sua história pessoal pode ser compreendida como uma história de recuperação das origens, de recuperação da vitalidade da *raça*. Nesse enredo, o momento da virada é a recusa do título de marquês de Treixedo que lhe é oferecido pelo rei, por intermediação de André Cavaleiro. Na sua resposta, diz Gonçalo: "ainda não havia Reis de Portugal, nem sequer Portugal, e já meus avós Ramires tinham solar em Treixedo". E baseado no privilégio da antiguidade, propõe-se, ao invés de aceitar o título, conceder um semelhante ao rei de Portugal. Na seqüência, vem a eleição triunfante e a meditação noturna, em que Gonçalo sente "como se a energia da longa raça, que pela Torre passara, refluísse ao seu coração". E por fim, no fecho do livro, depois de Titó afirmar que Gonçalo tem vários defeitos, mas também "tem a raça que o salva", Gouveia ainda reitera, como traço que identifica Gonçalo a Portugal, "aquela antiguidade de raça, aqui pegada à sua velha Torre, há mil anos..."

Tudo isso quer dizer apenas que, se Gonçalo é uma alegoria de Portugal, é uma alegoria fundada numa identificação que não se faz no nível da nação, das forças políticas e sociais, mas no nível da *raça*, do substrato étnico ou emocional que Eça reconhecia sob esse nome. Assim sendo, o sentido apoteótico da eleição pode ser entendido como uma renovação do clã primitivo, uma celebração da atualização da energia da velha e longa *raça* portuguesa.

Vendo por esse ângulo, não seria possível que, para um certo tipo de leitor, um convite à adesão emocional estivesse justamente na encenação de uma recusa ao mundo político e moderno, e de uma concomitante revivescência do laço profundo, do afeto que solda, na imaginação romântica, as pessoas de um mesmo sangue? Na trajetória de Gonçalo não se passa do mundo da humilhação frente aos poderes constituídos ao mundo do afeto desinteressado, ao mundo menos racional, em que ainda está latente a antiga vassalagem ao representante mais legítimo da *raça*? No momento do "triunfo" político de Gonçalo, a história também não se deixaria ler como alegoria do afeto irracional que une o líder do clã e os seus seguidores? Nesse caso, a eleição de Gonçalo pode ser vista como a afirmação do mesmo tipo de valores que ele tentara recuperar na sua novela sobre os antepassados. Talvez não seja esse um grande apelo à simpatia do leitor em geral, mas sem dúvida é um convite à adesão emocional de leitores sensíveis ao anseio regressivo e romântico à ordem feudal, pré-moderna: à ordem "natural".

Seguindo essa linha de leitura, seria preciso destacar a maneira como é construída a frase final do romance. Nela, padre Soeiro, voltando à Torre, a esse lugar-símbolo da ordem feudal e da *raça* antiga, ergue uma prece (nesta ordem) para Gonçalo, todos os homens, os campos e casais e "para a terra formosa de Portugal, tão cheia de graça amorável". A prece de padre Soeiro, que pouco antes destacara entre as qualidades de Gonçalo a de ser "amorável", reitera assim a identidade dos Ramires e Portugal, estabelecida no início do romance e reforçada na fala de Gouveia. Mas reitera a reversibilidade afetiva entre um e outro. Como se gostar de Gonçalo e gostar de Portugal fosse mais ou menos a mesma coisa.

A cena final tem grande impacto sensório. Gonçalo, com a sua elegância mundana, seu casamento por interesse, seu destino incerto como fazendeiro na África, é apenas uma imagem ao fundo. Desde a meditação na Torre, no final do capítulo XI, ele deixa de comandar a perspectiva narrativa. Na verdade, desaparece praticamente do romance, e dá lugar à narração dos quatro anos da vida de Gracinha, desde a partida do irmão. São anos vazios, e a focalização na irmã do protagonista acentua o caráter melancólico de uma vida que se reduz, como o divã queimado, a lembranças e a cinzas. Ou seja: sem Gonçalo, a mediocridade da vida provinciana de Gracinha vem subitamente para primeiro plano. A primeira parte do capítulo final é, por tudo isso, uma quebra brutal de ritmo. Um momento deceptivo, após a apoteose da meditação na Torre, mas que por isso mesmo deixa na sombra que Gonçalo esteve, como deputado, e está, como possível ganhador de um grande dote, muito longe de se tornar tudo o que naquela noite sonhou ser. Na seqüência, narram-se os preparativos para receber Gonçalo, as melhorias na quinta. É o ressurgir da vida na velha Torre. Daí a poesia intensa daquele entardecer em que o leitor reencontra três personagens bem conhecidas e sente que, de alguma forma, o ambiente do romance se está de novo recompondo. Que seja Gonçalo o ponto de fuga dessa composição bucólica que termina em piedade e oração pode ser visto como o arremate de uma longa estratégia de sedução, montada ao longo dos onze capítulos precedentes.

Terceira Tentativa de Resposta: O Conjunto Incongruente

A Ilustre Casa é um romance de personagem. Em certo sentido, é mesmo um "romance de formação"[13]. Assim sendo, a forma como se compreende o sentido da história da figura central, e o que com ela se formou, tem grandes implicações na apreciação do romance como um todo.

Num texto já referido aqui, António José Saraiva, depois de afirmar que Gonçalo é uma personagem que "obedece a um esquema preconcebido", completa a crítica com esta frase que, dita por ele, equivale a uma reprovação: "é um personagem simbólico, quase alegórico"[14]. Do seu ponto de vista, o desenho "simbólico" não distingue *A Ilustre Casa* do conjunto da obra de Eça, pois esse modo de construir personagens, situações e enredos é, na sua opinião, que tem a preferência do escritor. O que diferencia este romance e lhe parece francamente intolerável é o que aqui designa como "quase alegórico", isto é, o "esquema" que torna esse romance ainda mais distante da perspectiva realista:

> *A Ilustre Casa de Ramires* vai até o ponto de conter uma explicação final do simbolismo do protagonista posta na boca de um dos personagens – exatamente como se este fosse uma figura alegórica acompanhada de uma tabuleta com o respectivo nome e explicação.

Não foi apenas A. J. Saraiva que condenou veemente essa "tabuleta", que é a fala de Gouveia. Álvaro Lins julgava-a "um corpo estranho que pede processo operatório", pois "em romance nada se defende nem se explica". Mas, se para Álvaro Lins talvez bastasse a extirpação que sugere, para A. J. Saraiva essa subtração não eliminaria o defeito central do romance. É que seu reparo se estende à estrutura mesma da trama e à própria forma de composição:

---

13. Uma análise de *A Ilustre Casa* como romance de formação se encontra no livro de Laura Cavalcante Padilha.

14. António José Saraiva, *As Ideias de Eça de Queirós, op. cit.*, p. 51.

nesse livro, escreve ele, tudo "é pensado, sobreposto e encaixado como as pedras de um edifício"[15]. A crítica repousa, assim, numa acusação de maquinismo, de construção racional, a que se opõe um ideal de construção "orgânica" da trama e das personagens. Gonçalo, portanto, lhe pareceria necessariamente uma personagem falhada (como parece a Sérgio e a Simões), ainda que não houvesse a explicitação final da leitura alegorizante. E lhe pareceria falhada pela mesma razão que lhe parece falhada a estrutura do romance: porque o seu ponto de vista (como o de Sérgio e o de Simões) privilegia a "naturalidade" da personagem, isto é, privilegia a verossimilhança realista, fundada na coerência da personalidade. Daí que anote: "o desfecho, embora não tenha qualquer verossimilhança psicológica, é profundamente lógico e coerente com todo o pensamento do livro"[16]. E é lógico e coerente porque é artificial e, no limite, falso: "porque seria errôneo pensar que Eça aconselhava a África como programa aos Portugueses do seu tempo. A África aparece nesse romance como um alçapão providencial". Ou seja, além de condenar o alegorismo do livro e da personagem, ainda argúi a mensagem alegórica de falsa, vendo na saída para a África apenas um *deus ex machina*. Ao invés de manter a análise dentro do limite das instâncias narrativas, portanto, Saraiva faz a discussão regredir para a contraposição entre o que está expresso no livro e o que seria a convicção real do cidadão Eça de Queirós. É a última forma de recusa à validade da perspectiva alegorizante. A última de uma série de contraposições entre a perspectiva ficcional alegórica e a perspectiva da verdade realista que lhe permitem concluir pela falência do romance.

Alguns anos depois, uma aproximação crítica como a de Saraiva praticamente deixou de existir. O interesse não está mais no que Gonçalo *é* como ser moral. O olhar se desloca para o que ele *personifica*, para o que ele *representa* no tecido ficcional. Isto é o mesmo que dizer que, numa clave política, psicanalítica ou mitológica (ou mesmo no velho registro biografizante), o modo atual de ler é alegórico; é o mesmo que dizer que o paradigma da aferição realista parece ter entrado em desuso. As incongruências na personalidade de Gonçalo, apontadas pela geração de António José Saraiva, parecem ter sido deslocadas para o segundo plano de interesse e substituídas por uma leitura, digamos, "integradora". Assim, se Ramires é uma personificação de Portugal, ou uma personificação de um processo de individuação ou de um percurso iniciático, ou ainda um lugar de atualização de "estruturas míticas arquetípi-

---

15. *As Ideias...*, p. 50.
16. *Op. cit.*, p. 150.

cas"[17], e se, na análise dos movimentos mentais e das ações de Gonçalo, ele ainda nos aparece como um calhorda ou um parasita social, essas características só terão interesse se colocadas em função de um quadro alegórico amplo. Sendo seus defeitos de caráter lidos como índices que apontam para elementos identificados no quadro histórico-social de depois do Ultimatum, sendo sua incongruência facilmente assimilada ao que de fato parece interessar, que é um processo transcendente, do qual Gonçalo é apenas um elemento ou um palco, o leitor de hoje tem menos resistências que o do tempo de Saraiva ou António Sérgio. Tem, portanto, muitas possibilidades mais de aderir, mesmo que episodicamente, à personagem sobre a qual se concentra o foco narrativo.

Quarta e Última Tentativa de Resposta: Heroísmo e Intimidade

Para encerrar, voltemos à idéia que abre a parte anterior: *A Ilustre Casa de Ramires* pode ser lida como um romance de formação. A questão que se apresenta agora é: nesse romance de formação, o que ou quem se forma?

Essa pergunta equivale a indagar qual é o sentido da transformação de Gonçalo, depois da visita dos antepassados, da briga de estrada e do sucesso nas eleições. Uma resposta que o próprio romance dá é esta: Gonçalo perde "a desconfiança, essa encolhida desconfiança de si mesmo", que experimentara durante tantos anos e que, no momento da peripécia, julga ter sido a causa de todas as suas fraquezas e atos torpes anteriores. E o que muda nele com isso? Aparentemente, o que muda é que ele pode, sem deixar de ser um jovem muito elegante, sem deixar de ser um nobre de antiga nobreza respeitado por todos seus pares, atirar-se a uma empresa muito mais própria de um burguês e, finalmente, namorar uma senhora rica, mas de classe inferior. Mas já antes da reviravolta no seu destino não era exatamente isso o que ele se dispunha a fazer? Não planejara o casamento com a neta do açougueiro? Não buscara os votos dos povos para se eleger deputado constitucional? Não negociara desonestamente a renda das suas terras? E não continuara sendo o jovem amorável, o fidalgo de velha casta, admirado por quase todos?

A mudança que se opera em Gonçalo é, pois, uma transformação basicamente psíquica, uma mudança de ânimo, uma "infusão" de coragem, de

---

17. Cf. Maria Teresa Pinto Coelho, "*A Ilustre Casa de Ramires* e a Questão Africana: Entre a História e o Mito", em *Apocalipse e Regeneração: O Ultimatum e a Mitologia da Pátria na Literatura Finissecular*, Lisboa, Cosmos, 1996.

autoconfiança. As causas da mudança permanecem inexplicadas. Talvez a escrita de uma novela, metade plágio e metade pastiche de obras alheias, em que vivencia seguidamente os choques entre a fantasia compensatória e a realidade deceptiva seja uma causa. Talvez uma miragem que teve em certa noite de extrema depressão, quando se sentia mais esmagado pela consciência do seu caráter fraco e da sua vida falhada. De qualquer forma, a mudança parece provir de sua própria atividade imaginativa, pois alguns dos fantasmas do desfile noturno só eram reconhecíveis e identificados individualmente porque Gonçalo, na sua história ou nas suas divagações, assim os havia imaginado: "reconhecia as feições dos velhos Ramires [...] por ele assim concebidas, como concebera as de Tructesindo, em concordância com a rijeza e esplendor dos seus feitos".

Gonçalo é, portanto, um herói que se faz por si mesmo, após uma grande purgação. Que se sente herói por uma súbita transformação em que tem um grande papel a imaginação. É verdade que é pouco o que obtém depois. Mas já é mais do que possuía antes e, de qualquer forma, o que parece central é a percepção que tem de si mesmo após a transformação. Mais do que um herói por si mesmo, Gonçalo é, assim, um herói para si mesmo. Quando se torna autosatisfeito, cessa o monólogo interior auto-acusatório. A focalização na personagem, que dava o tom do discurso irônico, deixa de ser necessária e a ironia do narrador desliza para outros elementos compositivos ou, como pensam Óscar Lopes e A. J. Saraiva, desaparece completamente.

Nesse momento de pacificação das tensões discursivas, o leitor pode sentir-se mais propenso a aderir afetuosamente ao sujeito humilde que, após um longo período de provações, finalmente triunfa sobre si mesmo e varre do seu caráter o defeito mais grave, que era a covardia. E assim, quando os três provincianos se despedem, depois de fechar o romance com a louvação da bondade e do sucesso real ou imaginário de Gonçalo, e depois de explicitado que o último Ramires é uma personificação de Portugal e, portanto, seus defeitos ou são alegorias ou são os defeitos de todos os demais, apenas sintetizados no derradeiro exemplar da família mais antiga do Reino, tem o leitor de reunir todas as suas forças para não aquiescer com a cabeça e não se juntar ao padre Soeiro na sua prece pela paz de Deus a Gonçalo e à boa terra de Portugal.

Se o fizer, desempenhará o papel que lhe parece reservado desde o começo pelo narrador: se não o de cúmplice, pelo menos o de testemunha, condescendente ou enternecida, das desventuras, das trapaças e do ambíguo triunfo de Gonçalo, por seu intermédio alçado da categoria de patife provinciano à de herói modesto, porém adorável.

10

O *PRIMO BASÍLIO* E A BATALHA
DO REALISMO NO BRASIL

O Primo Basílio foi posto à venda em Portugal em fevereiro de 1878[1]. Cerca de um mês depois, na *Gazeta de Notícias* do dia 25 de março, aparece publicada a primeira nota sobre ele na imprensa brasileira[2]. Trata-se de um artigo do escritor português Ramalho Ortigão, correspondente do jornal carioca.

Datado de Lisboa, 22 de fevereiro, traz já para o centro do debate a questão da imoralidade do romance, que será a tônica da maior parte dos textos publicados nos meses seguintes.

Segundo Ramalho, os pontos altos do livro são o estilo e a construção das personagens Luísa e Juliana. Já os defeitos seriam três: a figura de Basílio, a crueza das cenas e dos temas e a ausência de paixões fortes nas personagens.

Ramalho não julgava bem construído o caráter de Basílio, porque não lhe parecia verossímil que um português que viera para o Brasil, voltara rico e estava em Lisboa a negócios, pudesse ter uma compleição moral como a que Eça lhe atribui. As virtudes do trabalho, que o teriam enriquecido, não

---

1. No dia 28 de fevereiro, segundo Guerra da Cal; no dia 21, segundo o artigo de Ramalho Ortigão.
2. A respeito da recepção do romance na imprensa carioca, consulte-se o trabalho de Francisco Maciel Silveira, no *Suplemento ao Dicionário de Eça de Queirós* (Lisboa, Caminho, 2000), nos verbetes "*O Primo Basílio*: Uma Campanha Alegre" e "*O Primo Basílio*: Uma Sensação Nova na Imprensa Carioca em 1878". Este texto, que retoma ambos os verbetes, pretende ser, no que toca ao aspecto documental, uma contribuição ao que neles veio já disposto, por meio da inclusão, no quadro, principalmente dos textos da Guerra do Parnaso e do texto de Neotes, todos do *Diário do Rio de Janeiro*.

combinariam com a sua afetação de toalete, nem com a canalhice do seu comportamento com Luísa.

Esse era o primeiro defeito do livro. O mais grave, porém, era o que apontava na seqüência: a objetividade despudorada de muitas passagens:

a delicadeza do gosto [escreve ele] revolta-se muitas vezes contra essa fidelidade sistemática dos pormenores. As cenas d'alcova são reproduzidas na sua nudez mais impudica e mais asquerosa. As páginas que as retratam têm as exalações pútridas do lupanar, fazem na dignidade e no pudor largas manchas nauseabundas e torpes como as que põem nos muros brancos os canos rotos.

E com esta terceira ressalva, completava a lista dos defeitos: "com exceção de Juliana, a única pessoa forte do livro, as paixões dos outros, para assim dizer negativas, não são feitas de força, como as paixões de Balzac, são feitas de acumulações de fraquezas".

O livro de Eça, de que foram impressos três mil exemplares, não parece ter demorado mais do que algumas semanas para estar acessível no Brasil. De qualquer forma, a fama de obscenidade precedeu a chegada do volume, e já parecia instalada poucos dias depois do artigo de Ramalho.

De fato, em 6 de abril, na primeira edição de um novo periódico ilustrado, intitulado *O Besouro*, uma piada expunha o ponto-chave da recepção do livro:

Encarecendo o merecimento do romance *O Primo Basílio*, de Eça de Queirós, dizia anteontem no ponto dos bondes um cavalheiro a uma dama:
– V. Exª não faz uma idéia! Que verdade, que estudo e que observação tem *O Primo Basílio*! Tudo aquilo são cenas que podem um dia acontecer entre mim e V. Exª.

Estava dada a partida para o que seria uma polêmica de grande repercussão.

Na seqüência, a *Gazeta* publica, em 12 de abril, um texto assinado por "L.", pseudônimo do diretor do jornal, Ferreira de Araújo, que ressalta, como Ramalho, as qualidades do estilo de Eça e repisa a questão moral.

No que diz respeito às personagens, Ferreira de Araújo não vê nelas nenhuma inconsistência. Pelo contrário, entende que, se há algum problema na sua construção, é o da excessiva consistência, que tende a transformá-las em tipos, ou, como também diz, em sínteses generalizadoras: "*escolheu* – escreve – dentre todas as criadas, as qualidades com que devia criar a sua".

O problema central do romance, para Ferreira de Araújo, é o valor educativo. A exibição do vício, da depravação não lhe parece a melhor estratégia para a reforma dos costumes:

> que a sociedade precisa modificar-se, ela própria o sabe; mas o que ela não deseja nem quer é que se ensine a toda ela o que só alguns dos seus miseráveis membros sabem; membros que se não regeneram nem melhoram, e que serão com certeza os mais assíduos leitores das páginas do *Paraíso*.

Daí decorre a condenação do efeito de objetividade narrativa, característico da escola, que, ao invés de excluir o feio e o desagradável, busca-o com predileção. Por conta dessa característica, Araújo restringe o valor moral do livro à segunda parte, na qual a "moralidade da fábula" lhe parece positiva: "as torturas que o adultério faz sofrer à esposa [...] são escritas com mão de mestre, e seria um salutar remédio que devia ser aplicado a todas, que estão a pique de perder-se".

Sua apreciação do caráter do romance é, por isso mesmo, muito matizada, conduzindo ao flerte com a censura: "este livro devia ser receitado, na sua última parte, como preservativo; mas devia ser como os remédios aplicados na ocasião própria, e não a torto e a direito".

E termina por uma observação irônica, que será depois retomada e celebrizada por Machado de Assis:

> Haverá muitos que julgarão que a obra do Sr. Eça de Queirós não é um serviço feito às que ainda se não deixaram submergir no charco do adultério, mas uma lição às que já o fizeram; quererão ver no que produz a catástrofe, no que rasga o véu que encobre os olhos de Jorge, nessa carta que chega a propósito para a resolução da crise dramática, um conselho, um aviso, uma presunção às incautas, e tiram, como moralidade, a conveniência que as mulheres casadas têm em queimar as cartas dos amantes, para que as criadas não as encontrem no cesto dos papéis velhos.

No dia seguinte ao da publicação do texto de Ferreira de Araújo, *O Besouro* traz uma charge de Rafael Bordalo Pinheiro, na qual se vê um comendador velhote, casado com uma jovem, que lhe apresenta um janota. O diálogo é simples:

> Madame *** – O primo Quincas que volta de Paris.
> O comendador (à parte) – Mau... mau...

Três dias depois, em 16 de abril, é publicado em *O Cruzeiro*, sob o pseudônimo Eleazar, o primeiro artigo de Machado de Assis: "Literatura Realista – *O Primo Basílio*, Romance do Sr. Eça de Queirós".

Nesse texto, tão conhecido que dispensa comentários detidos, Machado começa por criticar o livro anterior de Eça, *O Crime do Padre Amaro*, por tratar o "escuso" e o "torpe" com um "carinho minucioso", por relacioná-los com uma "exação de inventário"[3]. E continua pela afirmação de que *O Primo Basílio* é uma reincidência devida ao sucesso do primeiro.

Na seqüência desenvolve a crítica em três flancos.

O primeiro é propriamente estético: a inconsistência moral da personagem Luísa, que seria apenas um títere, sem vontade nem organicidade.

Desse primeiro decorreria o segundo defeito, que é a ausência de ensinamento ou mesmo tese. Retomando, a esse propósito, o artigo de Ferreira de Araújo, escreve:

Se o autor, visto que o Realismo também inculca vocação social e apostólica, intentou dar no seu romance algum ensinamento ou demonstrar com ele alguma tese, força é confessar que o não conseguiu, a menos de supor que a tese ou ensinamento seja isto: – A boa escolha dos fâmulos é uma condição de paz no adultério.

Por fim, o terceiro defeito, o ponto que Machado qualifica de "grave", "gravíssimo": a imoralidade do romance, que chega "ao extremo de correr o reposteiro conjugal", de talhar "as suas mulheres pelos aspectos e trejeitos da concupiscência", de ressaltar a sensualidade. O aspecto impudico do livro é o ponto central da crítica de Eleazar: "o tom é o espetáculo dos ardores, exigências e perversões físicas", diz ele.

Evidentemente chocado, termina por um alarma: se Eça de Queirós continuar a escrever outros livros como *O Primo*,

o Realismo na nossa língua será estrangulado no berço; e a arte pura, apropriando-se do que ele contiver aproveitável (porque o há, quando não se despenha no excessivo, no tedioso, no obsceno, e até no ridículo), a arte pura, digo eu, voltará a beber aquelas águas sadias d'*O Monge de Cister*, d'*O Arco de Sant'Ana* e d'*O Guarani*.

O "espetáculo dos ardores", denunciado por Machado, tem um ponto alto, que forneceu assunto a muitas charges e piadas. Trata-se de uma cena no "Paraíso", no capítulo VII. É esta:

[Basílio] ajoelhou-se, tomou-lhe os pezinhos entre as mãos, beijou-lhos; depois, dizendo muito mal das ligas "tão feias, com fechos de metal", beijou-lhe respeitosa-

---

3. Em outras ocasiões, ocupei-me especificamente desse texto: na "Introdução" a Eça de Queirós, *O Primo Basílio*, São Paulo, Ateliê, 2001 (reproduzida neste volume); e em "Eça e Machado: Críticas de Ultramar", *Cult – Revista Brasileira de Literatura*, São Paulo. n. 38, setembro de 2000.

mente os joelhos; e então fez-lhe baixinho um pedido. Ela corou, sorriu, dizia: não! Não! – E quando saiu do seu delírio tapou o rosto com as mãos, toda escarlate, murmurou repreensivamente.

– Oh Basílio!

Ele torcia o bigode, muito satisfeito. Ensinara-lhe uma sensação nova: tinha-a na mão!

Por conta dessa cena, a expressão "sensações novas" invadiu a mídia carioca.

No dia 20 de abril, *O Besouro* publica uma historieta assinada por certo dr. Calado. Basílio vai para o Paraíso e lá se encontra com Pio IX (que morreu em fevereiro daquele ano de 1878 e se notabilizou, além do seu reacionarismo, por ter proclamado o dogma da Imaculada Conceição).

Perfumado, Basílio ataca S. Pedro, que desmaia numa nuvem. Quando S. Pedro acorda, encontra Basílio cofiando os bigodes, como na cena famosa com Luísa. Basílio lhe diz que o desmaio foi causado pelo "perfume de Lubin". E S. Pedro retruca: "Meu querido Basílio, [...]! Tens-me na mão! Ensinaste-me uma sensação nova! [...]"

No desenlace, Basílio foge do céu ao se ver ameaçado, por Pio IX, de ter de mostrar a sensação nova a todo o Sacro Colégio...

Nesse mesmo dia 20 de abril, a *Gazeta* traz mais um texto sério que se ocupa do romance, assinado por Henrique Chaves.

Esse homem, hoje esquecido, foi assunto de uma crônica notável de Machado, em 1893, em *O Álbum*, na qual é descrito como "o avesso do medalhão".

Chaves contesta, uma por uma, as críticas feitas por Machado/Eleazar. Seu argumento básico é que "Eleazar é evidentemente adverso à escola a que se filiou o autor do *Crime do Padre Amaro*, e necessariamente por isso é obrigado a combater a causa e o efeito, a escola e o livro". E termina por retomar, a favor da nova escola, a esperança de continuidade da herança romântica de Machado:

> É nossa crença também que a herança de Garrett se transmitirá às mãos da geração vindoura; porém o que não podemos também deixar de acreditar é que o tempo há de forçosamente ir deixando os indubitáveis vestígios da sua influência.
>
> Podem os que não aceitam o realismo formar as colunas cerradas da sua resistência, esta será inútil porque as colunas sucumbirão ao peso do grande colosso que se chama simplesmente a verdade.

No dia 23 de abril, Luís de Andrade assina, na *Gazeta*, a única ratificação de um dos pontos da crítica de Ramalho Ortigão, concordando em que Ba-

176 ESTUDOS DE LITERATURA BRASILEIRA E PORTUGUESA

sílio era um caráter improvável, pois, sendo um canalha, jamais poderia ter enriquecido no comércio...

No dia seguinte, 24 de abril, o médico Ataliba Gomensoro, sob o pseudônimo de Amenophis-Effendi, retoma e desenvolve os argumentos anti-Eleazar de Henrique Chaves, situando Machado no campo romântico e conservador: "o mundo caminha, e se alguém houvesse que aproximadamente escrevesse um romance como o *Monge de Cister* não seria esse livro tão apreciado como antes, porque já não estaria com a época, perfeitamente caracterizada".

Já então *O Primo Basílio* era o assunto por excelência da imprensa do dia. E o recém-fundado *O Besouro* aproveitava a onda.

No dia 27 de abril, o periódico traz nada menos do que cinco trabalhos centrados na polêmica do realismo. Dois dos quais trazem referências diretas a Machado de Assis.

O primeiro é um poema dedicado "Ao L. da 'Gazeta'", isto é, a Ferreira de Araújo.

O poema se intitula "As Botas de Eleazar" e consiste no achincalhe de um apólogo publicado por Machado em 23 de abril, em *O Cruzeiro*, intitulado "Filosofia de um Par de Botas"[4].

Na versão do *Besouro*, ressalta o ridículo da situação: o escritor, após um almoço excessivo, não encontra maior objeto para o seu "estilo ardente" do que as botas velhas "tão rotas! / batidas de vento e mar!". O quadro é cômico pela desproporção entre o estilo atribuído a Machado e os objetos do seu texto, que aparecem como uma versão diminuída do gosto romântico por ruínas[5].

O segundo é uma charge de Bordalo Pinheiro, intitulada "Literalogia".

Sob esse título, lê-se que a cena é o "Casamento do Comendador Mota Coqueiro e de Iaiá Garcia". No desenho, uma emotiva e lânguida Iaiá revira o olho para Basílio, que surge janota, com olhar safado. O texto da charge diz:

No momento em que Iaiá Garcia e o Sr. Mota Coqueiro *recebem* a voz, dada pelo bojudo medianeiro dos idealismos, cai, como um raio junto aos cônjuges, o *Primo Basílio* que, tendo esgotado *em sensações* novas toda a borracha do Paraguai, volta a explorar a borracha do Pará esperando igual êxito. Ao ver, porém, Iaiá Gar-

4. Reproduzido em *Obra Completa*, p. 989.
5. Esse apólogo relativamente insosso é apontado por Bosi como um dos indícios da profunda mudança de rumos da obra machadiana, que se dará com *Memórias Póstumas de Brás Cubas*. Cf. Alfredo Bosi, *História Concisa da Literatura Brasileira*, São Paulo, Cultrix, 1975, p. 198.

cia casando por conveniência com Mota Coqueiro, homem que apenas se prende às *sensações* do seu negócio, embeve-se [sic] no *tranqüilo olhar cor de rosa onde se refletem os azulados raios da argêntea lua; e suspenso em êxtase das áureas e vastas madeixas cor de cenoura da poética* Iaiá, atira para trás das costas a borracha do Pará e diz: – Estava transviado! Estou confundido. – Esta Iaiá é quem me vai dar sensações novas! Olaré!

A alusão a Machado é clara no título e sua caracterização literária na paródia da linguagem romântica em que a legenda é vazada. O "gancho" da charge é um dado temporal: a coincidência entre a publicação em folhetins de *Iaiá Garcia*, cujo último fascículo saiu em *O Cruzeiro* no dia 2 de março, e o lançamento da edição impressa em volume na mesma época em que saía o *Primo Basílio*[6].

A alegoria se baseia nisso: exatamente no momento em que Iaiá se casa no final do romance romântico, no qual é enaltecido o sacrifício de amor, chega à arena literária brasileira, fulminante, o tema do adultério e da sensualidade obscena. A distorção da cena do casamento, que aparece como conveniência, permite juntar de modo econômico os dois modelos de casamento que convivem no romance machadiano.

Do ponto de vista literário, a maior crueldade é a associação do romantismo com o interesse conservador, representado no padre, "o bojudo medianeiro dos idealismos", impotente para impor o velho decoro e conjurar a presença da componente moderna que vinha colorir o tema, com a exibição e atração das novas sensações adulterinas.

Além das referências já localizadas, deve haver ainda muitos textos por descobrir, pois no dia seguinte à charge de *O Besouro*, uma crônica da *Gazeta* registra que "têm notado os malignos que foi acabar a febre amarela e logo surgir o *basilismo*".

A polêmica séria, por sua vez, continua paralela ao alarido de escândalo da imprensa, e tem outro grande momento dois dias depois dessa nota, em 30 de abril, quando Machado de Assis responde, sempre em *O Cruzeiro*, às ressalvas de Gomensoro e Chaves.

Seu texto se concentra em duas frentes de combate: a crítica ao seu reparo sobre a consistência moral de Luísa e sobre o recurso à carta roubada

---

6. De fato, no dia 4 de abril, um anúncio em *O Cruzeiro* trazia o seguinte texto: "Iaiá Garcia por Machado de Assis – Este formoso romance, que tanta aceitação obteve dos leitores do 'Cruzeiro' saiu agora à luz em um nítido volume de mais de 300 páginas. Vende-se nesta tipografia, rua dos Ourives n. 51 e em casa do Sr. J. Gomes Brandão, rua da Quitanda n. 90".

como defeito do romance; a acusação de moralismo estreito, que lhe apresentara Gomensoro, ao mencionar o erotismo do *Cântico dos Cânticos* de Salomão. Nos dois casos, Machado se defende por meio da intensificação das razões que já apresentara no texto anterior. Sobre o remorso de Luísa, que lhe fora trazido como contra-argumento, insiste em que ele "não é a vergonha da consciência, é a vergonha dos sentidos". Já sobre o contra-exemplo do *Cântico dos Cânticos*, escreve:

ou recebeis o livro, como deve fazer um católico, isto é, em seu sentido místico e superior, e em tal caso não podeis chamar-lhe erótico; ou só o recebeis no sentido literário, e então nem é poesia, nem é de Salomão; é drama e de autor anônimo.

Por fim, insiste no problema da imoralidade do romance:

Se eu tivesse de julgar o livro pelo lado da influência moral, diria que, qualquer que seja o ensinamento, se algum tem, qualquer que seja a extensão da catástrofe, uma e outra coisa são inteiramente destruídas pela viva pintura dos fatos viciosos: essa pintura, esse aroma de alcova, essa descrição minuciosa, quase técnica, das relações adúlteras, eis o mal. A castidade inadvertida que ler o livro chegará à última página, sem fechá-lo, e tornará atrás para reler outras.

Machado ainda voltará ao assunto. Mas até que volte, dia após dia, *O Primo* permanecerá no centro das atenções literárias, com novas apreciações críticas e dando ensejo a muitas alusões marotas. Em 3 de maio, Amenophis Effendi responde ao segundo artigo de Eleazar. No dia seguinte, 4 de maio, é a vez de *O Besouro* registrar a "epidemia de basilismo". Da qual, diga-se, o periódico é um dos principais disseminadores.

Do ponto de vista dos rumos futuros da literatura brasileira é notável que, alguns dias depois, em 8 de maio, *O Primo* vá aparecer como "gancho" jornalístico para uma nova frente de polêmica sobre o realismo, agora no campo da poesia. Trata-se da "Guerra do Parnaso", um episódio importante, embora pouco referido, que passou a integrar a história literária recente quando Bandeira publicou, em 1938, o volume da *Antologia dos Poetas Brasileiros* dedicado à "Poesia da fase parnasiana"[7].

Travada majoritariamente nas páginas do *Diário do Rio de Janeiro*, a Guerra, que se estendeu depois a outros órgãos da imprensa carioca, inicia-se com este poema:

---

7. Manuel Bandeira, *Poesia da Fase Parnasiana*, Rio de Janeiro, Nova Fronteira, 1996, [1. ed., 1938].

AOS VATES DA PAULICÉIA

I
Poetas da Paulicéia,
A musa da Nova-Idéia
Tem tomado surra feia.
Que praga!
Se lhe não trazeis auxílio,
A escola que fez *Basílio*
E que baniu o idílio
Naufraga.

II
Os amigos da realeza
Têm dado bordoada tesa
Na musa da Marselhesa
Sem pena!
Poeta dos *Devaneios*!
Chegai-vos, sem mais rodeios,
Para o circo dos torneios,
À arena!
[...]

Organizavam-se na poesia também, a partir daqui, os campos da batalha: realistas de um lado, românticos de outro. E Machado de Assis, na época, segundo a percepção dos contemporâneos, militava nas hostes católicas, conservadoras e românticas.

Por isso mesmo, era objeto das sátiras dos defensores da Idéia Nova, que escreviam em *O Besouro*, no qual, em 11 de maio, outra obra sua é satirizada, num poema intitulado "Depois da Missa" e assinado por "O Mateus Aguiar".

O objeto é agora um diálogo em versos, intitulado "Antes da Missa", que Machado publicara uma semana antes, sempre n'*O Cruzeiro*[8]. Trata-se de um diálogo de duas senhoras sobre as futilidades da sua vida pessoal e social, no qual reponta, apenas ao fim e muito indiretamente, o tema da insatisfação com o casamento.

Num momento em que se apresenta como grande questão literária a consistência ou inconsistência da personagem Luísa, e no qual os jornais debatem com escândalo a linguagem despudorada de Eça, a peça machadiana,

---

8. Reproduzido em *Obra Completa*, p. 993. O pseudônimo que assina o poema é retirado do diálogo. Trata-se de um sujeito que D. Laura diz ter sido espoliado pelo próprio genro.

vazada em alexandrinos rimados e de andamento duro, que retiram naturalidade ao diálogo, deixa-se facilmente reduzir a cena galante e irrelevante. As tímidas insinuações finais, por sua vez, fornecem o alimento da sátira, cujo teor é já indicado pela inversão temporal do título, fazendo de Eleazar um beato, numa alusão ao fato de *O Cruzeiro* ter perfil católico.

O poema começa, faceto, com uma referência direta aos dois artigos de Machado sobre *O Primo Basílio*:

> Depois daquele par
>   Eleazar
> Faz tudo agora aos pares:
> Fez as *botas* – fez as *damas*
> – Umas coisas singulares.

E prossegue, identificando a escola do autor, e glosando o tema do duplo:

> Qualquer dia Eleazar
>   Deita um par
>   De dramas
> Bem românticos e iguais:
> Uns dramas duma Francisca
> Com duas mães e dois pais.

Na última estrofe, desenvolve-se o tema apenas insinuado ao final da cena machadiana, o da infidelidade conjugal.

>   E Eleazar
> Que, depois daquele *par*
> *De botas* tão singulares,
> Tão bem risca e tanto *à risca*,
> Enredando tudo aos pares,
>   Eleazar,
> É capaz de dar
>   Um par
> De maridos à Francisca.

A picada da sátira, claro, reside na utilização sardônica da palavra "marido" no plural, que se insinua como uma adaptação do tema do adultério ao suposto universo pudibundo do autor.

Também nas páginas do *Diário do Rio de Janeiro*, onde corre solta a

Guerra do Parnaso, Machado vem identificado, num poema publicado no mesmo dia 11, entre os "da velha escola":

II
Bardos da velha escola, a mim vossos perdões,
    Vossas desculpas, se
Ao *sebo* fui vender hoje *Revelações*,
    Livro que até nem li.
Se não tenho na estante a triste *Nebulosa*[9],
As *Falenas* do Assis...[10]
Passei pelo livreiro; e a musa lacrimosa
Vendiam-me; não quis.

A maior parte dos versos da Guerra tem interesse restrito. Mas é digno de registro um poema no qual a própria Guerra passa a ser objeto de piada, porque nele comparecem novamente em oposição o primo Basílio, já quase tornado substantivo comum, e *Iaiá Garcia*:

No Meu Bairro

Um pálido Basílio, um sacudido moço,
Ao lado de uma bela, esplêndida conquista,
Fazia tilintar as chaves no seu bolso,
Enquanto ela entre as mãos fechava abrindo o leque,
    – Um quadro realista!
Ela ia começar a fase que era: "Emprazo-
lhe..." quando ouviu-se perto o grito do moleque:

    – A Gazeta... O Diário... A Guerra do Parnaso!

A primeira disse então: Meu Deus! Que significa!...
Só guerra e guerra só!... Uma questão política?...
– Não, disse-lhe o Basílio. És a melhor das tolas!...
Aquilo é simplesmente uma questão de escolas
Poéticas... mais nada... O velho romantismo
Entende inda viver a luz do realismo...
O romantismo é isto: uns astros invisíveis,
Uns anjos ideais... a divindade em Cristo...
Os *Pietros*, as *Iaiás*... uns tantos impossíveis,
Que vivem, que têm forma e que ninguém os vê.
Agora o realismo... o realismo é isto:

9. Joaquim Manuel de Macedo (1820-1882), *A Nebulosa*, 1857.
10. *Falenas*, 1870.

.... E

O céu embriagava as solidões, em torno,
A vinhos de luar esbranquiçado e morno![11]

Machado ou as suas obras, nesse conjunto de textos, acabará por ser sempre associado ao romantismo, como se vê nestes versos, publicados uma semana mais tarde:

ROMÂNTICO

Ele anda por toda a parte
A namorar as *Helenas*
Por isso frisa com arte
Aquelas *longas* melenas.

Vive a fitar as estrelas
Tem assim ares de empírico:
E apaixona a todas elas
Por ser... um poeta lírico.

[...]

(Lins d'Albuquerque)

Paralelamente, a campanha antibasilista ganha corpo com a transposição do romance para o teatro. Assim, *A Lanterna*, em 17 e 23 de maio, vai condenar não só o romance, por ser um "escândalo, grosso, pesadão e indigesto", mas principalmente o fato de que esse "romance sujo" agora acabava por alastrar a sua sujidade aos palcos, onde era muito mais acessível e podia, pois, multiplicar o mal. Não a vou seguir aqui longamente, entretanto, porque o seu interesse diminui muito, tanto do ponto de vista crítico, quanto do ponto de vista literário. O único texto a destacar, sobre a adaptação ao palco, é o que Machado assina, numa Nota Semanal de 7 de julho, na qual afirma que "os realistas" continuam "na doce convicção de que a última palavra da estética é suprimi-la" e escreve este julgamento sobre o que julga um nome tutelar da nova escola:

Baudelaire "é um dos feitiços da nova e nossa igreja; e, entretanto, sem desconhecer o belo talento do poeta, ninguém em França o colocou ao pé dos grandes poetas; e toda a gente continua a deliciar-se nas estrofes de Musset e a preferir *L'Espoir em Dieu* a *Charogne*."

---

11. Desde o título é sensível aqui a presença de Cesário Verde, cujo "Num Bairro Moderno" tinha sido publicado pouco antes, em *O Cruzeiro*, no dia 17 de abril de 1878.

Entretanto, antes de dar por terminada a resenha e a novidade da polêmica, é preciso referir, ainda que brevemente, um texto que permaneceu desconhecido da crítica.

Trata-se de um longo artigo assinado por "Neotes" e intitulado "Um Resposteiro ao *Primo Basílio* – Esboço Crítico Realista". Foi publicado em duas partes, em 26 e 27 de maio, no *Diário do Rio de Janeiro*, onde também vibrava a Guerra do Parnaso.

Em linhas gerais, o texto resume com serenidade os pontos da polêmica anterior. Reconhece como principal qualidade do livro o estilo do autor, a sua flexibilidade, a frase envolvente e a modernidade da dicção e termina por apontar o caráter dissolvente da leitura. Mas o faz de forma muito modalizada, sem julgamentos peremptórios, indicando perceber a complexidade da construção do livro e, especialmente, do caráter de Luísa.

Embora o artigo termine ambiguamente por reclamar que Eça desse melhor uso ao seu enorme talento do que incentivar a devassidão, instando-o a encontrar maneiras não de denunciar a fraqueza da mulher, mas de contribuir para torná-la forte, a verdade é que se trata de uma das apreciações mais compreensivas e abrangentes do romance, dentre as publicadas naquele ano de 1878.

Traçada a história das repercussões várias do livro de Eça, penso que é possível agora especular – a partir do modo como Machado aparecia aos contemporâneos, naquele final da década de 1870, por ocasião do grande sucesso do livro de Eça de Queirós, e a partir do sua aversão ao Realismo – sobre o que, na sua atividade crítica posterior, poderá talvez ser visto, ao menos parcialmente, como desenvolvimento e conseqüência das posições tomadas nesse momento.

Como disse há pouco, uma vertente da batalha do realismo ficou quase esquecida, até ser descrita, no final dos anos 1930, por Manuel Bandeira, no prefácio à sua antologia da poesia parnasiana. A leitura desse texto permitirá destacar o ponto que me interessa, que é a maneira como, após transcrever, em três páginas, trechos de poemas da Guerra, Bandeira marca a distinção entre a Idéia Nova realista e o Parnasianismo, que é o foco da sua atenção.

Sua primeira providência é esclarecer o sentido do qualificativo "do Parnaso":

Não se entenda aqui "Parnaso" como sinônimo de Parnasianismo. A batalha chamou-se do Parnaso porque os golpes se desfechavam em versos (aqui sempre incorretos, na gramática e na metrificação, segundo os cânones parnasianos posteriores)[12].

Desvinculando desde logo o "realismo" do "parnasianismo", por conta da "incorreção" dos primeiros, Bandeira prossegue informando que em 1878 "não se falava de Parnasianismo: falava-se sempre e muito era de 'Realismo', 'Nova Idéia', 'ciência', 'poesia social' ". O termo "parnasianismo", esclarece, só aparecerá em 1886.

Para o poeta modernista, a Guerra do Parnaso é apenas um momento de passagem para o Parnasianismo. Ponto de partida, ou, na melhor versão, Parnasianismo em estado larvar: "Nesse longo evolver da Idéia Nova para as formas parnasianas o primeiro marco importante foi, como já dissemos, as *Fanfarras* de Teófilo Dias".

Preocupado sobretudo com a forma do verso[13], Bandeira reconhece na Idéia Nova e no Parnasianismo a base comum de afastamento programático da atitude romântica. Mas a concentração no aspecto formal o impede tanto de observar mais atentamente a poesia da nova geração quanto de anotar o papel ativo que teve Machado para que tal "evolver" se processasse.

De fato, ao longo do texto "A Nova Geração" – publicado no ano seguinte à publicação do *Primo Basílio* – o autor de *Helena* insistiria, pelo menos uma dúzia de vezes, na "incorreção" dos versos realistas, preocupando-se também em apontar, nos novos que não eram "realistas", os ecos, as influências nocivas menos diretas da escola.

Foi o que fez ao examinar o primeiro livro de Alberto de Oliveira, as *Canções Românticas*. Machado muito claramente o distingue dos realistas, mas é ao perceber o que julga uma influência do método de composição realista (o verso sobre os cães, no final de *Interior*) que qualifica o realismo como a "estética do inventário"[14].

---

12. Manuel Bandeira, *Antologia dos Poetas Brasileiros. Poesia da Fase Parnasiana*, Rio de Janeiro, Nova Fronteira, 1996, p. 7.

13. Logo após transcrever um poema, anota ironicamente: "assim escrevia, muito pouco parnasianamente, Arnaldo Colombo, no dia 16 de maio etc.".

14. "Não é outra coisa o final do 'Interior', aqueles cães magros que 'uivam tristemente trotando o lamaçal'. Entre esse incidente e a ação interior não há nenhuma relação de perspectiva; o incidente vem ali por uma preocupação de realismo; tanto valera contar igualmente que a chuva desgrudava um cartaz ou que o vento balouçava uma corda de andaime. O realismo não conhece relações necessárias, nem acessórias, sua estética é o inventário. Dir-se-á, entretanto, que o Sr. Alberto de Oliveira tende ao Realismo? De nenhuma maneira; dobra-se-lhe o espírito momentaneamente, a uma ou outra brisa, mas retoma logo a atitude anterior" (*Obra Completa*, p. 826).

Ora, Alberto de Oliveira, que depois será considerado um dos grandes parnasianos, vinha de participar da Guerra do Parnaso. Comentando, cinqüenta anos depois, o episódio, o poeta o vincula à Questão Coimbrã, aparentemente incluindo-se nas hostes da Idéia Nova: "em 1865 e 1866 tinha-se manifestado em Portugal a 'escola coimbrã' com Teófilo Braga e Quental e Vieira de Castro que tiveram alguma influência sobre nós"[15].

Entretanto, Alberto de Oliveira, assinando com o pseudônimo "Lírio Branco", cerrou fileiras nas hostes românticas. Em 22 de maio, vemo-lo publicar um longo poema no qual celebra as "castas Julietas", condena "a malta sem pudor que se alevanta agora", bem como os que parecem querer levar a sua doce companheira, a musa romântica, às chamas da fogueira, em nome "da doutrina imoral, do torpe realismo".

A partir da crítica de Machado, Alberto completará a sua evolução para a forma correta, reforçando os traços de bom gosto que o autor de *Helena* nele descobrira.

Evolução que, segundo o próprio Machado, já estará quase terminada em 1884. É o que diz no seu prefácio a *Meridionais*, rememorando a crítica de 1879: "os versos do nosso poeta são trabalhados com perfeição"[16]. Mas, na continuação do texto, adverte: "os defeitos, que os há, não são obra do descuido [...]. Nascem, – ora de um momento não propício – ora do requinte mesmo do lavor". Ou seja, é defeito tanto a qualidade da inspiração quanto a atenção excessiva à forma que vem em seu prejuízo ("o muito mimo empece a planta", diz Machado).

O que fica do livro de Alberto, que depois será uma das balizas do Parnasianismo triunfante – e, dos três corifeus, o que apresenta hoje menor interesse de leitura – é, para Machado, a medida justa, o equilíbrio entre a espontaneidade e o lavor formal: "a troco de umas partes laboriosas, acabadas demais, ficam as que o foram a ponto, e fica principalmente o costume, o respeito da arte, o culto do estilo". E é assim que o autor de *Memórias Póstumas* conclui a sua apreciação: "Se alguma vez, e rara, a ação descrita parecer que desmente da estrita verdade, ou não trouxer toda a nitidez precisa, podeis descontar essa lacuna na impressão geral do livro, que ainda vos fica muito: – fica-vos um largo saldo de artista e de poeta, – poeta e artista dos melhores da atual geração".

---

15. Entrevista em *Terra Roxa e Outras Terras*, setembro de 1926, p. 4.
16. *Obra Completa*, pp. 919 e 920.

Na mesma direção ia já o seu prefácio ao livro de Francisco de Castro, datado de 4 de agosto de 1878, ainda no rescaldo da polêmica sobre *O Primo*. Registra aí Machado que a nova geração "hesita entre o ideal de ontem e uma nova aspiração". A recomendação de Machado é a mesma que fizera a Eça de Queirós: evitar a quebra de continuidade, retomar a linha sadia dos clássicos da língua, ameaçada pela artificialidade e pela moda naturalista: "Citei dois mestres [Basílio da Gama e Gonçalves Dias]; poderia citar mais de um talento original e cedo extinto, a fim de lembrar à recente geração, que qualquer que seja o caminho da nova poesia, convém não perder de vista o que há de essencial e eterno nessa expressão da alma humana"[17].

É também a direção seguida em 1882, no prefácio às *Sinfonias*, de Raimundo Correia, no qual valoriza os "Perfis Românticos" e condena a parte do livro que é "militante", na qual o autor exibe "opiniões radicais" e se mostra "republicano e revolucionário", terminando por valorizar a forma esmerada e a emoção lírica.

Esse conjunto de textos de Machado, especialmente o ensaio de 1879 sobre "a nova geração", será a base mais comum de elaboração dos padrões de gosto e de valor que orientarão a historiografia literária imediatamente subseqüente. E das suas eleições canônicas, como a trindade parnasiana formada por Alberto de Oliveira, Raimundo Correia e Olavo Bilac.

O Parnasianismo, substituindo-se à conotação sempre escandalosa que a palavra "realismo" terá no final do século XIX, se deixará descrever como poesia pautada pelo bom senso e pelo bom gosto, caracterizada pela perfeição rígida da forma e obcecada pela correção lingüística de sabor didático e ostensivamente arcaizante, bem como pela intenção edificante. Do antigo apelo "realista" pouco restará, exceto os quadros altamente erotizados da obra de Bilac. Da designação, em poesia, quase nenhum rastro.

No que diz respeito à denominação, apenas tardiamente será redescrito o período de modo a incluir nele uma vertente "realista". Isso ocorreu, pela primeira vez de forma significativa, com Péricles Eugênio da Silva Ramos, no *Panorama da Poesia Brasileira*, de 1959, e em "A Renovação Parnasiana", capítulo que escreveu para a *História da Literatura no Brasil*, na mesma época[18].

---

17. *Obra Completa*, pp. 913-914.
18. Péricles E. S. Ramos, *Panorama da Poesia Brasileira: Parnasianismo*, Rio de Janeiro, Civilização Brasileira, 1959; P. E. S. Ramos, "A Renovação Parnasiana", em Afrânio Coutinho (org.), *A Literatura no Brasil*: vol. 4, *Era Realista – Era de Transição*, 3.ed., Rio de Janeiro: J. Olympio, 1986 (1. ed.: 1955-1959); *Do Barroco ao Modernismo: Estudos da Poesia Brasileira*, São Paulo, Conselho Estadual de Cultura, 1967.

O PRIMO BASÍLIO E A BATALHA DO REALISMO NO BRASIL 187

Até então, o consenso era a análise de José Veríssimo, cuja *História* estava em terceira edição (a primeira é de 1916). Utilizando, em sentido amplo, a palavra "naturalismo" e nela absorvendo o que, no tempo de Machado, se chamava "realismo", Veríssimo postula que "não houve no Brasil, como não houve em parte alguma, poesia a que se possa chamar de naturalista no mesmo sentido em que se fala de romance, e ainda de teatro, naturalista". A razão, acredita, "é que não existe poesia sem certa dose de idealismo, incompatível com tal naturalismo". Daí que conclua: "Ao feitio poético que no Brasil correspondeu ao naturalismo no romance [...] chamou-se parnasianismo. Naturalismo e parnasianismo são ambos filhos daquele movimento"[19]. Disso resultam duas conseqüências. A primeira é esta: "enganavam-se redondamente, como ao tempo lhes mostrou Machado de Assis, os imitadores indígenas de Baudelaire que nas *Fleurs du mal* buscavam justificação do seu realismo ou naturalismo. E a sua inteligência os condenou à imitação pueril e falha". A segunda é fixar o Parnasianismo, ao menos na parte em que lhe reconhecia valor, como resultado do influxo de cuidado formal e da contenção lírica sobre a inspiração romântica, "tão consoante com a nossa índole literária". Inspiração essa que seria claramente visível em Alberto de Oliveira, "que viria a ser o mais típico dos nossos parnasianos", e em Olavo Bilac, cujas *Poesias* seriam "o mais acabado exemplar do nosso parnasianismo"[20].

Péricles Eugênio da Silva Ramos, embora também se mantenha na esteira do artigo de Machado sobre "a nova geração", esforça-se para definir a poesia realista segundo o tema e a atitude do poeta, e em aprofundar a descrição, classificando-a em vários veios temáticos. Distingue assim primeiramente a vertente do realismo urbano, no qual "a estética do inventário" seria completa, e que se caracterizaria pelo veio sensual: "a linha sensualista do Realismo brasileiro, isto é, a linha de Carvalho Jr. e Teófilo Dias, explica ainda certas notas do nosso Parnasianismo, como a 'Satânia' ou 'De Volta do Baile' de Bilac, e não se veria esgotada dentro de um decênio: as *Canções da Decadência* de Medeiros e Albuquerque, por exemplo, compostas entre 1883 e 1887, ostentam um realismo sexual cruamente exposto"[21]. Define, a seguir, outra vertente realista, a que denomina realismo agreste, e na qual localiza Afonso Celso e Bernardino Lopes. Os demais autores, costumeiramente associados ou à designação "realistas" ou à de "parnasianos", Silva Ramos os

19. José Veríssimo, *História da Literatura Brasileira*, 5. ed., Rio de Janeiro, J. Olympio, 1969, pp. 241 e 242.
20. José Veríssimo, *op. cit.*, p. 243.
21. "A Renovação Parnasiana", em *A Literatura no Brasil, op. cit.*, p. 99.

qualifica antes de "decadentes", identificando neles, como características, o ar "maladif", o satanismo, a sensualidade sádica, o intuito de profanar e escandalizar e o acentuado espírito de revolta. Seriam eles Teófilo Dias, Carvalho Júnior, Fontoura Xavier e Venceslau de Queirós.

Com essa operação, Silva Ramos consegue depurar, sem apagar de todo o veio realista, o conceito que lhe interessa de fato, que é o de Parnasianismo. E a forma como o faz é significativa: reconhecendo o papel determinante de Machado no estabelecimento da nova escola, entendida como um novo veio classicista, que recusa os exageros realistas ou decadentes.

Machado aparece duas vezes, com papel decisivo, na história que Silva Ramos traça da conversão do Realismo em Parnasianismo. Primeiro como crítico: os "pontos da doutrina estética de Machado [...] – diz ele – viriam a ser totalmente acatados, constituindo mesmo o dorso da doutrina formal parnasiana"[22]. Depois, como poeta que fixou os traços da nova escola em *Ocidentais*.

O que mais interessa, dentro do foco deste estudo, porém, é o duplo movimento que parece ter feito fortuna na historiografia subseqüente. Por um lado, diminuiu-se o alcance e a importância do que foi a poesia indisciplinada, escandalosa e incorreta, denominada "realista" ou, agora, "decadente". Por outro, descreveu-se o Parnasianismo como sendo uma opção de forma e de língua, pautada pelo ideal de equilíbrio que se deixa recobrir com a palavra "clássico".

Não deveria surpreender, portanto, que Péricles Eugênio da Silva Ramos acabasse atribuindo, por intermédio de Machado, um papel absolutamente central a Antonio Feliciano de Castilho na definição dos rumos da poesia brasileira do final do século XIX.

Castilho, na sua leitura, é a referência principal para a constituição da poesia de Machado de Assis e, por extensão, da poesia parnasiana brasileira; e é com desassombro que atribui ao *Tratado de Metrificação Portuguesa*, publicado em 1851, a força principal que operou a conversão do Romantismo, ainda em vigor no primeiro Machado poeta, para o Parnasianismo, bem como a substituição geral do realismo indisciplinado, desequilibrado e incorreto pelo Parnasianismo sólido e sóbrio.

Essa mediação pareceu e parece historicamente plausível. Tanto que vai reaparecer numa das mais conhecidas sínteses contemporâneas, a *História Concisa da Literatura Brasileira*, de Alfredo Bosi, publicada em 1970. Assim:

22. *Idem*, p. 111.

O que, entretanto, sela a constância do parnasiano em Alberto de Oliveira é a fidelidade a certas leis métricas que a leitura de Castilho (*Tratado de versificação* [sic]) e dos franceses mais rígidos como Banville e Heredia pusera em voga e os conselhos acadêmicos de Machado de Assis tinham vivamente estimulado[23].

O papel conservador de Machado, no que diz respeito aos rumos da poesia brasileira do final do XIX, seja como poeta, seja como crítico, está ainda por ser conciliado com a sua apresentação como autor "realista". Um "realista" que se opôs frontalmente, em todos os campos, ao "realismo".

Foram várias as formas de solução desse impasse historiográfico.

A mais comum delas consiste no escamoteamento da postura anti-realista de Machado nos anos de 1870 e 1880, reconstruindo, para uso interno, uma oposição realismo/naturalismo, na qual Machado ocuparia o primeiro pólo, que acaba sendo uma espécie de naturalismo mitigado.

A segunda forma de resolver o impasse é mais radical: consiste na simples retirada de Machado de Assis da seqüência cronológica da narração histórica. É o caso de José Veríssimo, que faz do capítulo sobre Machado o último do seu livro, procedimento que não terá tido pouco peso no tom algo melancólico que domina uma história que tem assim o seu fim, ou pelo menos o seu ápice, antes do tempo em que se dá a narração. E é também o caso de Nelson Werneck Sodré, que trata de Machado no penúltimo capítulo do seu alentado volume, sob a rubrica "interpretações do Brasil", no qual a obra de Machado é apresentada e avaliada, depois do Naturalismo e do Parnasianismo, juntamente com as obras de Joaquim Nabuco, Lima Barreto e Euclides da Cunha.

A terceira é a empregada por Alfredo Bosi, e consiste em dissolver a especificidade da poesia do próprio Machado, sequer o listando entre os poetas no capítulo dedicado à poesia parnasiana, e em radicar na "profundidade" e "universalidade" da sua obra o seu caráter "realista".

Finalmente, no encerrar dos anos de 1970 a militância anti-realista de Machado será historicamente situada, como um eco da doutrinação da *Revue des deux mondes*, "para a qual Realismo, democracia, plebe, materialismo, gíria, sujeira e socialismo eram parte de um mesmo e detestável contínuo". E também o seu apelo reacionário: "A norma é antimoderna em toda a linha. A recusa da matéria baixa leva à procura do assunto elevado, quer dizer expurgado das finalidades práticas da vida contemporânea"[24]. As frases são de

---

23. Alfredo Bosi, *História Concisa da Literatura Brasileira, op. cit.*, p. 249.
24. Roberto Schwarz, *Ao Vencedor, as Batatas*, São Paulo, Duas Cidades, 1977, p. 65.

Roberto Schwarz, que, dando uma volta à própria formulação, vai propor a melhor e mais engenhosa maneira de solucionar o impasse historiográfico. Nas suas palavras, "havia da parte de Machado uma intenção realista neste anti-realismo conservador, se o considerarmos expressão de experiência e ceticismo – o que não era na Europa, onde representava um recuo intelectual – em face do cabimento das idéias liberais no Brasil". E assim, por conta do que denomina "inautenticidade do nosso processo cultural", e por conta de as idéias liberais estarem aqui "fora do lugar", o anti-realismo se torna uma forma surpreendente de realismo, ou adequação da forma ao real, por conta do mútuo "atraso" e deslocamento.

Uma conjunção da primeira e da terceira estratégias produz o senso comum que aflora tanto na cultura escolar brasileira, quanto na maioria dos textos acadêmicos em que o período realista é abordado. Mas é a quarta estratégia a que mais frutos produz no terreno da academia.

Independentemente do que possa ser, afinal, o "realismo" da prosa de Machado, no que diz respeito à sua poesia e à sua ação para a consolidação de um determinado tipo de poesia a que se chamou aqui "parnasianismo", o quadro não deixa de ser curioso. Numa visada geral, se tivéssemos de decidir quem terá vencido a Guerra do Parnaso, que terá sido a nossa Questão Coimbrã, seria difícil fugir a esta conclusão: o romantismo de forte sabor classicista, cujo modelo é Antonio Feliciano de Castilho, a quem Machado denominava, em 1875, "poeta egrégio", "mestre da língua" e "príncipe da forma"[25]. De modo que, se não na história do romance, ao menos na história da poesia brasileira, o realismo parece ter sido mesmo apenas uma breve irrupção, depois da qual a tradição foi retomada, como queria Machado em 1878.

Uma descrição benévola do que foi a poesia brasileira do século XIX poderia celebrar uma linha direta dos *Primeiros Cantos* às *Americanas*, prosseguindo pelas *Ocidentais* e desaguando na obra de Raimundo Correia ou Olavo Bilac, momentos de apogeu e de triunfo do apostolado machadiano. Uma descrição menos favorável destacaria a componente esteticamente reacionária do neoclassicismo de Castilho, perpetuada na periferia do mundo da língua portuguesa, graças ao conservadorismo católico, que dissolveu, aqui, o ímpeto reformador da poética realista.

A questão é, claro, ociosa. E é ociosa também porque nenhuma dessas descrições vigorou até este momento. O alinhavo mais comum da história

---

25. "O Visconde de Castilho", texto publicado na *Semana Ilustrada*, em 4 de julho de 1875.

literária brasileira passa pelo caráter ostensivamente conservador atribuído a toda a poesia pós-romântica, conseguido por meio da subsunção das várias linhas realistas no Parnasianismo, do qual prudente e tacitamente se exclui Machado. Prossegue com a apresentação dos deméritos do academicismo parnasiano, continua pela invectiva à decadência do momento epigônico "pré-moderno", e termina com a narração heróica do advento modernista, isto é, a sua celebração como momento de resolução de impasses e de inauguração de uma nova era de autonomia e maioridade nacional, numa linha evolutiva na qual Machado é o momento anterior mais alto e mais conseqüente.

A forma como Machado foi recuperado para o "realismo", para a "brasilidade" e para a "modernidade modernista" por uma série de operações críticas, e a maneira como a sua crítica ao romance de Eça passou a ser entendida como a crítica ponderada de um "realista" a um "naturalista" constituem um estágio seguinte desta história, que se desencadeou com a publicação do romance do autor português.

No momento, registro apenas que do exposto parece razoável supor que a crise que Machado viveu em 1878 nasceu também de um impasse propriamente literário, que se poderia resumir nesta pergunta: como abandonar a linha romântica desenhada de *Ressurreição* (1872) até *Iaiá Garcia* sem adotar a forma e o estilo do romance realista? A resposta de Machado parece ter sido pôr em prática o que reclamava no final da resenha de *O Primo*: voltou ele mesmo a beber as águas de Garrett e Herculano, além de Camilo[26] (e até águas situadas mais acima na corrente, como as de Sterne e De Maistre), para dar a volta em que ficaria assente a sua genialidade, com *Memórias Póstumas de Brás Cubas*. Mas não pôde ou não quis dar a mesma volta na poesia: nela permaneceu fiel ao combate à veia baudelairiana ou realista e à defesa sistemática da correção métrica e do bom gosto de sabor classicizante.

---

26. Sobre possíveis aproximações entre a arte de Camilo Castelo Branco e Machado de Assis, ver o estudo "A Novela Camiliana", neste volume.

11

ETNIA E JULGAMENTO LITERÁRIO:
O CASO B. LOPES

Nascido em 1859, no interior do Rio de Janeiro, B. Lopes morreu de tuberculose e excesso de álcool em 1916. Seu primeiro livro de versos, *Cromos* (1881), teve grande sucesso em todo o país e a forma e estilo dos poemas desse livro foram imitados de Norte a Sul; de tal maneira que, nos anos 1890, vários jornais e revistas traziam uma seção de "cromos" à moda de B. Lopes: um sonetilho em redondilha maior, de tom prosaico, em que se apresenta objetivamente uma cena rural[1].

Depois dos *Cromos*, publicou mais sete títulos, que também tiveram, no seu tempo – uns mais, outros menos – sucesso de público e reconhecimento crítico. Não deixou, porém, obra extensa. Apenas um conjunto de versos que, coligidos e reeditados em 1945 por Andrade Muricy, cabem todos em quatro volumes pequenos e de poucas páginas cada um[2]. Sua fortuna crítica tampouco é grande, e foi rareando com o avançar do século XX: além dos rodapés que lhe dedicaram por ocasião do lançamento dos livros, e de seções em trabalhos de caráter panorâmico, sobre ele se encontram apenas três estudos razoavelmente extensos, sendo dois deles de caráter biográfico[3].

---

1. Um exemplo apenas: ao longo dos volumes de *O Pão* da Padaria Espiritual, publicado no Ceará em 1892 e em 1895-1896, encontram-se regularmente sonetilhos, imitados, no espírito e no estilo, dos Cromos de B. Lopes. Na primeira série, na coluna "Malacachetas", assinada por Moacyr Jurema (pseudônimo de Antônio Sales); na segunda, na coluna "Chromos", assinada por X. de Castro.
2. Andrade Muricy (org.), *Poesias Completas de B. Lopes*, Rio de Janeiro, Zelio Valverde, 1945, 4 vols. O mesmo autor organizou uma antologia poética de B. Lopes, que foi publicada pela editora Agir, em 1962, na coleção "Nossos Clássicos", vol. 63.
3. São eles: o estudo introdutório de Andrade Muricy, que veio na edição dos seus poemas completos, acima referida, e os volumes seguintes: Renato de Lacerda, *Um Poeta Singular, B. Lopes*, Rio

194 ESTUDOS DE LITERATURA BRASILEIRA E PORTUGUESA

Um exame dessa diminuta fortuna crítica tem grande interesse, por conta da sobreposição de juízos literários e étnicos que tiveram, em algum momento da cultura brasileira, um grande poder de persuasão. No caso de B. Lopes, a síntese crítica realizada ao longo do século XX foi tão convincente, que inviabilizou uma apreciação rigorosa da qualidade propriamente literária da sua obra, bem como do lugar que ela ocupou na história da poesia brasileira.

É a descrição dessa fortuna crítica, desde os contemporâneos do poeta, até o momento em que surge a primeira nota nova na consideração do lugar histórico de B. Lopes, o objetivo deste breve estudo.

Comecemos do começo, do momento em que, além da receptividade popular, B. Lopes ainda era considerado um dos grandes poetas do Brasil. É o período que coincide com o esplendor do Parnasianismo.

Um dos testemunhos mais fortes do que foi a nomeada de B. Lopes talvez seja um artigo de João Ribeiro, publicado em 1899 na *Revista Brasileira*. O crítico julgava, ainda nessa época, que três poetas podiam ombrear-se com B. Lopes: Raimundo Correia, Alberto de Oliveira e Olavo Bilac. Mas já então esse julgamento começava a destoar da opinião geral:

> Não sei que valor tenham as minhas palavras, no ponto de vista da crítica. Mas presumo entender alguma coisa de versos e se é verdade que compreendo poesia no sentido em que a entendo, o Sr. B. Lopes é um dos maiores poetas da nossa geração. Não compreendo como um artista do poder deste, por vezes, não seja compreendido na plenitude do seu valor. E nada me revolta mais do que o mérito incompreendido ou desdenhado, o que é o mesmo[4].

Entre os que não pensavam da mesma forma estavam Araripe Júnior e José Veríssimo. O primeiro – amigo de João Ribeiro e, no começo dos anos 1890, seu companheiro no *Club* Rabelais – na famosa série de artigos sobre o "Movimento Literário do Ano de 1893", fizera uma apreciação condescendente dos versos de B. Lopes, reconhecendo-lhe um "lugar modesto" na produção literária da época:

> Bernardino Lopes há muito que escrevia, e os seus *Cromos* lhe haviam dado notoriedade. Versos feitos com carinho numa zona limitada de sensações tinham-

de Janeiro, s/e., 1949; e Mello Nóbrega, *Evocação de B. Lopes*, Rio de Janeiro, Livraria São José, 1959.

4. O trecho do texto de 1899, da *Revista Brasileira*, foi redigido a propósito da publicação do volume *Sinhá-Flor*. Está reproduzido no livro de Mello Nóbrega, acima referido, às pp. 73-74.

lhe granjeado uma justa simpatia. O seu bucolismo em alguns desses trabalhos e a descritiva de interiores em diversos sonetos abriam-lhe um lugar especial e modesto na nova literatura. Mas o tempo lhe mostrou a necessidade de levar algures a sua inspiração; devido à sua delicadeza de artista, sendo atraído ao ambiente feminino, embriagado pelo *odor de femina*, começou a apaixonar-se pelo luxo e acabou trocando a cabana dos *Cromos* por castelos de duquesas ideais. Os sonetos de B. Lopes encheram-se de pregarias, brocados, tapeçarias, móveis antigos, enfim de tudo quanto constitui o "feerismo" dos *boudoirs* das fidalgas de pé pequeno e boca breve; pelo que nunca o censurarei, antes faço votos para que tais sonhos possam tomar forma concreta. B. Lopes, pois, tinha tiques decadistas, antes mesmo de conhecidos os livros dos *Revolucionários*; a escola nada devia ensinar-lhe, porquanto sendo a sua natureza amorável e límpida, lhe repugnava a iniciação no cânone *saugrenu* dos intransigentes[5].

Poucos anos depois, José Veríssimo desenvolveria esta linha de avaliação, acentuando os aspectos negativos da maneira decadentista de B. Lopes, no texto que provavelmente originou o de João Ribeiro e que foi publicado com o título de "Alguns Livros de 1895 a 1898" nos seus *Estudos de Literatura Brasileira*.

Veríssimo considerava B. Lopes "poeta espontâneo, mas de curta inspiração, talento médio, mas natural, impressionista e sincero". E por isso lhe censura, como descaminho, o "despir-se de todas as suas qualidades próprias" na adoção das "teorias da decadência". Seu alvo mais específico é o volume *Brasões*, que considera "todo artificial". Seus maiores defeitos seriam a forma "mais gongórica que distinta" (que crê, ao menos em parte, imitada da maneira de Guerra Junqueiro), "as liberdades que toma o poeta com a língua [que] são fora de toda a regra" (pois não hesitava ele em criar palavras ao seu bel-prazer, sem "sujeitar-se às leis de formação dos vocábulos"), e sua temática "afetadamente rebuscada numa preocupação como quer que seja ridícula, de alta vida, em 'palácios heráldicos' 'varados de tristeza singular', ou em parques senhoriais onde o faéton de alguma duquesa 'cinde o fresco' (que ele julga imitada de um poeta português, o Conde de Monsaraz). O re-

---

5. T. A. Araripe Júnior, "Movimento Literário do Ano de 1893", em A. Coutinho (org.). *Obra Crítica de Araripe Júnior*, Rio de Janeiro, Ministério da Educação e Cultural/Casa de Rui Barbosa, 1967, vol. III, p. 146. Devo registrar que, apesar de condescendente, temos aqui, na pena de Araripe, uma apreciação muito simpática da poesia de B. Lopes, que ele está tratando apenas de passagem, no quadro de uma avaliação da poesia simbolista no Brasil. Para compreender o peso relativo dos elogios e dos reparos – e também os critérios críticos e o gosto do teórico da obnubilação – basta comparar o trecho transcrito ás páginas que se seguem no seu texto: as que dedica a Cruz e Sousa.

sultado, segundo Veríssimo foi "um esnobismo artístico que absolutamente não é recomendável", ainda mais porque, diferentemente do Conde, que era fidalgo e vivia entre fidalgos, esse tom era em B. Lopes apenas "uma postura pretensiosa", contrária ao "seu verdadeiro gênio, que é um lirismo simples, natural, espontâneo mas pobre"[6].

Nessas palavras de Veríssimo se encontram delineados os traços básicos do retrato futuro de B. Lopes, articulados sobre a oposição entre o lirismo simples, que lhe seria congenial e que, por isso mesmo, vem aqui definido como "espontâneo" e "natural", e o rebuscamento artístico, que seria "artificial", "afetado" e "pretensioso". Portanto: além de falso, ridículo. Esse é o retrato, por assim dizer, "canônico" de B. Lopes na história literária brasileira, que vai insistir no esnobismo dos assuntos, na irrealidade dos cenários, no esteticismo ostensivo ou no caráter risível das sua invenções vocabulares e métricas.

De tal forma que, nos anos 1950, mesmo um estudioso simpático a B. Lopes e aos demais parnasianos, Péricles Eugênio da Silva Ramos, é levado a escrever, contra a evidência dos testemunhos históricos disponíveis, que "a poesia de B. Lopes, exceto a de *Cromos*, não foi em geral compreendida na época"[7]. E completa: "mesmo posteriormente, continuou-se a aceitar dele apenas a parte regida exclusivamente pela cor local ou pelas confissões biográficas, como os sonetos 'Praia' ou 'Berço', realmente expressivos aliás"; terminando por concluir que B. Lopes "não foi poeta de nível artístico regular. Por vezes, o mau gosto compromete os seus versos".

Nos anos seguintes, nas sínteses históricas da literatura brasileira, com apenas uma exceção, o lugar de B. Lopes será progressivamente reduzido, até ficar restrito exclusivamente às notas de rodapé e às relações de iniciadores do Simbolismo no Brasil, como sucede em *A Literatura Brasileira: Origens e Unidade*, de José Aderaldo Castello[8].

Entre Veríssimo e Péricles Eugênio da Silva Ramos, isto é, entre a elaboração do retrato e o testemunho maior do seu poder de persuasão, B. Lopes seria objeto, entretanto, de outro tipo de apreciação.

---

6. José Veríssimo, *Estudos de Literatura Brasileira* – 1ª série, *1895-1898*, Rio de Janeiro, H. Garnier, 1901, pp. 281-292.
7. P. E. da Silva Ramos, "A Renovação Parnasiana na Poesia", em A. Coutinho (org.), *A Literatura no Brasil*, 3. ed., Rio de Janeiro, J. Olympio, 1986, pp. 143 e 149, respectivamente. (1ª ed.: 1955-1959.)
8. José Aderaldo Castello, *A Literatura Brasileira: Origens e Unidade*, São Paulo, Edusp, 1999.

Em 1904, Sílvio Romero, retomando o julgamento de João Ribeiro, ainda considera B. Lopes um poeta de primeira magnitude, no mesmo nível de Bilac, Correia e Oliveira – aos quais acrescenta o nome de Cruz e Sousa[9]. E é assim que ele descreve a evolução da sua poesia, no capítulo V da *História*, no âmbito das "reações antirromânticas na poesia":

> Tem atravessado duas fases e possui duas maneiras de poetar. §A primeira, mais espontânea e brilhante, pode-se filiar no parnasianismo e acha-se em *Cromos, Pizzicatos*, grande parte dos *Brasões*, e também em parte em *Dona Carmen* e *Sinhá Flor*. A segunda, que se distingue por certa feição de afetada religiosidade e pretendido misticismo, é que se costuma prender ao chamado simbolismo. Achamos preferível a primeira; porque nela melhor se apreciam as boas qualidades do poeta, que consistem no brilho da frase, na riqueza das imagens, na facilidade do verso e da rima. §Preferimos vê-lo, em amoroso enleio, entre as *princesas, marquesas, duquesas, condessas* e *fidalgas* de toda a casta, em cujo convívio parece passar a existência, do que ouvi-lo a entoar *Ave-Maria* e *Ladainhas* em louvor de *santas*. Esta última atitude ele a tomou desde a parte final dos *Brasões*, que intitulou *Val de Lírios*, e no livro recentemente publicado, a que pôs igual título. Por isso mesmo neste volume agradam-me mais as peças que se prendem ao seu primeiro estilo[10].

Romero, como Araripe e Veríssimo, divide o percurso poético de B. Lopes em duas maneiras ou fases distintas. Mas essas fases são entendidas de modo diferente. Na descrição de Veríssimo, a divisão das fases se fazia com base no binômio naturalidade/artificialidade, e o julgamento de valor negativo sobre a segunda fase procedia tanto de questões específicas de fatura poética, quanto da observação de um descompasso entre a biografia, de um lado, e a temática e a linguagem, de outro: afastando-se do registro em que se vazam os *Cromos*, B. Lopes produziria uma poesia que lhe parece tematicamente ridícula e afetada, além de incorreta formalmente. Já Romero, se enaltece a primeira maneira de Lopes, e condena a segunda, não o faz por meio da oposição naturalidade/artificialidade, pois considera que tanto os sonetilhos dos *Cromos* quanto os poemas urbanos dos *Pizzicatos* e dos *Brasões* pertencem à mesma maneira ou fase. Sua censura à adesão do poeta à moda e à temática simbolistas se ergue, portanto, sobre uma reivindicação e uma opção estética, sem que a exigência de coerência entre a vida e a obra venha para a superfície do discurso.

---

9. Sílvio Romero, "Confronto em Retrospecto (1904)", em *História da Literatura Brasileira*, 4. ed., Rio de Janeiro, José Olympio, 1949, t. V, p. 269.

10. Sílvio Romero, *História da Literatura Brasileira*, 4. ed., Rio de Janeiro, J. Olympio, 1949, t. V, p. 306.

198 ESTUDOS DE LITERATURA BRASILEIRA E PORTUGUESA

Entre esse momento e o final da década de 1920, porém, é o julgamento de Veríssimo – e não o de Romero – que se vai solidificar. E, ajudada pelo episódio ainda por estudar melhor, que foi a publicação dos sonetos ao marechal Hermes, a imagem de B. Lopes como uma espécie de rústico inconveniente e "afetado" é a que se consolida.

As exceções são cada vez mais raras, embora se façam ouvir, como neste trecho de João Ribeiro:

> Diziam-no ignorante e gabola; eu, porém, sempre o achei sábio e sonhador. [...] Conheci o poeta pessoalmente em fortuitos encontros de botequim e voltei desses breves contatos convencido de que B. Lopes foi realmente um dos mais inspirados poetas do seu tempo... [...] Sem dúvida ainda ressurgirá do olvido, quando o inventário da literatura for processado com maior espírito de compreensão e de imparcialidade[11].

A esperança de Ribeiro, é certo, não se cumpriu. Pelo contrário. E se cinco anos depois, em 1932, Agripino Grieco ainda avalia positivamente a poesia de B. Lopes, tem de o fazer em diálogo aberto com o descrédito geral em que jazia a obra e a imagem pública do poeta:

> Não sei se os leitores tomaram alguma vez a sério o tal B. Lopes, o da "cheirosa criatura". Pois esse Bernardino da Costa Lopes, que muitos acham tão ridículo, foi simplesmente isto: um dos nossos melhores poetas e o mais característico do seu tempo. Enxergue-se nele o nosso Papança, se bem que superior ao de além-mar. É estranho como esse mestiço, esse fluminense, esse beberrão, possuísse o sentimento inato da elegância, da vida aristocrática, e sonhasse tanto com beijos de princesas. Poeta das galanterias e mestre de Luiz Pistarini, Orlando Teixeira e Jonas da Silva, B. Lopes, mau grado a sua gaforinha e as suas gravatas-borboletas, amava pensar na comédia sentimental de Versalhes, quando todos respiravam os aromas da Pompadour. Talvez o seu maior desejo fosse viver nessa época, compondo madrigais e ouvindo minuetos, entre repuxos e pavões. Permaneceu o amigo das feminilidades elegantes, o intérprete dos mundanismos de alcova, o cantor das "fanfreluches" romanescas. Sua musa era muito carminada e muito pòdarrozada. Inigualável no cromo bucólico, sentia a natureza em estampas. Imaginífico, numa só poesia, a propósito da sua amada, falava em flores de Navarra, em laranjais de Sorrento, em ruas do Cairo, etc... Tudo isso não queria dizer nada claramente, mas era uma delícia para os ouvidos. E, ao lê-lo, tinha-se a impressão de ver um jogo de cambiantes lunares[12].

11. João Ribeiro, em artigo publicado no *Jornal do Brasil*, em 15.7.1927, *apud* M. Nóbrega, *op. cit.*, p. 75.

12. Agripino Grieco, *Evolução da Poesia Brasileira*, 3.ed. rev., Rio de Janeiro, J. Olympio, 1947, p. 61.

Depois deste momento, nem mesmo Andrade Muricy, o cruzado do Simbolismo, terá em tão alta conta o poeta dos *Cromos*, e Manuel Bandeira será a exceção solitária, ao considerá-lo ainda suficientemente importante para figurar com dezesseis dos seus poemas mais convencionais na *Antologia dos Poetas Brasileiros da Fase Parnasiana*: "a grande maioria dos seus poemas revelam indisfarçavelmente o gosto da perfeição formal parnasiana. Mas ele sabia fazer cantar os belos vocábulos num lirismo alumbrado de que só foi capaz, entre os parnasianos, Raimundo Correia, e isso mesmo uma vez apenas, no 'Plenilúnio' "[13].

Hoje, é talvez menos difícil encontrar alguém que lhe conheça o perfil biográfico do que os versos. Isso porque o B. Lopes poeta parece ter cedido progressivamente lugar à figura singular, que protagonizou episódios escandalosos, agressivos até mesmo para a boêmia da época, com o que Gonzaga Duque diz ter sucedido numa confeitaria do Rio de Janeiro.

Entra o poeta, espalhafatoso no seu vestuário, uma camisa azul, enorme laçaria de seda creme presa sob as pontas largas dum colarinho branco, calças de xadrez dançando nas pernas, polainas de brim, um pára-sol de *foulard* amarelo, um chapéu de palha branco, e na lapela do jaquetão um *bouquet*, verdadeiramente um *bouquet*. Nada menos de três cravos vermelhos e duas rosas "telas de ouro". [...] Sinhá Flor está ali, a dois passos, bebericando um *vermouth*, em companhia dumas raparigas. [...] Lopes entra, pára, relanceia o olhar pela sala, corresponde à saudação de alguns camaradas com um gesto intraduzível pelo que tinha de largo e de ridículo e, sem a menor consciência da responsabilidade daquelas senhoras, arranca da lapela o *bouquet* e desfolha-o; desfolha-o na cabeça da mameluca! [...] O escândalo foi indizível. [...] Ato contínuo, como se houvera feito a coisa mais simples deste mundo, e enquanto as senhoras assim afrontadas se retiravam, dirige-se ao balcão, pede um copo de vinho do Porto e, numa voz estridente, volta-se para os assistentes: Viva la gracia![14]

O episódio, sem deixar de ser divertido, evidencia, por trás do que Gonzaga Duque narrou como pura falta de bom-tom do poeta, uma intenção significativa e uma filiação literária que não poderia ser desconhecida dos contemporâneos. Estamos aqui nos anos 90 do século XIX, e, no ambiente em que já tinham feito estréia os nossos baudelairianos, não era novidade para ninguém a indumentária de Baudelaire e as histórias que corriam sobre as suas aparições públicas igualmente bizarras. A boêmia carioca não era,

---

13. Manuel Bandeira, *Antologia dos Poetas Brasileiros da Fase Parnasiana*, Rio de Janeiro, Ministério da Educação e Cultura, 1938, p. 20.
14. *Apud* Mello Nóbrega, *op. cit.*, pp. 41-42.

porém, a mesma de Paris, e B. Lopes, que agredia dessa forma as expectativas, poderia ser muito mais facilmente assimilado por um viés cruel, porém eficiente como estratégia de neutralização: o desenvolvimento de uma psicologia da mulatice e da fantasia erótica compensatória.

O relato de outro evento no qual B. Lopes teria protagonizado um de seus muitos "arroubos de bravata, muitas vezes extemporâneos e ridículos", nos é dado pelo mesmo Mello Nóbrega:

> Cruz e Sousa, negro incômodo pelo talento e pelo orgulho, irritava, por esse tempo, as rodas literárias cariocas. Procurando renovar nossa poesia, o homem invulgar desafiava os confrades de pele branca e de tendências parnasianas. A abolição ainda era recente e, se José do Patrocínio lhes freqüentava o grupo, ainda assim não se livrava de remoques e piadas. [...] Cruz e Sousa mantinha-se afastado dos pontos preferidos pelos adversários, temeroso de perversidades e ironias. Vai daí, certa tarde, B. Lopes, encontrando-o, abraçou-o com espalhafato e convidou-o a caminhar, rua abaixo. O poeta de *Broquéis* escusou-se: estava com pressa, tinha seus quefazeres e, além disso, à porta de tal livraria, àquela hora, paravam os "rapazes", sempre prontos a humilhá-lo. B. Lopes não se conteve: travou do braço do amigo, arrastou-o através da multidão, gritando para que todos ouvissem a tirada: "Vamos, negro! Vamos iluminar esta rua!"[15].

Diferentemente da interpretação de quem o fez, o relato mostra menos um rompante ridículo do que uma agressividade ousada, uma assunção da condição étnica que não espanta que pudesse ser, ao longo dos anos, transformada em folclore e deformada em gosto do escândalo ou mulatice esnobe.

Ao assinalar o fato, não me anima uma perspectiva vindicativa. Trata-se apenas de, como no caso de Luís Gama e de Cruz e Sousa, não minimizar a questão racial na recepção do público e, principalmente, da crítica. Principalmente no caso dos que, à situação da cor, juntavam a consciência altiva e ostensiva dos seus méritos e a marginalidade literária, por adotarem procedimentos de uma "escola" exótica, distinta da prática hegemônica.

Para ter uma idéia real da sedução que o argumento racial exercia há algumas poucas dezenas de anos, basta reler as páginas do teórico da obnubilação, Araripe Jr., sobre Cruz e Sousa, e que hoje, além de inconsistentes, soam repulsivas. Poderia referir ainda vários outras, de diversa autoria, bem como várias peças de anedotário e um conjunto significativo de episódios relatados em livros de memórias da vida literária dos últimos anos do século XIX. Mas não vale o esforço.

15. Mello Nóbrega, *op. cit.*, p. 25.

Basta observar o seu reflexo justamente onde ela seria menos de esperar, isto é, na pena dos estudiosos a quem devemos a recuperação da biografia e a republicação da obra de B. Lopes.

Como se vê nos excertos transcritos ao longo deste estudo, nem mesmo a avaliação de Agripino Grieco deixou de fazer eco à de Veríssimo, seja na afirmação da filiação de Lopes a Macedo Papança, conde de Monsaraz, seja na indicação da contradição entre "o sentimento inato da elegância" e da "vida aristocrática" e a mulatice do poeta. Mas, é justo que se diga, nem Araripe nem Veríssimo ergue a questão étnica a fator central para a determinação do tipo de poesia e, no limite, do fracasso poético de B. Lopes. Quem o fará, com todas as letras, será Mello Nóbrega, biógrafo de B. Lopes e principal fonte das informações disponíveis sobre a vida do poeta.

Nóbrega leu numa clave rasamente biográfica os poemas do "mulato palrador e jactancioso" que "cedeu à fraqueza de forçar o ambiente em que vivia, ainda cheio de preconceitos raciais". Ou seja, do mulato que não soube ver o seu lugar e, "trânsfuga da linha da cor", incapaz de vencer o preconceito, teria acabado por refugiar-se no irrealismo da poesia decadentista – isto é, como sublinha, no irrealismo da "poesia branca".

Dessa maneira, embora cheio de boas intenções, acusando várias vezes a hipocrisia do discurso racial brasileiro, o resultado concreto do livro de Mello Nóbrega é um rebaixamento sistemático das questões estéticas, pois sempre termina por chamar à cena, à guisa de explicação da vida e da obra, o descompasso entre o que era a obra e o que era a condição social do poeta:

O homem, modesto empregado público, vive quase na penúria; encharca-se de bebida barata; come nos frege-moscas; manda pôr meias-solas nas botinas; tem o paletó no fio e a camisa cerzida; mal pode esconder as nódoas suspeitas da gravata... Julga-se, entretanto, ora autêntico senhor feudal, a cavalgar murzelos; ora marquês setecentista, de peruca e véstia bordada a matiz [...]. Em verdade, é modesto funcionário postal. Mora nos subúrbios. Não tem, sequer, às vezes, um níquel para o bonde de burro. E é, apesar desses traços caricatos, um poeta.

Essa descrição ecoa o conhecido soneto de Emílio de Meneses sobre B. Lopes, o que começa "Empertigado malandrim pachola". Lá estão os motes que a crítica e o relato biográfico incorporaram: a origem servil e provinciana, a gabolice, o sensualismo e a pobreza desse "conde Monsaraz das classes baixas", que "tem estesias de cachorro gozo", põe meia-sola nas botinas, freqüenta lundus, "come sardinha e dois vinténs de nabo [...] e arrota petisqueiras de nababo".

202 ESTUDOS DE LITERATURA BRASILEIRA E PORTUGUESA

Mas não é só por tomar como verdade histórica o retrato pintado por um desafeto (além do mais composto dentro de um registro específico, que é o da sátira) que o livro de Mello Nóbrega é problemático. Mas porque submete sempre a sua leitura a uma estreita clave biográfica, operando, com isso, um barateamento das questões textuais: de um lado, temos os "problemas" – criações vocabulares, invenções métricas, "mau gosto", imagens inusitadas – explicados pela pacholice, falta de senso de proporção e pernosticismo. Ou seja, pela "mulatice". De outro, os aspectos positivos – registro realista da vida caipira, espontaneidade, ingenuidade sentimental – entendidos como resultados da fidelidade à origem social.

Esse barateamento foi a tônica da crítica de circunstância, produzida por ocasião do centenário do poeta. Foi contra ele que Andrade Muricy, quando da publicação da antologia da coleção "Nossos Clássicos", saiu em combate, denunciando o viés estéril e algo rancoroso, que é o tom da maior parte da fortuna crítica de B. Lopes:

> Fixe-se no papel, e faça-se subscrever por um gravurista inglês do romantismo, ou francês da final *belle époque* um quadro do dinamismo, da desenvoltura, banhada em tamanha fragrância de ar-livre, como é o soneto "Manhã de Esporte", de *Brasões*: lépido, elegante, perfeito em seu gênero. Ignorássemos ter sido seu autor o "malandrim" de Boa Esperança, e teríamos de considerar essa obrazinha não muito longe de um maneiroso *biscuit* de Sèvres ou uma tapeçaria de dantes. O biografismo servil, porém, coloca-nos em face do espetacular servidor da Mameluca, Sinhá Flor, Adelaide Uchoa. E não perdoa: aquilo é falso, afetado! Não se pode admirar a *Flauta mágica* ou *A queda da casa Usher*, porque são concebidas fora da experiência imediata...[16].

É um protesto legítimo, face à fortuna crítica disponível. E é também uma corajosa autocrítica, porque o próprio Muricy, provavelmente sob o efeito da leitura de Mello Nóbrega, tinha escrito estas palavras, no prefácio à publicação da poesia reunida de B. Lopes, em 1945:

> B. Lopes ia, entretanto, afastando-se do seu ambiente natal e até da família. Ia sendo prenunciado o seu definitivo feitio, ia se afirmando aquele tom que tem parecido irremediavelmente fictício, e mesmo falso, o daquela "Comédia elegante" já presente nos *Pizzicatos*, de 1886. Nesse livro vemo-lo encaminhar-se para um mundo imaginati-

---

16. Andrade Muricy, "Apresentação" do volume da coleção "Nossos Clássicos", *op. cit.*, pp. 13-14. É de notar que Muricy, nesse texto, distingue o livro de Mello Nóbrega, que considera o único exemplo de uma abordagem não-preconceituosa...

vo e de mundanidade, o que a todos surpreendeu, tratando-se de um humilde filho de arraial, empregadinho público insignificante, e mestiço[17].

Mais que isso, tinha erguido, então, o "creoulismo", identificado em B. Lopes, a estatuto de categoria literária e traço de psicologia social:

> É preciso entretanto, não esquecer que era um mestiço, e, como tal, de sensibilidade inquieta. Os *creoulos* [...] de todo o mundo [...] são naturalmente faustosos, exibicionistas ingênuos, e de um requinte especial, mas efetivo. O caso de B. Lopes assinalou, no Brasil, idêntico fenômeno.

Dava Muricy, dessa maneira, o melhor exemplo da força persuasiva do singular argumento classista e racista com que se desqualificou a obra do poeta e contra o qual ele mesmo se insurgiria alguns anos depois. Argumento esse que se monta assim: a partir da exigência romântica de veracidade (que, por sua vez, radica em última análise numa concepção de poesia como expressão de vivências reais), condena-se como falsa a maior parte da sua obra, aquela em que o seu cenário não são os casebres e as roças que ele conheceu, habitadas por gente pobre e "de cor", mas, sim, casas nobres, habitadas por damas brancas e ricas, que praticam equitação e se deliciam com bebidas e comidas finas. Seguindo essa linha de raciocínio, como aponta Muricy – primeiro ao esposar o ponto de vista, e depois ao condená-lo – essa última faceta resulta toda falsa, e, por conseqüência, esteticamente gorada.

Assim exposto, o juízo de valor e o argumento que o articula podem parecer insustentáveis. Mas é esta a base de boa parte dos julgamentos que florescem a partir do texto contido de José Veríssimo e se podem encontrar, muitos anos depois, sobrevivendo incólumes (apenas um tanto mitigados) à campanha antibiografista movida pelo *New-Criticism*.

É a exigência de veracidade, por exemplo, que impede Péricles Eugênio da Silva Ramos de situar B. Lopes na linhagem do "realismo urbano", na qual entretanto lista Carvalho Júnior, Teófilo Dias, Afonso Celso e Celso de Magalhães[18]. E é também ela que se mostra nestas únicas linhas que Alfredo

---

17. Andrade Muricy, "Prefácio", em *Poesias Completas de B. Lopes, op. cit.*, p. 15.

18. "Em *Pizzicatos*, B. Lopes espelha a dissolução *fin de siècle* das classes elegantes, falando em viscondessas, barões e outros nobres, e terminando os poemas de modo humorístico; poder-se-ia falar em Realismo urbano, tal a exatidão dos detalhes e o espírito de observação, se as cenas e as personagens não fossem imaginadas antes que contempladas. Não obstante, tal é a significação dos pormenores e tal o espírito de crítica social, *a contrario*, contidos nos poemas, que, tomando-se as viscondessas e duquesas como simples metáforas de burguesas mundanas e elegantes, o livro pode e deve ser capitulado como realista" (P. E. da Silva Ramos, "A Renovação Parnasiana

Bosi consagra ao poeta na sua *História Concisa*, em 1970: "Assim, há muito de pessoal nos *Cromos* (1881), de B. Lopes que, antes de se perder no esteticismo esnobe dos *Brasões* e de *Val de Lírios*, desenvolveu uma linha rara entre nós: a poesia das coisas domésticas, os ritmos do cotidiano"[19].

A única exceção recente na apreciação do poeta e da sua obra que foge às linhas traçadas por Veríssimo é a de José Guilherme Merquior. Mesmo ela, entretanto, tem de pagar tributo à preconceituosa e estereotipada descrição do poeta e da sua atitude estética:

> Era o tipo acabado do "mulato pachola", do dândi espalhafatoso, de polainas e monóculo, camisa azul, gravata esvoaçante e buquê – buquê mesmo! – na lapela; vagamente anarquista, mas, sobretudo, boêmio, nessa idade áurea da boêmia carioca, encarnada pelos Guimarães Passos, Paula Nei, Emílio de Meneses, Patrocínio Filho e Pardal Mallet [...]. A popularidade que lhe granjearam os quadrinhos rústicos, a um só tempo realistas e sentimentais, dos *Cromos* (1881), precedeu a dos parnasianos. [...] Com *Pizzicatos* (1886), porém, "comédia elegante", B. Lopes abandonou o realismo romântico pela idealização meio humorística de uma alta sociedade nobiliárquica, cheia de refinamentos bem escassos na própria burguesia tropical que o poeta, em sua modesta condição de raça e de classe, roçava sem penetrar.

Mas apesar de pagar o pedágio obrigatório, e de continuar insistindo na tese do mestiço pobre e rancoroso, Merquior vai mais longe que os predecessores recentes, traçando o quadro literário no qual se deve ler a poesia de B. Lopes:

> Num desafio esteticista bem "decadente" – análogo, por certo lado, ao evasionismo pequeno-burguês de Huysmans – o boêmio do Catumbi dava o troco ao nosso *stablishment* finissecular [...]. Os assuntos urbanos e elegantes de B. Lopes, a sua imagística insólita, o seu cromatismo requintado, não tinham paralelo entre nós, como é fácil perceber em "Magnífica", um dos admiráveis sonetos de *Brasões* (1895) [...]. Se cotejarmos, porém, esses versos com as estrofes iniciais do poema de abertura do *Livro de Cesário Verde* (1887) [...] logo nos daremos conta de várias convergências [...]. Trata-se de uma poesia erótica *realista*, que celebra Beatrizes mundanas, enfeitiçantes, mas nem por isso menos ironizáveis [...][20].

---

na Poesia", em A. Coutinho (org.), *A Literatura no Brasil*, 3.ed., Rio de Janeiro, J. Olympio, 1986, p. 140 (1. ed., 1955-1959). Reproduzido em *Do Barroco ao Modernismo: Estudos da Poesia Brasileira*, São Paulo, Conselho Estadual de Cultura, 1967).

19. A. Bosi, *História Concisa da Literatura Brasileira*, 2. ed., São Paulo, Cultrix, 1975, p. 257.

20. José Guilherme Merquior, *De Anchieta a Euclides: Breve História da Literatura Brasileira*, Rio de Janeiro, J. Olympio, 1977, pp. 136-137. É certo que, nessa mesma passagem como em outras do seu estudo sobre o autor, Merquior paga o que parece ser o tributo necessário ao biografismo, no

Depois de Merquior, B. Lopes praticamente não voltou a receber atenção. Na verdade, esse livro, que é tão inteligente e erudito quanto mal conhecido, não parece (por isso mesmo) ter operado qualquer mudança na imagem crítica de B. Lopes. O que é o mesmo que dizer que o poeta continua sem existência real no cânone historiográfico da literatura brasileira.

É compreensível, porque, em linhas gerais, os paradigmas até agora dominantes na historiografia literária – e que são, em grande medida, modalizações de uma descrição essencialmente romântica, baseada em metáforas organicistas – caminham sempre com um pé na narrativa da construção sociopolítica da nação e outro no desenho da linha teleológica que deságua no Modernismo de 1922.

Nesses enredos, figuras como B. Lopes têm ainda menos lugar do que outros vultos hoje bastante apagados, como, por exemplo, Raimundo Correia ou Alberto de Oliveira. Estes, como B. Lopes, não favorecem as leituras que subordinam o interesse literário à avaliação do "empenho" social, nem estimulam as leituras que por toda a parte buscam os anúncios ou prefigurações da redenção modernista.

Mas B. Lopes tem, comparado com eles, um defeito a mais: nem foi um acadêmico respeitável, nem foi um homem em revolta aberta contra a discriminação de raça e de classe que, de fato, parece ter sofrido.

Foi um rebelde, apenas, um boêmio, e por isso foi descrito como um mulato que nunca superou a mulatice, como um macaqueador do dandismo europeu, um oprimido que se contentou em mimetizar o opressor por meio de delírios mais ou menos compensatórios. Perdeu-se no "esteticismo", como resumiria um crítico para o qual essa palavra é sempre negativa, porque é o oposto da participação política e da solidariedade social.

Nos últimos anos, porém, alguma mudança se tem operado no paradigma histórico e crítico da literatura brasileira. Isso é muito sensível justamente

caso do "mulato pachola", mas, no todo e nas partes, é apesar disso a melhor aproximação crítica que conheço aos versos de B. Lopes. E a aproximação de B. Lopes a Huysmans e a Cesário Verde procede. No caso deste último, porém, não porque, como parecem indicar as datas que citou, se trate de influência do poeta português sobre o brasileiro. Trata-se, para usar a mesma palavra, apenas de "convergências". Porque, se é verdade que a primeira publicação de *O Livro de Cesário Verde* foi em 1887, também é certo que essa primeira edição não circulou: organizada postumamente por Silva Pinto, os duzentos exemplares dessa primeira publicação não foram postos à venda, mas distribuídos como oferta "pelos parentes, pelos amigos e pelos admiradores *provados* do poeta". Como lembra Joel Serrão, foi apenas em 1901 que surgiu aquela que é "a primeira [edição] lançada ao público em geral" Cf. Joel Serrão, "Tábua Biobliográfica de Cesário Verde", em Cesário Verde, *Obra Completa*, Lisboa, Livros Horizonte, 1992, pp. 20-21.

no que diz respeito ao período antes denominado, no quadro da bitola nacional-teleológica, "Pré-Modernismo".

Em decorrência, creio que já é bastante sensível que, de agora em diante, será preciso olhar de modo menos defendido para as várias formas de poesia anteriores ao Modernismo ou contemporâneas a ele: Parnasianismo, Simbolismo e todo o vasto leque de tendências até agora batizadas de modo vago ou pejorativo: penumbrismo, epigonismo, sincretismo. Com isso, da mesma forma que já se republica uma série de livros notáveis e há tantos anos esquecidos, talvez em breve se republique toda a poesia de B. Lopes.

Lidos os seus versos pela primeira vez por uma geração nova, sem os filtros das anedotas de sabor racista, sem os travos de um biografismo ingênuo ou mal intencionado e, sobretudo, sem um discurso que avalie o passado apenas em função do que se atualizou ou não atualizou no Modernismo de 22 – lidos os seus versos sem todos esses entraves, talvez seja possível às próximas gerações reconhecer o grande poeta que ele é, enterrando de vez a máscara de mulato metido a besta que a reação da época lhe colou ao rosto, que José Veríssimo cimentou e que, pelos vários motivos que fui relacionando, nunca a melhor crítica ou a melhor historiografia de meados deste século achou que valia a pena retirar.

12

UTOPIAS AGRÁRIAS NA LITERATURA BRASILEIRA DO COMEÇO DO SÉCULO XX

Diz a tradição que, no último ano do seu reinado, Pedro II do Brasil teria acedido ao pedido de um anarquista italiano chamado Giovanni Rossi, que lhe demandava a concessão de terras para a implantação de uma sociedade anarquista. Fosse verdade, e não seria a primeira vez que o Imperador se mostrava receptivo à idéia de implantar no país núcleos humanos que se pautassem por formas coletivistas de distribuição da propriedade.

Fosse como fosse, não teria podido o Imperador acompanhar a história do experimento. No ano seguinte seria proclamada a República e Pedro II seria expulso do país, e só em fevereiro de 1890 embarcariam finalmente para o Brasil os primeiros anarquistas que fundariam a famosa colônia no interior do Paraná.

O empreendimento, tendo enfrentado todo tipo de problemas econômicos e de organização política, vai terminar melancolicamente em 1894. Mas é apenas em 1942 – cinqüenta anos depois, portanto – que a sua história vai ser contada para todo o país, no livro *Colônia Cecília: Romance de uma Experiência Anarquista*, de Augusto Schmidt.

Entre uma data e outra, entretanto, as experiências da Colônia Cecília e de outras colônias coletivistas instaladas no país foram assunto de escritores hoje pouco lembrados, mas que tiveram leitores e influência no seu próprio tempo. Dois desses esquecidos serão convocados aqui, os dois que de modo mais interessante glosaram, cada um à sua maneira, a utopia de uma sociedade nova, construída a partir de uma alteração mais ou menos radical no regime da produção e da distribuição da riqueza agrícola no Brasil.

Os autores são Curvelo de Mendonça e Veiga Miranda. E os textos que escreveram são, respectivamente, a novela *Regeneração*, de 1904, e o romance *Redenção*, de 1914.

Regeneração é o menos acabado dos dois, do ponto de vista literário, e o mais interessante, do ponto de vista da crítica social. A história se deixa resumir em poucas linhas: um lavrador anarquista, leitor de Kropótkin e discípulo de Tolstói, depois de ter sido expulso de um engenho de açúcar na Bahia, desenvolve autonomamente uma longa pregação anarco-socialista entre a gente humilde do lugar. Adepto do pacifismo, incapaz de confronto ativo, vive por longos anos uma espécie de "imitação de Cristo", da qual nunca sairia, não fosse o acaso torná-lo o mestre espiritual do único herdeiro daquele mesmo engenho do qual fora expulso. O revolucionário pregador, que se chama António e é casado com uma senhora chamada Esperança, vai então, em companhia do herdeiro da vasta propriedade, presidir a uma nova vida social, num engenho chamado Jerusalém.

Dividido em duas partes – a pregação de António e a implementação de suas idéias –, *Regeneração* apresenta uma proposta concreta de reforma social, de cariz fourierista, em que a técnica e a ciência burguesas representam um papel absolutamente central. Esse é, na verdade, o ponto mais interessante da utopia de Curvelo de Mendonça: os habitantes da nova Jerusalém recusam tudo do velho mundo burguês, de que se isolam programaticamente, exceto a tecnologia industrial. Importada diretamente da Alemanha para a fazenda-modelo, é ali reproduzida, adaptada e ensinada, fazendo dessa colônia anarquista um grande empreendimento produtivo e lucrativo. Algumas das passagens mais interessantes dizem respeito exatamente à relação do novo e do velho mundo com a técnica e com a ciência. Enquanto Jerusalém conhece e aplica todas as novidades existentes na produção do açúcar, as fazendas vizinhas se organizam pelos velhos princípios de exploração da riqueza, sendo refratárias ao novo e, portanto, à tecnologia. E isso assegura a primazia não só social, como também econômica, do modelo revolucionário.

Junto com a ciência e a tecnologia, a higiene é a outra pedra de toque da sociedade libertária. Contrariamente ao que se vê no mundo capitalista que a cerca, cujas cidades e fazendas são palco de todo tipo de imundícies físicas e morais, a nova sociedade, tal como se desenha em Jerusalém, é limpa e arejada em todos os níveis: desde o industrial até o da vida individual. Industrialmente, o livro apresenta, junto com uma nova proposta de divisão do trabalho, uma inovadora arquitetura. No domínio da vida privada, um completo programa de saúde, marcado pela adoção de uma norma médico-filosófica que propõe o vegetarianismo e a busca do equilíbrio físico pelo sábio uso das ervas e, sobretudo, dos poderes curativos do sol e da água.

Embora o enredo seja bastante frouxo e a trama se reduza a uma construção alegórica, em que as personagens têm pouca autonomia e pequena densidade psicológica, o livro ganha alguma atualidade, graças à perspectiva ecológica que anima a maior parte dos longos discursos da personagem principal e vários excursos do narrador. É justamente nesse caráter de ostensiva pregação que reside hoje o interesse imediato do livro, pois algumas das idéias e pontos de vista ali apresentados recuperam atualidade nestes tempos de descrença na vida política organizada e de aposta nas soluções alternativas e tópicas.

O ponto, porém, que apresenta real interesse histórico-cultural é a forma de construção da utopia: num país em que boa parte das terras não tinham proprietários legais, num país em que a propriedade da terra podia e pode ser muito facilmente contestada, do ponto de vista moral e mesmo legal, o autor escolheu uma solução cuidadosa, que evita o conflito. Com o conflito, evita o autor a apresentação de sua obra como uma proposta de insurreição. A alegórica sociedade nova, construída por um sonhador nesses primeiros tempos republicanos, nasce abençoada pela legalidade: não se discute a posse da terra, que continua pertencendo exclusivamente ao herdeiro rico. Esse é um aspecto importante, que devia ter grande importância para o autor, pois ele julgou necessário explicitá-lo no texto do romance, quando da discussão do reformador com o antigo tutor do jovem proprietário. Quero dizer: mesmo no âmbito da mais livre fantasia alegórica, a questão da posse da terra, em 1904, não era passível de outro tratamento que não fosse o da confirmação do regime de propriedade então vigente. A utopia, aqui, diz respeito apenas ao uso, e não à apropriação, ou, melhor, desapropriação da terra. A batalha ideológica, assim, não se trava entre o reformador e o proprietário legal da terra. Mas entre os dois indivíduos que concorrem pela sua tutela: o burguês pervertido – representado pelo advogado que é o seu tutor legal – e o apóstolo socialista, que é o seu tutor espiritual. É entre esses dois homens que se dá a pequena tensão existente no livro, e é entre eles que se passa a única cena de confronto ostensivo existente em toda a novela. Nem mesmo os demais proprietários de terras, que tentam opor-se à expansão vitoriosa do engenho Jerusalém, são apresentados como obstáculos à implementação da nova sociedade. E a luta de classes, cuja tematização seria de esperar numa narrativa libertária, é a grande ausente do livro. O único combate real que o enredo traz à cena é o que se trava entre o conhecimento e a ignorância. Daí o papel central atribuído ao ensino, cuja estrutura e objetivos na nova sociedade são muito longamente expostos.

Evitando a tematização da luta de classes e fugindo ao questionamento da legitimidade da posse da terra, o texto de Curvelo de Mendonça acaba por propor, como remédio dos males sociais, uma aliança entre três tipos de homens de boa vontade. Essa trindade ideal, que no final do livro preside em espírito à expansão infinita da nova Jerusalém, é formada justamente pelos tipos que vimos comentando: o apóstolo socialista, o proprietário dos bens de capital e o homem de ciência. É da sua conjunção afetiva e programática que deveria nascer a nova sociedade brasileira, a julgar pelas últimas páginas do livro. A proposta de Mendonça pode, portanto, ser sintetizada, no final das contas, no ideal da aliança dos bons. E a forma de ação social dessa revolução fica reduzida assim, voluntariamente, à educação pela palavra e pelo exemplo, sem qualquer ataque direto às bases da organização da sociedade burguesa.

Embora se proponha igualitária, é bastante sensível que a visada de Curvelo de Mendonça procede de um ponto de vista patriarcal. António (diz o narrador) "a todos amava e de todos era amado numa fraternidade patriarcal de relações que eram objeto de admiração e respeito do povoado próximo e dos sítios circunvizinhos". Em outro contexto, "fraternidade patriarcal" soaria com certeza como um contra-senso. Não aqui, porém, neste livro em que boa parte da ação procede do confronto entre dois tutores que disputam o controle sobre as propriedades e a vontade de um órfão rico. Não aqui, onde de fato tudo se passa como se a revolução social dependesse da vontade de tutores e tutelados, situados ambos num nível muito superior àquele em que se encontra o povo miúdo, que aliás só aparece como coadjuvante, sem qualquer importância actancial na organização narrativa da novela.

É justamente essa arraigada concepção patriarcal da sociedade o que permite aproximar as duas obras que nos propusemos comentar, apesar de todas as grandes diferenças de perspectiva e de construção ficcional existentes entre elas.

O patriarcalismo, que em Curvelo de Mendonça comparece como pano de fundo ou baixo contínuo, recebe, na obra de Veiga Miranda, todas as luzes da ribalta. Em *Redenção*, o projeto de reforma social se esboça exclusivamente a partir de uma situação familiar, em que o filho de um grande senhor de terras orienta sua vida no sentido de restituir aos descendentes ilegítimos de seu pai os seus direitos de herança. É essa a redenção de que trata o livro: a incorporação, no seio da família, do grande número de mestiços que descendiam do antigo senhor de escravos.

O livro de Veiga Miranda não tem, portanto, uma proposta geral de mudança no sistema de produção rural no Brasil. O caminho que ele aponta para a obra de construção nacional, embora constitua uma espécie de reforma agrária, na medida em que o latifúndio seria dividido eqüitativamente em pequenas propriedades produtivas, não foge ao âmbito da democracia familiar. Eis o seu desenho: na fazenda dos Buritis, cada família de bastardos recebe um lote devidamente apetrechado e provido de infra-estrutura produtiva. Esses lotes, por sua vez, organizam-se concentricamente em torno de uma pequena cidade, que é basicamente uma escola e um lugar de sociabilidade e de comércio. A cada cinco anos, todas as terras disponíveis, acrescidas das que fossem adquiridas pela comunidade fora do núcleo original, são redistribuídas entre os descendentes masculinos dos primeiros habitantes, sendo proibida a venda de terras a pessoas de fora da comunidade.

Do ponto de vista do narrador, o grande inimigo a enfrentar para transformar o Brasil num país melhor e mais poderoso é o sistema de posse e transmissão da terra. "O grande mal fora o exclusivismo no posseamento do solo, em vastos retalhos de territórios extorquidos aos selvagens, constituindo-se o feudalismo agrário, rudimentar, o chefe erigindo o pendão de domínio ante o séquito numeroso de servos e pretos escravizados, enquanto homens livres, tendo colaborado na mesma empresa, os boiadeiros, os peões, os capatazes das tropas, ficavam à parte, não contemplados na partilha do leão." Entretanto, nenhum desses outros elementos sociais será contemplado na utopia dos Buritis. Pelo contrário, apenas aqueles que estivessem ligados pelo sangue ao primeiro posseiro daquelas terras é que teriam direito a elas. Nem os índios, nem os homens livres empregados pelos desbravadores poderiam ter lugar na nova ordem ideal. A não ser que, casando-se com os descendentes do Capitão-Mor, passassem a integrar a família. A obra, assim, é marcada por uma forte conotação patriarcal e por preocupações raciais interessantes.

Na verdade, ressalta da leitura a impressão de que, para Veiga Miranda, o que deve ser objeto de redenção é a raça mestiça, gerada pela lascívia dos proprietários de escravos. É o mestiço que vai ser redimido e educado, nos Buritis, para superar os estigmas que pesam sobre ele e se transmitem ao país como um todo. A grande obra por fazer, no nível nacional, está portanto expressa nesta frase: "os mestiços indolentes afaziam-se à atividade, cônscios de que trabalhavam em seu direto proveito; regeneravam-se os costumes, readquiriam saúde e alegria...".

Combatendo ao mesmo tempo o abandono dos mestiços e a ociosidade citadina dos herdeiros brancos dos colonizadores, a proposta da vida comunitária no campo teria, a longo prazo, quando o exemplo dos Buritis fosse seguido por todo o país, o poder de formar a nova raça brasileira, como se lê nas últimas páginas do livro: "a própria raça lucraria com a alteração coletiva de hábitos, deixando a mocidade de comprometer a saúde nas orgias das capitais para robustecer o organismo no ar puro e no trabalho dignificante dos campos".

A rejeição à vida citadina é, aliás, bastante forte neste texto e nisso o aproxima do escrito por Curvelo de Mendonça. Lugar de perdição e de sofrimento, aqui como em *Regeneração*, a cidade é a antiutopia e funciona como lugar infernal, onde todas as personagens, de uma forma ou de outra, experimentam profunda infelicidade. Mas, enquanto em *Regeneração* a cidade é simplesmente banida da futura sociedade, em *Redenção* ela não é em si mesma um mal, e a proposta é reduzi-la à dimensão inofensiva de um lugar de troca, arrendado a terceiros e controlado estritamente pelos proprietários rurais que a impedirão de crescer além dos limites desejáveis.

Resta ainda comentar um outro aspecto dessa utopia racial e agrícola: o lugar do imigrante. De fato, a quase totalidade do livro não é ocupada pela apresentação do projeto social, mas pela crítica das condições atuais da vida das classes pobres no Brasil. E aqui é que reside outro ponto interessante desse livro. Não é pela narração da história de um mestiço, de um descendente do Capitão-Mor, que tomamos contato com a pobreza, mas pela história de uma família de imigrantes lombardos, que sofre nas fazendas de café. E o fato de a saga desses imigrantes terminar pelo enxerto no tronco da família do Capitão-Mor (por meio do casamento livre da filha do imigrante com o neto do Capitão, formando o primeiro casal a habitar os Buritis) dá o fechamento da proposta social do livro: a redenção da raça brasileira se faria pela assimilação do imigrante ao latifundiário tradicional, que juntos se ocupariam de conduzir a grande legião de mestiços ao caminho do progresso e da civilização. Em tal quadro, não causa estranheza que nenhum negro ou mestiço – apesar de a sua redenção ser o objetivo da organização dos Buritis – tenha qualquer papel no romance, exceto uma preta velha que escolhe, ao invés de estabelecer-se nas novas terras, servir de mucama à filha do imigrante.

Não é possível, dada a natureza desta comunicação, estender-me no comentário desses textos. Basta, de momento, trazê-los à consideração, porque ambos dizem, mais do que pelas suas diferenças, pelas suas semelhanças, muito sobre o primeiro período da vida republicana no Brasil. Em primeiro lugar, como já observamos, em ambos os textos temos uma visada paternalista da transformação social, e uma opção por não discutir a legitimidade da propriedade privada. Em segundo lugar, ambos os textos propõem uma reforma pacífica da sociedade, realizada num espaço isolado e mantido separado de tudo o que o cerca. Nesse sentido, é muito representativa esta frase de *Redenção*: "A missão era coletiva e imutável. O mundo, porém, com toda a sua beleza e em toda a sua indigência, limitava-se para André Garcia às fronteiras dos Buritis". Em terceiro lugar, os dois textos identificam, como males nacionais, o atraso científico na exploração agrícola, a mudança do eixo da vida coletiva (que transitava das fazendas para as cidades), a alienação das elites e a concepção bacharelesca do conhecimento, que não produzia riquezas e servia à perpetuação da desigualdade social. Por fim, vale a pena registrar que nos dois livros existe uma afirmação da religiosidade laica e um forte anticlericalismo, de que redunda, entre outras coisas, o elogio e o exemplo do amor livre, isto é, no caso, do casamento puramente consensual, sem formalidades religiosas ou civis.

Comentando de modo geral esses textos, Lúcia Miguel Pereira os censurava nestes termos: "num país onde tanto havia a dizer nesse sentido, onde as instituições amparavam apenas uma parte mínima da população, cujo povo, minado pela doença e pela ignorância, não chegava moralmente à maioridade, pregavam o amor livre, a extinção da propriedade e da moeda, a abolição da justiça". Não lêssemos os textos, mas apenas esta opinião, e teríamos uma idéia muito diferente daquilo que neles vai. Longe de serem devaneios descompromissados com a realidade social imediata e preocupados apenas com a transplantação direta de propostas de reforma social nascidas na Europa, esses dois livros constituem, para o bem e para o mal, adaptações muito brasileiras das grandes questões libertárias e dos projetos utópicos que agitavam o mundo nas primeiras décadas desse século. Nisso está simultaneamente a sua fraqueza e a sua força: por um lado, não são textos em que se dê um livre vôo à imaginação, na construção de uma sociedade ideal; pelo contrário, como vimos, apresentam ambos uma preocupação muito sensível de verossimilhança, de apresentar um ideal teoricamente exeqüível no quadro social e político do momento; por outro lado, nessa busca da verossimilhança, constituem ambos documentos muito interessantes e eloqüentes do estado da reflexão libertária e dos limites expressivos dessa mesma reflexão no momento em que foram redigidos.

13

UM CERTO POETA JAPONÊS

Em 1924, apresentando o volume de poemas *Pau-Brasil* de Oswald de Andrade, Paulo Prado introduzia em nossa literatura um haicai destinado a correr mundo e fazer alguma fortuna crítica. Elogiando a nova poesia renovadora e combativa, escrevia então o prefaciador:

Esperemos também que a poesia "pau-brasil" extermine de vez um dos grandes males da raça – o mal da eloqüência balofa e roçagante. Nesta época apressada de rápidas realizações a tendência é toda para a expressão rude e nua da sensação e do sentimento, numa sinceridade total e sintética.

Le poète japonais
Essuie son couteau:
Cette fois l'éloquence est morte.

diz o haicai japonês em sua concisão lapidar. Grande dia esse para as letras brasileiras.

A relação que assim se estabelecia entre a poética pau-brasil e a arte do haicai deu vários frutos ao longo dos anos e Haroldo de Campos retoma expressamente esse haicai de Paulo Prado pelo menos duas vezes: num trabalho sobre poesia japonesa, de 1958, e na apresentação às *Poesias Completas* de Oswald, em 1972, onde o li pela primeira vez.

À medida que fui aprendendo um pouco de literatura japonesa, fui-me convencendo de que aquele era um haicai muito singular, estranho mesmo. Em primeiro lugar, não havia nele nem um pouco do sabor rural, campestre, que caracteriza a maior parte dos haicais japoneses. Um haicai é usualmente composto de forma a indicar sua posição no quadro mais amplo da revolução das estações, do ciclo natural. Chama-se em japonês *kigo* a palavra-chave que permite o enquadramento do pequeno texto no fluxo da estação. Esse haicai não tinha *kigo*. Mas não era essa ainda a principal fonte de estranhamento, mas o fato de ser um haicai excessivamente conceitual, desligado de qualquer experiência sensória. Custava-me aceitar o distanciamento que se permitia esse poeta japonês que se referia a si mesmo como "poeta japonês". "Poeta" já era uma designação inesperada, mas compreensível em uma tradução. Mas por que "japonês"? Por que um poeta japonês julgaria que o fato de ser japonês o preparasse melhor para lutar contra a eloqüência? Se "japonês" aqui estivesse em oposição a francês ou italiano, tudo ficaria perfeitamente encaixado, pois nos parece evidente que um poeta japonês está mais qualificado, por sua própria tradição, para vencer a tentação ou o desafio da eloqüência. O haicai faria então sentido: dessa vez, confrontada com um poeta japonês, a eloqüência levou a pior, contrariamente ao que sucedeu em confrontos anteriores, no Ocidente. Mas devemos convir em que ao frisar a sua origem nacional um poeta japonês dificilmente se compararia a colegas tão distantes, de um mundo tão diverso e desconhecido quanto o inglês ou o alemão. Na boca de um nipônico, a afirmação da nacionalidade significa, pelo menos até o início do século XX, oposição à cultura estrangeira que lhe é mais próxima e que tem sobre a sua a maior influência. Desde o início da poesia japonesa, o nome *Waka* (poesia do país de Wa) significa concretamente poesia não-imitada da chinesa, ou seja, o nacional se define por oposição ao que deriva sensivelmente da cultura-mãe, da tradição chinesa. Nesse contexto, estaríamos dispostos a aceitar que o poeta japonês se vanglorie de possuir, no combate contra a eloqüência, alguma vantagem sobre o poeta chinês? Não é verdade que o haicai só faz então pleno sentido se entendermos que japonês significa aí não-ocidental? Foi o que pensei, e julguei que a tradução teria sido no mínimo bastante livre.

O próprio conceito de eloqüência, por sua vez, é estranho à tradição japonesa. Nós freqüentemente concordamos hoje em que a eloqüência seja inimiga da poesia. Desde há muito pouco tempo – cerca de século e meio – a poesia pode ser entendida como uma árdua conquista ao terreno pantanoso da eloqüência. Isso se deve, porém, ao fato de termos tido até recentemente uma grande e brilhante tradição de eloqüência. Mas no Japão, onde a eloqüência nunca mereceu a mesma atenção que teve entre nós por séculos e séculos, onde nunca teve o mesmo desenvolvimento que entre nós, como compreender que um poeta encontrasse uma imagem tão eloqüente para condenar a eloqüência?

Eu estava já há um bom tempo nesse ponto morto de minha desolação e desconfiança, buscando aqui e ali informações sobre a fonte de Paulo Prado, sobre o nome do estranho poeta japonês que tão bem expressara um nosso ideal moderno, quando a solução do problema surgiu de súbito pela mão de um colega que trazia da França um calhamaço com todos os textos em que eu julgava poder encontrar a resposta para a charada que já durava uns bons e tantos anos. E lá estava o nosso poeta japonês, um autor de méritos miúdos, praticante do haicai à francesa, um discípulo de Couchoud chamado Joseph Seguin (1878-1954), a respeito do qual não consegui saber muito.

Seu mestre, Couchoud, fizera uma visita ao Japão por volta de 1900 e na volta, tendo lido muitas traduções inglesas, introduziu em França o gosto pela imitação livre das traduções de haicai. Um dos primeiros resultados da nova moda foi o relato de um passeio que Couchoud, Seguin e um outro amigo fizeram em um pequeno barco: um conjunto de "haicais" intitulado *Au fil de l'eau*, publicado em 1905.

Durante a guerra, em 1916, Joseph Seguin, que adotara o pseudônimo de Julien Vocance, publicou uma coletânea de tercetos em versos livres e não-rimados, i.e., haicais, que fez sensação: *Cent visions de guerre*.

Animado pelo sucesso, e acreditando que o haicai livre era a melhor forma poética, Vocance compôs uma "Art poétique", saturada de Rimbaud e de Verlaine, que começa justamente com o terceto reproduzido por Paulo Prado.

Escrito por um japonês, seria um mistério. Escrito por um francês, sob o título que tem, é uma pobre contrafação em exotismo aguado do verso de Verlaine tão nosso conhecido: "Prends l'éloquence et tords-lui son cou!"

Paulo Prado o teria lido em *La connaissance* de junho de 1921, onde foi publicado? Ou teria recebido informação de outros? É provável que não saibamos nunca como chegou às suas mãos o haicai japonês – e isso não tem realmente importância. Como talvez também não tenha o que agora sabemos a mais sobre a efígie nipônica que abençoou a poesia pau-brasil de Oswald.

14

WENCESLAU DE MORAES E O EXOTISMO

Wenceslau de Moraes foi, durante os últimos anos do século XIX e as primeiras décadas do XX, o cronista do Oriente em português. Tendo vivido no Japão por muitos anos, a princípio como cônsul em Kobe e depois quase anonimamente numa vila afastada, tinha da vida japonesa uma experiência muito íntima, que dividia com o leitor de Portugal num discurso que alternava entre o registro confidencial, numa espécie de solilóquio que se oferecia à leitura do compatriota distante, e o jornalístico, quase didático, às vezes tingido por um tom de propaganda de uma utopia realizada.

O primeiro contato de Moraes com o Japão data de 1889. Nessa ocasião, com a idade de 35 anos, não era um estreante no Oriente. Já em 1885, como oficial da Marinha, andara por Zanzibar, Colombo, Cingapura e Timor, e desde abril de 1889 vivia na China portuguesa, onde continuou a carreira militar e integrou a primeira equipe de professores do Liceu de Macau, fundado em 1894. Nessa cidade, que descreverá sempre com desgosto e quase com aversão, viveu até 1898, quando se transferiu definitivamente para o Japão, deixando para trás a mulher chinesa e os dois filhos que dela tivera.

É bastante impressionante o efeito que o Japão causou sobre a sensibilidade de Moraes. Desde aquele primeiro contato, sua escrita se transforma: não é mais o melancólico cronista que descreve as misérias da condição humana no Oriente, nem o condoído e às vezes cínico espectador dos dramas que seu olhar agudo ia descobrindo no dia-a-dia chinês. Desde que põe os olhos no Japão, Moraes se transforma, exulta, crê redescobrir o paraíso terrestre, que trata de apreender pela escrita, entusiasmado. Fascina-o primeiramente a paisagem, que julga a mais bela de quantas viu pelo mundo. Depois, o quotidiano do povo, integrado à paisagem e ao ritmo natural, permeado de arte e de sentido estético. Finalmente, a mulher indígena, símbolo e resumo das qualidades da vida nipônica: a *mussumé*.

Quando na China, seus temas preferenciais eram os ajuntamentos coletivos, as práticas sociais, a descrição, desde o exterior, dos costumes bizarros. A intimidade com o mundo descrito não era um ideal a ser buscado. Pelo contrário, a aproximação do mundo concreto em que viviam e sofriam os chineses surge nos seus textos como algo a ser evitado. Há neles um movimento de defesa, de fechamento, que ora se traduz como cinismo, ora como aversão pura e simples. Poucas vezes, como na passagem em que retrata Atchan, mãe de seus filhos, chorando pela própria mãe que não conheceu, sentimos Moraes menos defendido pela típica maneira exotista à Loti, que consiste justamente em frisar e talvez mesmo em exagerar a distância entre o discurso e o seu objeto.

No Japão, pelo contrário, Moraes busca a identificação com o seu tema, procura penetrar a intimidade da vida dos nativos. Curioso, tenta lançar um olhar simpático para dentro dos impenetráveis lares japoneses, tenta entender as formas da vida familiar e amorosa daquele povo tão diferente. Depois, busca ele mesmo o exercício do quotidiano japonês numa cidade de província, vivendo despojadamente os seus últimos anos. Entre esses dois momentos, funcionando mesmo como um traço-de-união e um fator de transição entre um e outro, encontramos uma personagem central em boa parte da obra de Wenceslau de Moraes: a *mussumé*, a jovem mulher nipônica. Entrevista na rua ou nos afazeres domésticos, freqüentemente hipostasiada na gueixa ou na companheira com quem vivia, e finalmente objeto de um culto religioso de saudade, a *mussumé* representou para Moraes a via de acesso e comunhão possível com aquele outro mundo pelo qual, desde o princípio, se sentiu irresistivelmente atraído.

Entre todas as muitas páginas consagradas à mulher japonesa, ressaltam aquelas em que Moraes nos fala de uma gueixa a que se afeiçoara e com quem convivera maritalmente entre 1899 e 1912. Nas fotos que dela nos restaram, vê-se uma mulher simples, de olhar doce e levemente triste. Embora de feições agradáveis, é certo que não se tratava de nenhuma beleza peregrina. Nem foi de outra forma que Moraes a apresentou a seus leitores. Quanto ao aspecto moral, das descrições de Moraes obtemos que era dotada de bondade, graça e delicadeza – ou seja, das qualidades que ele tanto admirava na *mussumé*. Atendia pelo nome de O-Yoné, Senhora Grão de Arroz, e era 21 anos mais nova do que ele. Foi, das mulheres que teve, aquela a quem mais ternamente se afeiçoou, e quando ela morreu, Moraes demitiu-se das funções consulares que exercia em Kobe para ir viver em Tokushima, a aldeia onde as cinzas de O-Yoné foram enterradas.

Em Tokushima passou a viver de fato, desde 1913, levando consigo uma sobrinha de O-Yoné, chamada Ko-Haru – a Senhora Veranico – que tinha então menos de 20 anos e seria sua última paixão.

Em 1916, Ko-Haru adoeceu gravemente e precisou ser internada no hospital da cidade. Foram vividos lá dentro os seus últimos dias, que Moraes depois imortalizou num livro justamente famoso, cujas páginas divide com as lembranças de O-Yoné.

O-Yoné e Ko-Haru, que foi lançado em volume em 1923 pela Renascença Portuguesa, é uma coletânea de textos, ligados entre si pelo tema da solidão do velho eremita imerso no culto da saudade das duas mulheres mortas. Alguns dos capítulos que o integram conheceram publicação anterior: o capítulo referente à doença de Ko-Haru e seus últimos dias no hospital viera já publicado no começo de 1917 numa separata do jornal *O Comércio do Porto*; um outro (*Será O-Yoné?... Será Ko-Haru?...*), saíra em 1918 em edição da revista *Lusa*, de Viana do Castelo.

Embora não tenha sido a obra mais popular de Moraes – teve só uma edição, enquanto várias outras foram continuamente reeditadas até os dias de hoje – *O-Yoné e Ko-Haru* tem sido talvez o livro mais realçado e valorizado pela crítica[1]. Óscar Lopes, por exemplo, que identificou na trajetória literária de Moraes uma evolução desde o naturalismo inicial dos textos chineses até o impressionismo e saudosismo dominantes nos relatos japoneses, vê nesse livro uma espécie de coroamento daquele percurso evolutivo ("a obra onde melhor se exprime o saudosismo do autor") e do desenvolvimento estilístico moraesiano ("a acuidade introspectiva acentua-se; há páginas dignas de Marcel Proust")[2].

Armando Martins Janeira, biógrafo de Moraes e certamente o pesquisador que mais fez pela divulgação e estudo de sua obra, escreveu em certo texto que "*O-Yoné e Ko-Haru*, a obra-prima de Moraes, é um livro profunda-

---

1. Somente onze anos depois de escrito este estudo, que é de 1995, houve outra edição de *O-Yoné e Ko-Haru*, organizada e apresentada por Tereza Sena e publicada em Lisboa, em janeiro de 2006, pela Imprensa Nacional/Casa da Moeda.
2. Óscar Lopes, *Entre Fialho e Nemésio*, Lisboa, INCM, 1987, pp. 141-158.

mente triste, iluminado pelo amor que alaga por cada página e tece uma rede de luz e de encanto que nos prende e enternece"[3].

Nessa frase, a espontaneidade, que seria a qualidade de sentimento dominante no livro, aparece, de alguma forma, vinculada à excelência literária. Em outra passagem do mesmo texto, essa vinculação é mais claramente expressa: "O mais notável de *O-Yoné e Ko-Haru* é a sua vivacidade autobiográfica, o seu calor humano. O tom descritivo que predomina em livros anteriores de Moraes, e em todos os livros escritos até hoje sobre o Japão, não surge aqui e é substituído pelo tom de confissão".

Janeira vai, portanto, considerar que *O-Yoné e Ko-Haru* representa um divisor de águas num processo evolutivo que substitui o exotismo por uma vivência íntima: "Desaparece a nota do pitoresco do Japão, não há mais exotismo – apenas a intimidade". De um lado, portanto, estaria o exotismo, identificado ao pitoresco, ao descritivo – à exterioridade e à superficialidade, portanto. De outro, a percepção íntima, que mostra para o leitor "um Japão que deixou de ser exótico para ser um Japão humano, humanamente compreendido, pela primeira vez, por um escritor ocidental".

Embora possamos perceber o ponto desse texto de Janeira, não nos parece que seja possível operar proveitosamente uma oposição tão radical, nem fazer de *O-Yoné e Ko-Haru* uma fronteira tão clara a atravessar a obra de Moraes. Para fundamentar essa impressão, voltemos agora ao texto do livro, e ao outono de 1916. Ko-Haru está internada, sem muitas chances de recuperação, no Hospital Kokawa. Moraes está narrando o estado de espírito de ambos, quando, de repente, seu texto começa a percorrer outro caminho. Ao mencionar uma forma particular de organização hospitalar no Japão, logo se dirige ao leitor e assume o papel de guia, de apresentador de singularidades.

É que não é tão fácil postular, como o faz Janeira, o fim do exotismo, do olhar exotista de Moraes. Por mais confessional que aparente ser, por mais que a escrita pudesse representar, para o isolado de Tokushima, uma conversa com amigos que não possuía, o discurso de *O-Yoné e Ko-Haru* é, antes de mais nada, literário, o que quer dizer que é escrito para um público. No texto, narra-se uma tragédia íntima, não há dúvida, mas, quando o olhar que vai orientando essa narração se depara com o diferente, sua consciência do universo em que se move o leitor o leva a discorrer sobre a diferença, a descrever e situar o estranho, com a plena consciência de que o tema se presta

---

3. Todas as citações de Janeira provêm da "Introdução" a Wenceslau de Moraes, *Antologia*, 2.ed., Lisboa, Vega, 1993.

ao tratamento exotista. Daí que, nessa mesma obra em que Janeira assinala a superação do exotismo em Moraes, o tema esteja colocado em destaque, havendo todo um capítulo dedicado a esse sentimento e à literatura dele derivada: "Uma das muitas interessantes manifestações da psicologia do homem da Europa é sem dúvida o amor, sentido por muitos indivíduos, pelos países estranhos e distantes, pelas civilizações exóticas"[4]. O gosto pelo exótico é entretanto muito diferenciado, é de ordem estética e não se confunde jamais com a mera vontade de sucesso material que preside às emigrações, também comuns no período: "Quando falo de amorosos do exotismo, refiro-me unicamente a um grupo reduzido de homens, àqueles que pelo exotismo tudo dão [...], àqueles que se sentem atraídos pelo estranho e para o estranho se encaminham; fugindo, se podem, ao seu meio, indo identificar-se quanto possível com o meio novo, divorciados resolutamente das sociedades, tão diferentes, onde nasceram".

E por aí vai o seu texto, mostrando com grande clareza como o exotista é um esteta, um místico dedicado à busca da beleza, uma atualização laica e moderna de arroubos que em outras eras encontravam vazão na vida religiosa tradicional. Depois de comentar com agudeza a obra de Loti e a de Hearn, eis basicamente o que nos diz da sua própria experiência e motivação: "Cedo, muito cedo, me alvoroçou e seduziu o encanto do exotismo. Porque? Não sei. Penso que, temperamento marcado da tara da morbidez logo ao nascer, não me encontrava bem onde me achava, pedia asas à quimera, para fugir para longe, muito longe. [...] Todavia, eu nunca experimentei a sensação plena do gozo, o prazer que domina tudo, triunfante. Eu nunca, no Japão como em parte alguma, me senti plenamente feliz [...] O enlevo das coisas acorda sempre no íntimo do meu ser um sofrimento ignoto, a impressão de dor por uma catástrofe sofrida ou por sofrer".

Se não é exato quanto à questão do exotismo, pois entende e aplica a palavra num sentido que o próprio Moraes não autoriza, Janeira tem entretanto razão quando enfatiza a singularidade desse livro (e de outros escritos por Moraes na sua última fase), quando comparado a outras obras ocidentais sobre o Japão. *O-Yoné e Ko-Haru* e também as cartas em que Moraes narra o quotidiano de homem pobre e solitário na aldeia de Tokushima têm o poder de produzir um efeito de sentido muito complexo. Sua leitura logo torna evidente que quem fala está muito próximo do ambiente de que fala, pois não

---

4. Esta e as seguintes citações foram colhidas no capítulo "O Exotismo Japonês", do livro *O-Yoné e Ko-Haru*, Porto, Renascença, 1923, pp. 108-119.

só todas as observações exotistas vêm garantidas pela autoridade de quem há vinte anos convive com a natureza e o povo japonês, mas há ainda uma constante afirmação do amor de quem narra e descreve pelo objeto de que se ocupa. Um amor tão incondicional que não vacila nem mesmo durante a narração das agressões que sofre o narrador/personagem por ser estrangeiro num país xenófobo ou das agruras do frio e do calor numa casa pobre e solitária. Isso levara os primeiros estudiosos de sua obra a ver em Moraes "o homem que trocou a sua alma"[5].

Por outro lado, é evidente que quem escreve sente-se completamente estrangeiro no Japão, e que assume o papel do cronista viajante, que se dirige aos compatriotas na sua língua materna e cuida de apresentar-lhes a gente e os costumes diferentes que vai encontrando pela terra distante. Isto é: se o Japão é o paraíso, é também e muito claramente a terra estrangeira. É o lugar de eleição, mas é igualmente a terra do exílio. Esse duplo movimento, real na sua obra, dá origem a boa parte da fortuna crítica de Moraes, que se constrói a partir de especulações biográficas de fundo mais ou menos moralizante: afinal, ele integrou-se ou não se integrou por completo à sociedade em que escolheu terminar os seus dias? Renegou ou não o cristianismo? Arrependeu-se ou não ao fim da vida da escolha que fizera? Fora infeliz nos últimos anos? Muito solitário? Sua morte foi um simples acidente, um suicídio disfarçado, ou produto de um estranho atentado por parte de algum exaltado nacionalista japonês?

Devemos entretanto considerar que essa vertente da fortuna crítica, embora desfocada, já constitui uma primeira indicação da singularidade de Moraes no panorama do exotismo seu contemporâneo. De fato, não encontramos nada que se assemelhe a essa problemática da troca da alma nos demais escritores exotistas da virada do século. Vejamos rapidamente apenas os mais conhecidos e representativos – um de língua francesa; outro de língua inglesa.

Pierre Loti (1850-1923), o mais famoso cronista do Extremo Oriente, embora verse em seus livros mais conhecidos os temas dos países exóticos que visitou, apresenta-se todo o tempo cheio de orgulho pela sua identidade nacional e cultural. Para o leitor, não há lugar para dúvidas: tem ele ali um narrador orgulhosamente europeu, profundamente identificado com a cultura e os valores europeus. Não existe nele um movimento muito recorrente em Moraes, que é o de tentar apreender e avaliar o Japão por meio do

---

5. Cf. Fidelino de Figueiredo, *O Homem que Trocou a sua Alma*, em *Torre de Babel*, Lisboa, Literária Fluminense, 1925. Reproduzido em W. de Moraes, *Dai-Nippon*, Rio de Janeiro, Nórdica, 1993.

entendimento da visão de mundo japonesa. A busca do efeito exótico e sua conseqüente análise e exposição constitui o cerne da obra desse prosador admirável. Seus textos marcam essa atitude claramente, desde o vocabulário, onde os qualificativos-chave são *petit*, *saugrenu* e *bizarre*. É pelo contraste que ele apreende o outro, e mais especificamente por um contraste em que o padrão, o modelo estético e social inquestionado, é sempre o que o narrador partilha com os seus leitores. Essa cumplicidade entre o narrador exotista e o leitor seu conterrâneo dá o tom de *Madame Chrysanthème*, desde a primeira página. A advertência garante que o texto apresentado é uma confissão sincera e absolutamente verídica – "é o diário de um verão de minha vida, em que não mudei nada, nem mesmo as datas", garante Loti. Ora, sabemos que a história desse livro é, em grande parte, o relato da experiência de coabitação de um ocidental com uma japonesa, em termos tais e com tal desfecho que não é exagero descrevê-la como uma experiência de prostituição. Trata-se, portanto, de um terreno escorregadio, em que o tom confessional e a minúcia descritiva poderiam configurar uma leitura pouco edificante ou de mau gosto. Loti, de fato, está atento ao perigo. Referindo-se a uma foto que mostrara anteriormente à duquesa de Richelieu, a quem dedica o livro, escreve na mesma apresentação: "Sorristes quando vos afirmei que aquela pequena pessoa [...] tinha sido *uma das minhas vizinhas*. Recebei agora meu livro com o mesmo sorriso indulgente, sem buscar nele nenhuma implicação moral boa ou perigosa, – como receberíeis uma porcelana curiosa, uma figurinha de marfim, um bibelô extravagante qualquer que vos fosse enviado dessa espantosa pátria de todas as extravagâncias...". O que permite, portanto, evitar os riscos do tema é a afirmação radical do exotismo da experiência. A moral, no ambiente exótico, deve ser relativizada como o gosto estético. O que conta não é o sentido que as ações e os objetos têm no seu próprio ambiente, mas o efeito que eles produzem num observador ávido de novas sensações. Como tudo é "bizarro" no ambiente da narração, o narrador-personagem conduz pela mão o leitor, estabelecendo as medidas, definindo, apresentando, compartilhando experiências novas e estimulantes. Um viajante capaz de nos fazer partilhar de suas aventuras marítimas e das suas aventuras nos domínios da sensação e da experiência de um universo novo, regido por normas que não são as nossas e que facilmente se deixam reduzir ao cômico e ao pitoresco – eis aí o verdadeiro herói e o centro do discurso exotista de Loti: "Embora o maior papel seja aparentemente o de Madame Crisântemo, a verdade é que as três personagens principais são Eu, o Japão e o Efeito que esse país produziu em mim".

Com Lafcadio Hearn (1850-1904) estamos praticamente no pólo oposto. Esse *globe-trotter*, que nasceu nas ilhas gregas, cresceu na Inglaterra e vagabundeou pelos Estados Unidos, quis finalmente criar raízes no Japão, onde se casou, naturalizou e tentou niponizar-se ao máximo. Suas cartas mostram, entretanto, um crescente desencanto com o Japão, e não apenas porque o país se modernizava, mas também porque a longa convivência com a cena japonesa já não lhe despertava as emoções dos primeiros tempos. "O que me atormenta – escrevia ele em fins de 1892 – é a ausência de sentimento, – a falta de alguma coisa que comova profundamente quando o conhecimento do país é suficiente para dissipar a ilusão. E isso não acontece mais comigo. Temo que nunca mais aconteça. Devo contentar-me com o curioso, o bizarro e o ingênuo, ou me aplicar à elaboração de uma obra sobre o Budismo". Pouco depois, em carta a Basil Chamberlain, voltava ao ponto: "Temo que a vida japonesa não me cause nunca mais uma forte sensação. *Mon âme a perdu ses ailes*"[6].

Nos dois casos, malgrado as diferenças enormes de perspectiva, o Japão acaba por reduzir-se a estímulo exótico, isto é, a antídoto de um certo sentimento de tédio e de monotonia muito característico do *fin de siècle*. É verdade que Loti flutua à flor da água, ludicamente, colhendo as sensações do diferente, que transmite ao leitor numa bela prosa cheia de movimento e de cor, ao passo que na obra de Hearn não sentimos esse hedonismo de modo tão evidente. Entretanto, a leitura seqüenciada de sua obra nos mostra muito concretamente que o Japão, fonte dos primeiros sentimentos arrebatadores, perde encanto e deixa de ser estimulante à medida que o exotista o vai conhecendo mais, o que nos mostra que era como "ilusão" que o país funcionava melhor na sensibilidade do escritor inglês. Dissolvida a emoção de fundo religioso propiciada pelo encontro do novo, perdido o encanto por causa de um conhecimento da realidade concreta, sua sensibilidade para as coisas japonesas terminaria por resignar-se ao "curioso, bizarro e ingênuo". Isto é: esse exotista transcendental que foi Hearn, que fez do exotismo uma espécie de experiência religiosa, se viu, também ele, no final da vida, condenado a uma vivência do exótico no nível do exotismo pitoresco, que era o de Loti.

Já na obra do escritor português a tônica é outra. É certo que há uma visada à Loti, em Moraes. Mas tem ele sempre, ao lado da forte sensação das diferenças, uma profunda empatia com a vida do povo simples do Japão. Em-

---

6. Lafcadio Hearn, *Lettres japonaises*, trad. par Marc Logé, Paris, Mercure de France, 1929, pp. 170 e 219, respectivamente.

patia essa que só faz aumentar, com o tempo e o melhor conhecimento das tradições e dos ritmos da vida interiorana. Por isso, não há nele a angústia que sentimos nos últimos textos de Hearn, que já parecia tão insatisfeito e amortecido no Oriente como estivera antes na América. Nem a auto-satisfação e a arrogância de Loti. É que Moraes integrou-se à vida japonesa mais do que nenhum outro escritor ocidental; mas, ao mesmo tempo, mais agudamente do que ninguém, percebeu e mostrou-nos o tempo todo o quanto havia de quimérico e de limitado nessa integração. Por isso, se é verdade que em em muitas de suas páginas sentimos um sabor japonês muito acentuado, se este ou aquele parágrafo faz lembrar um trecho de um diário de Issa, se em muitas passagens sentimos que Moraes assimilou a vivência do *wabi*, tal como nos é descrito em tratados de haicai escritos no Japão – o calmo saboreio dos aspectos agradáveis da pobreza – não é menos verdadeiro que sempre o vemos trazer para o primeiro plano a sua identidade nacional e cultural: o narrador moraesiano é muito explicitamente um português que vive para produzir os textos em que relata aos seus conterrâneos as pequenas alegrias e as pequenas torturas da vida no outro lado do planeta, e que está sempre atento ao que poderia agradar a esse leitor distante, ao que é curioso, sentimental, engraçado ou apenas singular na vida e na paisagem japonesa.

O escritor, ausente há décadas de seu país, mantém assim com a pátria uma relação complexa de amor e de recusa. A recusa é a sua vida de expatriado voluntário, que jamais regressa a casa nem pelo curto tempo de uma visita familiar. O amor se manifesta de várias formas: nos repetidos apelos para que se estabeleçam relações comerciais sólidas entre Portugal e Japão, na preocupação constante com o que se passa à beira do Tejo, na contemplação enternecida dos passos de seu antecessor pelo Nippon, Fernão Mendes Pinto. Porém o que o liga mais fortemente a Portugal é sua obra. Ela constitui sua forma de habitar à distância a pátria, de continuar um homem de sensibilidade e de língua portuguesa, um membro distante da mesma comunidade de sentimentos e cultura. "Irmãos pelo pensamento, conhecidos e desconhecidos, irmãos que falais a mesma língua portuguesa que eu falo" – é assim que ele se dirige aos conterrâneos na apresentação de *O-Yoné e Ko-Haru*, em 1923. Essa comunhão cultural não é apenas um artifício de retórica. Movendo-se de um estilo de traços naturalistas para um impressionismo saudosista, sua obra apresenta as mesmas coordenadas de transformação que davam o rumo à literatura produzida na Metrópole[7].

---

7. Ver, a propósito, o texto já referido de Óscar Lopes.

E em tão boa consonância que, no final da vida, o tom geral dos seus textos estará em harmonia com o ideário da *Renascença Portuguesa*, onde a sua religião da saudade vai encontrar guarida e divulgação.

Nesse momento, depois de rapidamente consideradas algumas formas de atualização do exotismo literário, talvez valha a pena nos determos um pouco mais sobre esse conceito, de modo a colher elementos para identificar mais claramente a especificidade de Moraes e identificar o sentido concreto que tem, para ele, a vivência do exótico.

Exotismo foi o nome que se deu a um veio literário que teve papel de destaque na cultura européia da virada do século XIX para o XX. Imersos no relativismo moral e cultural dos dias de hoje, nem sempre nos damos imediata conta do que significou, para o homem de sensibilidade do século XIX, a constatação sensível – por meio da literatura de viagens ou da observação direta dos novos países civilizados abertos à experiência européia pelo avanço do colonialismo – da relatividade dos conceitos, padrões de comportamento e hábitos de vida. Também devemos tentar recuperar historicamente o apelo de sedução presente na verificação de que mundos diferentes e virgens, prenhes de novas sensações, estavam subitamente abertos à curiosidade dos mais aventureiros. Desse primeiro movimento de espanto e reconhecimento da diferença procedeu, muitas vezes, um segundo, que foi a projeção de utopias sociais, pela descoberta de paraísos perdidos pré-industriais ou pela valorização, nos países estranhos, de características da vida social que estavam em acelerado processo de desaparecimento na Europa industrializada. Nesse momento de metamorfose e transição que foi a confluência dos dois séculos, Loti, os Goncourt, Hearn, Claudel, Moraes, Kipling, Couchoud e outros moldaram uma parte da sensibilidade européia do período e criaram uma linha que teve continuação e desenvolvimento ao longo do nosso tempo.

Entre os vários trabalhos reflexivos sobre o fenômeno do exotismo, merece destaque um texto inconcluso de Victor Segalen (1873-1919). Na verdade, trata-se de um conjunto de apontamentos, visando à elaboração de um *Essai sur l'exotisme*, que contém alguns fragmentos brilhantes, que ajudarão a prosseguir a refletir sobre o lugar de Moraes no quadro do exotismo seu contemporâneo[8].

Partindo da etimologia da palavra, Segalen apresenta o exótico como aquilo que está fora do conjunto dos dados habituais da nossa consciência,

---

8. Victor Segalen, *Essai sur l'exotisme: Une esthétique du divers (Notes)*, Montpellier, Éditions Fata Morgana, 1978.

aquilo que não faz parte da nossa "tonalidade mental costumeira". Enfatizando a noção de exterioridade implícita na denominação, Segalen diferencia radicalmente o exótico do pitoresco. Enquanto este nada mais seria do que a surpresa perante o diferente, o exótico proviria de uma vivência radical da alteridade, da "percepção aguda e imediata de uma incompreensibilidade eterna". Assim sendo, de seu ponto de vista, haveria diferentes modalidades e realizações do exotismo, segundo uma escala de complexidade e abstração: desde o mais comum, o exotismo geográfico das paisagens cheias de surpresa, até o exotismo religioso, que consistiria na percepção de Deus enquanto transcendência e, portanto, exterioridade. Entre essas formas extremas, dispunha toda uma gradação de experiências experiências exóticas, como, por exemplo, o exotismo da sexualidade – vivência da irredutibilidade da percepção que cada sexo tem do outro e do mundo – e o exotismo histórico – vivência da diferença pela observação da vida dos povos que vieram antes de nós.

Assim ampliado o conceito, o exotismo deixa de ser apenas um registro descritivo no âmbito do discurso literário para transformar-se num modo de estar no mundo, numa forma de pensar o conhecimento e a prática humanas: desde que exista um sujeito e um objeto, passa a haver exotismo, recobrindo essa palavra, portanto, qualquer percepção radical da alteridade. Essa reflexão sobre o exotismo, como vemos, amplia enormemente o conceito, de modo a fundar sobre ele os rudimentos de uma ética – centrada no respeito absoluto à diferença e à multiplicidade – e de uma estética, pois que o gozo artístico é em grande medida o gozo da alteridade, da irredutibilidade do outro. O exotismo de Segalen é, assim, um ideal político e civilizacional e tem como adversária uma certa *forma mentis* moderna que sistematicamente combate a diversidade – seja pela extinção do diferente, seja pela sua assimilação enquanto "pitoresco" – e promove a homogeneização dos indivíduos e das paisagens sociais. Seu inimigo é a barbárie contemporânea, que o autor vê emblematicamente cristalizada em dois tipos humanos nocivos: o turista, isto é, o homem que devora o diferente, reduzindo-o a mero objeto sensório, e o funcionário colonial, cuja função é combater a alteridade e reduzi-la a uma duplicação de si mesmo.

Como vemos, o sentimento do exótico adquire nessa reflexão um *pathos* que está ausente da obra de Loti – esse "proxeneta da sensação do diferente", nas palavras de Segalen – mas não da de Moraes, em cujos textos e definição mais ampla da atitude exotista encontramos uma orientação espiritual muito próxima à de Segalen.

É certo que, no trecho citado no início deste trabalho, Moraes explica o anseio pelas paisagens exóticas, isto é, sua inclinação para o exotismo, como resultado de uma inadaptabilidade às terras conhecidas, de um desconforto em contentar-se nos limites da cultura de origem. À primeira vista, portanto, poderíamos pensar que o exotismo representaria uma espécie de resolução dessa tensão e desconforto, pela busca e descoberta de um outro mundo, no qual se encontraria aquilo que o ambiente de origem não podia oferecer. Em certa medida, isso acontece, o que revela o caráter enérgico e a componente utópica do ideal exotista. Entretanto, basta ler com alguma atenção os livros japoneses de Moraes para perceber que, diferentemente de Hearn, que se julgava integrado ao ponto de a sensibilidade lhe ter amortecido, o escritor português sempre teve a aguda percepção da distância que o separava do mundo que buscava compreender e penetrar. Seus textos mais característicos, aqueles em que seu estilo se depura ao máximo, são banhados de uma nostalgia indefinida[9]. Desde o *Bon-Odori*, o tom predileto de Moraes inclui uma deliciosa tristeza e uma quietude desesperançada bastante dolorosa, que contamina praticamente todas as frases com a percepção do caráter transitório da vida e da incapacidade de obter a felicidade. Nos últimos textos, nos relatos que faz da sua solidão e pobreza e nas evocações de O-Yoné e de Ko-Haru, é muito sensível o gosto de exibir as misérias e solidão de exilado voluntário. Entretanto, o apelo da explicação e da simpatia biográfica não nos devem distrair do essencial. Essa atitude de espírito deve fugir do quadro mais particular da vida do escritor, para integrar-se numa unidade de sentido mais ampla do que o mero registro biográfico: ela faz parte de uma certa forma de estar no mundo, uma certa opção literária e vivencial que também se encontram, por exemplo, em Verlaine, em António Nobre e em Camilo Pessanha. Afinal, não é o próprio Moraes que, ao mesmo tempo em que pinta o quadro de seu quotidiano miserável e solitário, ressalta o prazer que encontra naquela vida e situação? Não é ele que contrapõe a paz de espírito e a vitalidade sensória daquela penúria aos vazios tempos passados em que era um figurão de casaca, o senhor cônsul de Portugal?

9. Embora não possa desenvolver o tema aqui, neste texto que só tem por objetivo refletir sobre o sentido do exotismo de Moraes, queria pelo menos aludir à observação de Jankélevitch sobre a etimologia da palavra nostalgia: o "mal do país". Isto é: queria dizer que, quando escrevo que o texto de Moraes se tinge de uma vaga nostalgia, estou tentando sugerir precisamente essa saudade de um lugar indefinido, identificado com a terra natal, mas suficientemente abstratizado pela idealização saudosa para não mais se confundir com ela. Ver, a respeito, Vladimir Jankélévitch, *L'irréversible et la nostalgie*, Paris, Flammarion, 1974.

Moraes jamais "trocou a sua alma". A frase fez fortuna mas é inexata e desvia o olhar daquilo que é o mais característico da obra e da vida do escritor: o deslocamento, a inadaptação e a percepção sempre muito aguda e esteticamente experimentada dos efeitos desse deslocamento. A impossibilidade de realização concreta de qualquer ideal, a incomunicabilidade entre os seres e a fugacidade das percepções – eis o cerne de sua escrita. Profundamente português depois de renunciar a toda forma de vida portuguesa, exilado numa pequena cidade japonesa, fazia questão de marcar muito ostensivamente a sua natureza de estrangeiro, inclusive pelo cultivo da longa barba que o identificava como o *nanban*, o *ketô-jin* do povoado[10]. Está claro que não se encontrará, em qualquer de seus livros ou cartas, algo que lembre a ilusão de Hearn de se ter finalmente apropriado da essência da vida japonesa e seu conseqüente desejo de deixar o país. Moraes é, quanto a esse ponto, a mais acabada realização do exotismo, como o entendia Segalen: mantém viva, a cada momento, a consciência de que é impossível integrar-se seja ao mundo novo, seja ao mundo de origem, e frui dolorosamente esse estado de deslocamento[11].

É por isso que suas reflexões sobre o exotismo japonês em *O-Yoné e Ko-Haru* deságuam naturalmente na celebração da saudade: "O Japão foi o país onde eu mais vivi pelo espírito, onde a minha individualidade pensante mais viu alargarem-se os horizontes do raciocínio e da compreensão, onde as minhas forças emotivas mais pulsaram em presença dos encantos da natureza e da arte. Seja pois o Japão o altar deste meu novo culto – a religião da saudade – o último por certo a que terei de prestar amor e reverência". Nessa passagem claríssima, o exotismo, forma moderna de sucedâneo religioso, em que o deslocamento, a percepção da impossibilidade de integração é a constituinte fundamental, funde-se e supera-se nessa outra fruição dolorosa da ausên-

---

10. *Nanban* é o termo com que foram designados os primeiros europeus que chegaram ao Japão, os portugueses. Significa "bárbaro do sul". *Ketô-jin* é um termo que se aplicava aos primeiros habitantes do Japão, e depois foi estendido pejorativamente aos europeus. Cf. esta passagem de *O-Yoné e Ko-Haru, op. cit.*, p. 117: "No Japão, o europeu será sempre o *ketô-jin*, o selvagem barbudo..."

11. Muitas passagens de Moraes patenteiam a consciência que tinha ele da impossibilidade de integração completa entre o estrangeiro e o lugar exótico que escolheu para habitar. Cito, da mesma obra que vimos comentando, apenas esta: "Diga-se ainda que, no prolongado contato com o exotismo, o homem da Europa reconhece, geralmente tarde e com desgosto, que uma grande barreira moral o separa do povo com quem quis conviver, que quis amar e do qual quis ser amado: – é uma barreira racial, é a aversão instintiva, irredutível (embora utopias em contrário estejam agora muito em moda), que separa o homem de uma raça do homem de outra raça" (pp. 116-117).

232 ESTUDOS DE LITERATURA BRASILEIRA E PORTUGUESA

cia, que é o sentimento da saudade. Para o viúvo de Tokushima, eternamente em busca dos fantasmas das mulheres que amou, o culto da ausência, a celebração da distância e da irreversibilidade do tempo vai finalmente encontrar expressão na mais portuguesa das formas de se posicionar no mundo.

É também por isso que a sua obra ainda hoje enleva e emociona, mesmo quando o seu Dai-Nippon transformou-se profundamente e passou a desempenhar, no nosso imaginário, um papel muito diferente daquele que desempenhava no imaginário do início do século XX. Pouco importa, na verdade, a precisão de suas notícias da literatura, a exatidão de suas fontes históricas. Menos ainda, a abrangência ou limitação de sua forma de compreender o teatro clássico ou o haicai japonês. A obra de Moraes, como a de seu amigo e contemporâneo Camilo Pessanha, materializa magnificamente em imagens e símbolos impressivos, uma percepção de que tudo é alteridade, tudo é transcendência e impermanência em relação ao sujeito que observa, sente e intui[12].

Num de seus poemas mais conhecidos, Pessanha terminava por celebrar os que morreram sem ver desfeito em realidade o ideal por que lutavam: "Felizes vós, ó mortos da batalha! Sonhais, de costas, nos olhos abertos / Refletindo as estrelas, boquiabertos...". Naquele contexto, o sujeito do poema lamentava a sua própria sorte: a desilusão que lhe coube após a conquista e posse do ideal buscado. A arte de Moraes, o seu particular exotismo, é a manutenção constante da consciência de que a conquista não existe, nem o ideal da posse se realiza. Daí que a sua dor seja outra e o seu tom geral não de lamento, mas de regozijo: sua obra modula interminavelmente o gozo estranho da dor de experimentar, alimentar e reafirmar, a cada passo, a impossibilidade de comunhão com o objeto de seu desejo. Nela, tudo é móvel, fluido, construído em mosaico de impressões que se sucedem, complementam, confundem. O sujeito do texto de Wenceslau de Moraes, deslocado em relação a todas as referências exceto a da língua portuguesa – pátria constante e única em suas deambulações – compõe assim o seu "álbum de exotismos nipônicos" que vem a ser, no final das contas, um dos mais formidáveis testemunhos da sobrevivência daquilo que Jaime Cortesão chamou certa vez de "o humanismo universalista" da cultura portuguesa.

---

12. A propósito, veja-se esta passagem de *O-Yoné e Ko-Haru*: "A minha religião de esteta, a qual, já de longe, ia anunciando tendências para me deixar colher dos fatos e dos aspectos, principalmente, a noção melancólica da impermanência das coisas, do aniquilamento como lei suprema, a que tudo se submete, transitou então para uma outra crença – a religião da saudade, – que é ainda uma religião retrospectiva, que leva à paixão do belo, do bom, do consolador, pelo que foi e já não é" (*op. cit.*, p. 119).

15

WENCESLAU DE MORAES E O HAICAI

Estão em *Relance da Alma Japonesa* as traduções que Moraes fez de um dos mais célebres haicais de Bashô. Uma primeira versão, em prosa, diz: "Ah, o velho tanque! e o ruído das rãs atirando-se para a água!..." Em versos, em forma de quadra, ficou assim:

Um templo, um tanque musgoso;
Mudez, apenas cortada
Pelo ruído das rãs,
Saltando à água. Mais nada...[1].

Armando Martins Janeira, biógrafo de Moraes, faz uma apreciação bastante negativa das suas traduções de poesia japonesa. Em *O Jardim do Encanto Perdido*, o crítico se mostra especialmente severo no julgamento do mérito das versões do poema com que abrimos este texto. Tomando-as como paradigma da atitude do escritor frente ao haicai, Janeira assevera que Moraes "nunca chegou a penetrar no espírito da poesia japonesa" e que suas traduções são ruins porque ele "se perde" e "falsifica" quando "se põe a traduzir, ao seu gosto e capricho, em forma de quadra popular portuguesa"[2].

Confessando desconhecimento da língua japonesa, Janeira recorre, para demonstrar a limitação da perspectiva moraesiana, a fontes autorizadas. No

---

1. Wenceslau de Moraes, *Relance da Alma Japonesa*, 2.ed., Lisboa, Parceria A. M. Pereira, 1973, p. 184.
2. Armando Martins Janeira, *O Jardim do Encanto Perdido: Aventura Maravilhosa de Wenceslau de Moraes no Japão*, Porto, Manuel Barreira, 1956, pp. 196.

234 ESTUDOS DE LITERATURA BRASILEIRA E PORTUGUESA

caso, R. H. Blyth e Donald Keene. Quanto à autoridade das fontes, não há
o que questionar, a não ser o fato de pertencerem ambas à mesma tradição
de leitura do haicai, o que pode induzir a erro na apreciação da proposta de
Moraes, que não tem os mesmos pressupostos.

Antes de passar à consideração da tradução de Moraes, vejamos as questões que Janeira apresenta e os pontos mais importantes na visão que têm do
haicai R. H. Blyth e D. Keene.

A primeira ressalva que Janeira faz à aproximação moraesiana se apóia
no comentário que, em *Relance da Alma Japonesa*, acompanha a tradução do
"furu-ike ya". Diz Moraes: "O leitor não se encontra prevenido para poder
encontrar belezas, assim de surpresa, numa pequenina poesia japonesa. Mas
pense um pouco. Não acha encantador esse instantâneo, recordando a paz de
um lugar, provavelmente junto de algum vetusto templo budístico, em cujo
terreiro se encontra um velho tanque, sendo o silêncio apenas cortado pelo
som metálico que acompanha a queda das rãs sobre a água adormecida?..."[3].
Janeira observa: "Não se encontra um único tradutor de haiku que o tenha
travestido, nem explicado, com esta ingenuidade silvestre"[4].

Para justificar a dureza do julgamento, Janeira ressalta que o haicai é arte
filosófica, ultra-elaborada, e por isso "nunca ingénua, pois nunca pode ser
ingénua a filosofia". Em seguida, visando encurtar a demonstração de como
Moraes foi incapaz de perceber o alcance e a especificidade da forma e do
sentido do haicai, transcreve uma interpretação de Keene em que "a filosofia
do budismo zen" comparece como explicação última do texto. E conclui finalmente: "Note-se que, no exemplo escolhido, se trata duma poesia tão importante que ela é em geral considerada pela crítica japonesa como o ponto
de partida para uma nova época na arte do haicai. Ora, não é concebível que
tão grande revolução literária pudesse ser operada pela poesia simplória da
redondilha de Moraes"[5].

Na verdade, o que Janeira faz é confundir duas coisas. Por um lado, não
há dúvida de que Blyth tem razão ao afirmar que a simplicidade aparente
do haiku é enganadora e que "para saber ler um simples haiku são precisos
anos de inconsciente assimilação de toda a cultura da Índia, da China e do
Japão"[6]. Também é verdade que se podem identificar mais de uma dúzia de

3. Reproduzido em Armando Martins Janeira, *op. cit.*, p. 199.
4. Armando Martins Janeira, *op. cit.*, p. 199.
5. *Idem*, p. 200.
6. *Apud* A. M. Janeira, *op. cit.*, pp. 197-198.

"estados de espírito" tradicionalmente associados à prática de haicai. Por fim, é ainda verdade que o budismo zen está presente em vários autores de haicai. No entanto, não é menos verdade que o próprio Blyth subsume no zen tudo aquilo que poderia ser visto como específico da cultura do Extremo Oriente, sendo um dos responsáveis pela febre de zen que domina a leitura de haicai nas culturas de língua inglesa. Modernos estudiosos do haicai revelam freqüentemente sua perplexidade diante da excessiva relação que se estabelece no Ocidente entre haicai (e, de modo geral, qualquer arte tradicional) e o zen[7]. Uma das explicações talvez seja a de que quem mais divulgou a cultura japonesa entre nós tenha sido D. T. Suzuki, cuja preocupação central era a difusão do zen. No caso de Blyth, porém, é evidente que o que ele chama de zen é uma síntese das grandes escolas do pensamento oriental: taoísmo, confucionismo e budismo maaiana. Mais do que isso, o zen de Blyth é a sistematização oriental de uma posição frente ao mundo que se encontra em toda grande obra de arte, de Homero a Wordsworth. Se o zen (e qual deles, o soto ou o rinzai?) realiza ou não essa síntese perfeita é problema que não nos interessa. Blyth parecia acreditar que sim, o que inclusive lhe facilitava o vocabulário, pois zen designava simultaneamente o que lhe parecia genuinamente oriental e o que, presente em nossa própria tradição, se apresentava de forma acabada e explícita no haicai. Ora, isso é profundamente diferente do enfoque de Suzuki, para quem o zen é um termo de real importância e significação religiosa e se opõe, tradicionalmente, às outras derivações do budismo maaiana. Temos, portanto, de ter clara essa questão, ao utilizarmos a denominação zen para recobrir alguns aspectos que identificamos nos textos de haicai, porque do contrário corremos o risco da imprecisão ou do sectarismo gratuito, porque nascido do desconhecimento.

Mesmo que concordássemos com a idéia de que a essência do haicai é o zen-budismo, quais as implicações de tal pressuposto? Indo direto ao problema: por que devemos concordar com a idéia de que a explicação que Moraes nos dá do haicai de Bashô é inferior à de Keene, por exemplo? Keene, citado por Janeira, dá a seguinte interpretação do "furu-ike ya":

Na primeira linha, Bashô dá o eterno elemento do poema, as águas do tanque, imóveis e intemporais. A linha seguinte dá-nos o momentâneo, personificado pelo

---

7. Um bom exemplo é René Sieffert, que, na introdução às suas traduções do *Kyorai-shô* e do *Sanzôshi*, demonstra sua aversão à escola inglesa e "zenista" de leitura de haicai. Cf. *Le haïkai selon Bashô*, Paris, Publications Orientalistes de France, 1983, pp. X e segs. Cf. também H. Masuda Goga, *O haicai no Brasil*, trad. de José Yamashiro, São Paulo, Oriento, 1988, pp. 37-38.

236 ESTUDOS DE LITERATURA BRASILEIRA E PORTUGUESA

movimento da rã. A sua intercepção é o ruído da água. Formalmente interpretado, o elemento eterno é a percepção da verdade, assunto de inúmeros poemas japoneses; a original contribuição de Bashô é o uso da rã para [sic = pelo] seu movimento, em vez do seu agradável coaxar, imagem já gasta pelos seus predecessores. Se a "percepção da verdade" é realmente o assunto do poema podemos nele reconhecer a filosofia do budismo zen, o qual ensinava, entre outras coisas, que a iluminação só podia ser atingida mais [sic] por um súbito raio de intuição, do que pelo estudo de eruditos temas teologais ou pela estrita observância das austeridades monásticas[8].

Posso afirmar que nunca vi nenhum comentador japonês de haicai ensaiar uma apreciação desse tipo. Tampouco nos livros canônicos da escola de Bashô – o *Kyorai-shô* e o *Sanzôshi*[9] – se encontra qualquer comentário de poema individual que vá nessa direção. Isso, é claro, não invalida o enfoque de Keene, mas o que ele faz é um comentário analítico em moldes ocidentais, uma leitura alegorizante que, se não for bem modalizada, pode dificultar a percepção daquilo que era mais importante na poética de Bashô: o delicado equilíbrio entre o puro registro de uma sensação e o caráter simbólico dessa sensação.

O comentário de Moraes, por sua vez, tem mesmo "ingenuidade silvestre". E é exatamente ela o que revela seu profundo entendimento da arte do haicai. Moraes nos transmite de imediato o sabor daquilo que o próprio Janeira certamente tenderia a chamar de zen: a expressão mais limpa do aqui e do agora. Vejamos outros poemas que realizam essa poética do puro registro do *hic et nunc*. Este, de Buson:

Quando venta do oeste,
Amontoam-se a leste
As folhas mortas.

Este, de Issa:

Apenas estando aqui,
Estou aqui,
E a neve cai.

Ou ainda este, de Shiki:

8. *Apud* A. M. Janeira, *op. cit.*, pp. 199-200.
9. O *Kyorai-shô* (Notas de Kyorai) são, como o nome já diz, notas atribuídas ao discípulo de Bashô chamado Mukai Kyorai (+1704). Publicadas em 1775, formam juntamente com o *Sanzôshi* (Três Livros), o cânon da Shômon, isto é, da Escola de Bashô. O *Sanzôshi*, tradicionalmente atribuído a Hattori Tohô (+1730) foi publicado em 1768. Há tradução por R. Sieffert, em *Le haicai selon Bashô, op. cit.*

O sino do anoitecer –
E o barulho dos caquis maduros
Caindo no jardim do templo!

São todos grandes haicais, tradicionalmente reconhecidos como mode-lares, escritos por grandes poetas, os quatro maiores nomes da poesia japo-nesa em tercetos. Shiki, contemporâneo de Moraes, foi o grande renovador do interesse pela prática da poesia nos moldes tradicionais japoneses. Além de poeta de haiku, foi também editor, crítico e historiador do gênero. Pois bem: em um de seus textos mais conhecidos e importantes, Shiki discute exatamente o haicai posto em questão no começo deste texto, explicando a um interlocutor imaginário em que consiste seu interesse.

Quando o visitante diz que ninguém conseguiu até agora explicar-lhe o sentido do poema, Shiki responde:

O sentido desse verso é só o que está dito nele; ele não tem outro sentido, ne-nhum sentido especial. No entanto, os professores vulgares de haicai falam como se houvesse aí um sentido esotérico tão profundo que as pessoas comuns não pudessem entendê-lo. Nesse caso, o que se faz é enganar as pessoas. [...] Para conhecer o valor real deste verso, é preciso conhecer a história do haicai; este verso significa apenas que o poeta ouviu o som de uma rã saltando para dentro de um velho poço – nada deve ser acrescentado a isso. Se você acrescentar qualquer coisa, já não se trata da real natureza do verso. Clareza e simplicidade, sem ocultar nada, sem recobrir nada, sem pensamento, sem ostentação técnica – eis o que caracteriza esse verso. Nada mais[10].

A seguir, discorda de que esse verso seja o melhor de Bashô. Diz que nunca o Mestre ou seus discípulos o afirmaram, e que a fama do verso pro-vém de ele ser o que marca o início da "maneira" de Bashô. Nesse sentido, esse verso representa a "iluminação" que determinou a posterior evolução poética de Bashô. Iluminação essa que se reduz ao seguinte, segundo Shiki: "Naquele dia, percebeu que uma coisa comum, uma rã saltando para dentro de um velho tanque, pode tornar-se um verso"[11].

Vemos então que, contrariamente ao que pensa Janeira, Moraes estava em acordo com a forma de pensamento mais genuinamente japonesa quan-do, desprezando o nível mais simbólico do poema, aferrou-se à simplicidade e ao aspecto denotativo do texto de Bashô. Seu comentário é coerente com as

---

10. O texto está traduzido por Blyth em *A History of Haiku*, Tokyo, The Hokuseido Press, 1963, vol. II, pp. 47-76.

11. Blyth, *op. cit.*, p. 66.

formas tradicionais de comentar poesia no Japão e deve refletir o que pôde ouvir ou ler ao longo de sua vida nipônica.

Quanto às traduções que faz, comecemos pela em prosa. Não conheço melhor tradução desse poema em inglês, francês, português ou espanhol. Pela simplicidade, pelo coloquialismo, pela felicidade do corte da linha no mesmo ponto do original japonês, pela escolha perfeita do verbo "atirar-se" para dizer "tobikomu" (pular + entrar, etimologicamente), a linha de Moraes reproduz perfeitamente a linha de Bashô. Para que o leitor possa ter parâmetros de comparação, transcreverei a seguir, além de uma versão palavra por palavra, algumas conhecidas traduções desse célebre haicai.

furu ike ya	kawazu	tobikomu	mizu no	oto
velho tanque –	rã	pula para dentro	de água	barulho

Quebrando o silêncio
Do charco antigo a rã salta
N'água – ressoar fundo.

Jorge de Sena

o velho tanque
     rã salt'
         tomba
            rumor de água

Haroldo de Campos

Ah! o velho poço!
uma rã salta
som da água.

Armando Martins Janeira

Un viejo estanque:
salta una rana ¡zás!
chapaleteo.

Octavio Paz

R. H. Blyth, que em *Zen and English Literature* dedicou nada menos do que oito páginas à interpretação zenista do poema, deu-lhe a princípio a seguinte forma:

The old pond:
A frog jumps in, –
The sound of the water.

Alterando seu ponto de vista algum tempo depois, assim explica brevemente o sentido do poema:

The pond is old, in an old garden. The trees are ages old, the trunks green with the moss that covers the stones. The very silence itself goes back beyond men and their noises. A frog jumps in. The whole garden, the whole universe contained in one single plop! – sound that is beyond sound and silence, and yet is the sound of the water of the old pond[12].

Posteriormente, quando da redação do IV volume de *Haiku*, Blyth retoma a discussão desse poema e, observando a função adjetiva do verbo "tobikomu", propõe a seguinte tradução alternativa:

The old pond;
The sound
Of a frog jumping into the water.

Considerando-a muito analítica, porém mais próxima do original, propõe uma terceira que tenta reproduzir melhor ainda a frase japonesa, embora sacrificando o que lá existe de leve e fragmentário:

The old pond
The-sound-of-a-frog-jumping-into-the-water[13].

Voltemos agora à tradução em prosa proposta por Moraes: "Ah, o velho tanque! e o ruído das rãs atirando-se para a água!" Vemos que o texto se mantém totalmente fiel ao espírito do haicai tal como o próprio Blyth o percebeu: a tradução de Moraes realiza com extrema naturalidade tudo o que o escritor inglês buscou preservar ou obter por meio de suas várias tentativas de aproximação. Estão aí rigorosamente dosadas a coesão – que Blyth representou pelos hífens unindo as palavras – por meio da simples inclusão da conjunção aditiva logo após a frase nominal exclamativa, e a fragmentação, dada pela inconclusão da frase toda. Está aí o melhor equivalente para o caráter adjetival que tem o verbo japonês, nessa mesma construção com gerúndio. Está aí, como já notamos, esse verbo "atirar-se para" que, melhor do que "saltar" ou "pular", dá conta dos sentidos implícitos em "tobikomu". Porque em japonês, dada a função adjetiva do verbo e dada a sua composição,

---

12. *Haiku*, Tokyo, Hokuseido Press, 1973, vol. II, p. 254. (1. ed., 1950)
13. *Haiku*, Tokyo, Hokuseido Press, 1973, vol. IV, pp. xxxv-xxxvi. (1. ed., 1952)

em que comparecem o momento inicial e o final do ato que ele representa, o ruído não é apenas o do impacto da rã com a água, mas o ruído total do ato de saltar, como se depreende desta passagem do Sanzôshi, em que Tohô comenta o poema de Bashô: "e é esse ruído que a rã faz ao deixar a erva seca para entrar no elemento líquido que é a ressonância própria do haicai"[14].

Resta apenas um ponto a comentar na tradução em prosa de Moraes: a opção pelo plural "rãs", ao invés do singular, preferido por todos os outros tradutores. Em japonês, como se sabe, não há marca de plural. No texto de Bashô podemos ler tanto "rãs saltam" quanto "rã salta". A opção é imposta ao tradutor e é freqüentemente problemática, pois a indeterminação faz parte do sentido do poema japonês. Às vezes, optar pelo singular ou pelo plural tem grande relevância para o sentido do poema, como no caso deste outro verso de Bashô: "akebono ya shirauo shiroki koto issun" Haroldo de Campos traduziu:

alvorada
peixe alvo
uma
polegada de alvura[15].

Originalmente, esse haicai faz parte de um diário de viagem, o *Nozarashi Kikô*. No texto que o introduz e situa, Bashô conta que acordou certa madrugada e, já cansado de dormir sobre um travesseiro de ervas, caminhou em direção a uma praia próxima. A propósito do que lá viu, escreveu o poema. De acordo com o que é narrado no diário, a contextualização mais convincente é a que mostra Bashô aproximando-se de pescadores que tiravam do mar vários peixes-brancos, cada um de uma polegada de comprimento, que, sob a luz fria do começo da manhã, se debatiam sobre a areia. Desse contraste entre a vida e morte, entre o despertar e a agonia nasce o *pathos* do poema. Nesse caso, a opção entre o singular e o plural é muito significativa. Optando pelo singular, o haicai ou retrata uma cena bastante diferente da que o margeia no diário – por exemplo, a contemplação de um peixe em um aquário ou lagoa – ou nos apresenta uma situação quase insustentável dentro

---

14. Cf. Sanzôshi, cit.:*Livro Branco*, § 9.
15. H. de Campos, *A Arte no Horizonte do Provável*, São Paulo, Perspectiva, 1969, p. 70. No comentário à tradução, diz H. de Campos: "É a primeira luz da manhã, transitando para o branco mínimo do peixe branco, divisado através da cristalinidade da água, elemento que não é mencionado mas está virtualmente presente neste haicai" (pp. 65-66).

das coordenadas traçadas pela sua narração: o poeta, sob a luz difusa de uma madrugada de inverno, contemplaria um pequeno peixe-branco dentro da água que, na praia, é agitada e espumosa.

No caso do "furu-ike ya", não é tão fundamental a questão do número. Notemos, no entanto que, ao escolher o plural, Moraes opta claramente pela leitura mais "prosaica" do poema, investe menos no caráter simbólico do que se tivesse escolhido o singular.

Um poeta contemporâneo de Bashô, Wakyú (1648-1692), escreveu: "hitotsu tobu oto ni mina tobu kawazu kana", cuja tradução mais próxima seria: "Ao ruído do salto de uma delas, todas saltam – ah, as rãs!" Basta comparar esse bem-humorado poema com o de Bashô para percebermos a principal qualidade deste. Em Bashô não há nenhuma referência ao hábito das rãs, nenhuma personificação, nenhuma sátira, nenhuma reflexão: as rãs, em determinado momento, saltam para dentro da água. Apenas isso. Assim, a versão de Moraes não é prejudicada por sua opção pelo plural. Pelo contrário, dentro dessa perspectiva a escolha do plural é antes um ganho significativo.

Voltemos agora à sua tradução em versos, em forma de quadra tradicional portuguesa:

> Um templo, um tanque musgoso;
> Mudez, apenas cortada
> Pelo ruído das rãs,
> Saltando à água. Mais nada...

Como nota Janeira, Moraes acrescenta alguns elementos que não são mencionados ou não estão explícitos no original. É o caso do templo, do musgo que cerca o velho tanque, do silêncio. Além disso, acrescenta a frase final "mais nada..."[16].

Se essa quadra fosse apresentada como tradução única do haicai de Bashô, teríamos talvez de aceitar que Moraes não foi feliz. No entanto, a tradução é apresentada ao lado da outra, ou, melhor, após a outra, funcionando de forma complementar. Devemos então procurar entender quais os motivos que levaram o autor de uma tradução tão excelente quanto a em prosa a empreender uma segunda tentativa, dessa vez em verso.

---

16. Como curiosidade, eis o texto original de Bashô e a tradução literal da quadra moraesiana para o japonês, por H. Masuda Goga:
texto de Bashô: furu ike ya kawazu tobikomu mizu no oto
texto de Moraes: Aru tera aru kokemushita ike/seijaku wazukani yaburareta/kaeru no oto ni yotte/mizu ni tobikonda kú kú.

O próprio Moraes explica o motivo de ter escolhido a quadra. Em sua opinião, a forma do haicai é tão difundida, tradicional e popular no Japão, que a única forma breve que se equivale a ela na tradição portuguesa é a quadra. Desse ponto de vista, a opção é defensável. Poderíamos argumentar que a função da tradução é alargar os horizontes – inclusive formais – da cultura de destino do texto traduzido, e que por isso seria preferível uma versão mais literal do texto japonês. Moraes, porém, era um apaixonado pelo Japão, que dedicou sua vida inteira a assimilar a cultura e o pensamento nipônico. Seus livros mais importantes são aqueles em que ele tenta encontrar os pontos de contato possíveis entre as suas duas culturas, em que tenta tornar inteligível em Portugal o país em que passaria o resto de sua vida. Nesse sentido, é compreensível a tentativa de assimilar o haicai à poesia popular portuguesa.

Mesmo os acréscimos que Moraes faz ao texto original quando o verte em quadra têm uma função precisa e uma razão plausível. Em artigo publicado há alguns anos, um estudioso moderno da poesia japonesa, Hiroaki Sato, discutia o que considera uma deficiência do haicai: sua incapacidade de se manter por si só, de se afirmar como obra estética sem a ajuda de comentários explicativos[17]. A crítica provém, é evidente, de uma visada ocidentalizante, pois a questão da autonomia da obra estética não tem no Japão clássico a importância que ao longo dos séculos veio adquirindo no Ocidente. Na época de Bashô, tampouco se pensava o terceto pelo mesmo prisma com que estamos acostumados a pensar a noção de "poema". O verso isolado, o "haiku", jamais foi objeto do ensinamento de Bashô, que era professor de haicai-renga[18]. Os "hokku" que dele nos ficaram ou foram colecionados por discípulos ou faziam parte de um texto mais longo, que alternava prosa e poesia. Esse texto longo, o "Diário de Viagem", fornecia ao leitor a contextualização dos poemas. Boa parte da beleza desses textos provém justamente da relação entre as situações descritas e os poemas que a elas se associam.

Quando lemos os comentários tradicionais japoneses, espantamo-nos freqüentemente com o esforço que faz o crítico para nos dar uma idéia do

---

17. Hiroaki Sato, "Observations on haiku", em *Chanoyu – Quaterly (Tea and the arts of Japan)*, nº 18, 1977, pp. 21-27. Esse texto constitui também exemplo da crítica japonesa à supervalorização do zen na tradição inglesa de leitura de haiku, referida no corpo deste trabalho.

18. O próprio termo *haiku*, que é freqüentemente utilizado como sinônimo de haicai e de *hokku*, não existia no tempo de Bashô. Quem o criou foi Shiki, que o utilizava para denominar o terceto concebido fora de um diário ou de uma seqüência de versos composta por várias pessoas. *Hokku*, que significa literalmente "primeiro verso", designava o primeiro terceto de uma seqüência de renga, isto é, poemas encadeados, interligados. Bashô foi professor de haicai-renga, gênero a que conferiu estatuto de grande arte. Para a história do gênero, v. Teiiti Suzuki, "De renga a haikai", em *Estudos Japoneses*, São Paulo, Centro de Estudos Japoneses da Universidade de São Paulo, 1979.

possível ou real ambiente ou situação em que o poema foi escrito. Grande parte do enorme mérito da obra de Blyth é justamente sua capacidade de redigir brilhantes comentários, de resumir em poucas palavras o saber tradicional a respeito da contextualização deste ou daquele poema. É isso justamente o que ele fez na passagem que transcrevemos a propósito do "furu-ike ya". Se compararmos agora o que diz Blyth em seu comentário com o que Moraes acrescenta quando compõe a sua quadra, veremos que ambos ressaltam basicamente as mesmas coisas. A tradução em quadrinha portuguesa visa fazer com que o haicai se sustente como poema, nos moldes ocidentais. Por isso, incorpora à letra do verso aqueles elementos que permitem melhor aproximação do leitor leigo, acostumado a ter, com relação a um poema, outras expectativas que não as que o haicai pressupõe. Daí que o breve comentário de Moraes, acima transcrito, vá na direção de neutralizar a possível decepção causada pela expectativa não satisfeita e de afirmar, uma vez mais, que o poema é um instantâneo de uma cena corriqueira e que nesse poder de presentificação reside a força do haicai, o que ele nos pode ensinar.

Um último ponto a recordar é que Moraes escrevia para jornais portugueses, dando notícias e contando curiosidades do Japão. Sua obra está toda voltada para esse objetivo de tornar conhecível e sensível essa civilização. Suas traduções também. Não se deve pedir a ele o que ele não quis fazer: um estudo erudito e filosófico sobre o pensamento, a arte ou os costumes japoneses. Moraes foi um grande escritor. Sua obra é o testemunho e o resultado de uma vida inteira dedicada ao conhecimento e assimilação do outro. É fácil, mas muito arriscado (e, acima de tudo, improdutivo) negar as qualidades mais evidentes dessa vida e dessa obra em nome de questões que nem sempre são muito claras, como é o caso específico da crítica em pauta neste trabalho. Moraes compreendeu como poucos o Japão. Mais precisamente, compreendeu aquele momento delicado e tenso que foi a virada do século XIX para o XX, a transformação do Japão dos Tokugawa no Japão Meiji. Toda sua obra é animada por um intenso sopro de simpatia para com o passado japonês, que desaparecia aos poucos até mesmo das cidades do interior, e por uma grande admiração – de que não era ausente uma certa dose de apreensão – pelo novo Nippon que surgia, arrogante e cheio de potencialidade. Suas traduções, como o restante de sua obra, são feitas a partir desse lugar de identificação profunda, de empatia. Daí que sejam, freqüentemente, mais japonesas do que gostaríamos, e, assim, paradoxalmente, menos misteriosas, mais próximas da nossa realidade do que dessa grande utopia que nos acostumamos a reconhecer sob o nome de Japão.

16
GUILHERME DE ALMEIDA E A HISTÓRIA
DO HAICAI NO BRASIL

Entre os patronos do haicai no Brasil, Afrânio Peixoto divide com Guilherme de Almeida as honras maiores de introdutor da forma no país. De fato, se foi Peixoto um dos primeiros cultores dos tercetos mais ou menos aproximados do *haiku* japonês, foi apenas com Guilherme de Almeida que um determinado tipo de poema chamado de haicai atingiu um público mais amplo, levado na esteira do prestígio popular de que desfrutava o poeta campineiro nas décadas de 1930 e 1940.

Nesse sentido, de vulgarizador de um nome exótico e de praticante de poesia em tercetos de dezessete sílabas, Guilherme de Almeida – como diz H. Masuda Goga – "estimulou o abrasileiramento da mais concisa poesia de origem japonesa". Mas será verdade que, num nível mais profundo, a sua prática de poesia em tercetos teria estimulado o abrasileiramento do haicai? A resposta a essa pergunta dependerá, é claro, do que entendermos por *abrasileiramento*, pois é verdade que o haicai guilhermino fez escola e que mesmo hoje em dia ainda encontramos vários cultores da forma poética que ele denominou *haicai*. Entretanto, de meu ponto de vista, antes de podermos responder claramente a essas questões essenciais, é preciso determinar o que, de fato, Guilherme de Almeida entendia por *haicai*, e quais eram as características que atribuía a esse tipo de poesia quando falava dela e quando a escrevia.

Para compreender o papel de Guilherme de Almeida na história do haicai no Brasil, devemos ter em mente a maneira pela qual esse tipo de poesia japonesa chegou ao país e aos seus meios literários. Contrariamente ao que se poderia pensar, não foi devido ao fato de termos aqui a maior colônia japonesa do mundo que o haicai se tornou uma forma literária da poesia em português. De fato, o haicai aportou no Brasil vindo da França, num primeiro momento, e dos países de língua inglesa, num segundo. A princípio, o haicai comparecia apenas em livros de viagens, como exemplo do miniaturismo japonês. Depois, em traduções livres, como ilustração da sensibilidade delicada e exótica do Extremo Oriente. Só por volta do segundo e terceiro decênios do século XX o haicai passou a ser objeto do interesse de um maior número de poetas e de um público mais significativo. Foi nesse momento que Guilherme de Almeida, tendo tomado conhecimento do haicai por via francesa e, depois, por intermédio de um grupo praticante de *haiku* em São Paulo, desenvolveu uma ação que visava, como ele mesmo diz, transplantar o haicai e dotá-lo de uma "disciplina rígida". Vejamos em que consistiu a sua ação.

Do ponto de vista da composição física do haicai, Guilherme de Almeida propôs-se resolver um problema que se vinha arrastando desde os primeiros momentos de registro e de tradução do haicai: a questão da forma métrica e do uso ou não das rimas.

Desde as primeiras tentativas de tradução para o português – que parecem ter sido as de Wenceslau de Moraes, na virada do século XIX para o XX – o haicai apresentava um problema de métrica. No original japonês, o poema tinha 17 sons (mais exatamente, 17 *durações*). Traduzir o haicai em 17 sílabas poéticas, distribuídas em três versos de medida diferente (5, 7 e 5 sílabas) e sem rima, não parecia um bom caminho. Quer dizer, do ponto de vista musical o haicai não tinha, a rigor, uma estrutura reconhecível e assimilável à nossa tradição. Era difícil perceber qualquer ritmo nessa distribuição de versos sem rima e com número diferente de sílabas e foi por isso que Wenceslau de Moraes tratou de traduzir os tercetos japoneses em forma de quadra popular portuguesa: para conseguir um equivalente português do metro e da forma estrófica mais corrente em língua japonesa. A solução, entretanto, não parecia completamente adequada, uma vez que o ritmo ternário da composição tem, muitas vezes, bastante importância no haicai japonês.

Guilherme de Almeida, que era um bom ritmista do verso, ao defrontar-se com esses problemas tratou logo de adaptar o haicai às necessidades formais da nossa tradição poética, mantendo de certa forma o ritmo estrófico ternário.

Começou por atribuir um título ao terceto, o que lhe permitia aumentar um pouco o tamanho do mesmo e torná-lo mais palatável por essa espécie de orientação de leitura que um título muitas vezes proporciona. Também tratou de dar ao poemeto uma estrutura rímica muito cerrada, de modo a tornar musical – em nossos termos – o que de outro modo poderia parecer desarticulado. Na estrutura de versos de cinco/sete/cinco sílabas métricas dispôs duas rimas: uma unindo o primeiro com o terceiro verso, e outra interna ao segundo verso, ocupando a segunda e a última sílaba. Eis um exemplo, com as rimas sublinhadas e seguidas de um esquema da distribuição das sílabas:

> Por que estás ass**im**,   – – – – a
> viol**eta**? Que borbol**eta** – b – – – – b
> morreu no jard**im**?   – – – – a

Com esse recurso, Guilherme de Almeida conseguiu ampliar a regularidade métrica, pois, marcadas pela rima, temos agora as seguintes seqüências: cinco sílabas, duas sílabas, cinco sílabas e, de novo, cinco sílabas. Isso dá, tanto quanto possível, um andamento marcado e reconhecível ao poemeto, com três segmentos isossilábicos e um quebrado perfeitamente assimilável à acentuação do pentassílabo.

Quando lemos ao acaso alguns dos seus haicais, é muito sensível o ritmo que a distribuição das rimas concede aos tercetos, bem como a maestria com que o poeta trata a alternância das seqüências de duas e de cinco, ora deixando a rima interna sem destaque, ora fazendo-a coincidir com uma pausa sintática, e por fim, como no seguinte poema, sobrepondo à distribuição das sílabas do verso central em segmentos de duas e de cinco sílabas operadas pela rima, uma distribuição sintática inversa, em segmentos de cinco e de duas sílabas:

> Noite. Um silvo no ar.
> Ninguém na estação. E o trem
> passa sem parar.

Muitas vezes tem havido debates, nos círculos haicaísticos, sobre se o modelo de Guilherme de Almeida é ou não uma boa forma de verter o haicai em português. A discussão, quase sempre, gira à volta do uso das rimas, e, mais do que isso, do uso de rimas fixas e algo virtuosas. De fato, ao fazer incidir a noção de *disciplina* sobre um aspecto tão exterior quanto a métrica e a rima, Guilherme de Almeida propõe um haicai que é uma espécie de micro-soneto parnasiano, um lugar de exibição de perícia técnica. Em princípio, essa espécie de disciplina nada tem a ver com o *haiku* japonês, mas tampouco impede que se produzam haicais interessantes. A questão, de fato, situa-se em outro nível: ao propor o haicai como terceto cheio de prescrições métricas e rímicas, Guilherme de Almeida mostra que está pensando em aclimatar basicamente a *forma* do haicai. Ora, se essa forma é aclimatada com inovações tão relevantes quanto a rima fixa e a contagem silábica ocidental, o que é que se está, de fato, aclimatando? Entretanto, mesmo a questão das rimas e da métrica é secundária, comparada à outra invenção guilhermina, que é o título atribuído a cada haicai. De fato, lidos sem o título, alguns dos seus poemas, como os que acabo de citar, deixam-se ler como *haiku*. Com o título, que é uma prática estranha à tradição do *haiku*, praticamente nenhum.

De meu ponto de vista, os tercetos de Guilherme de Almeida fracassam como haicais não pela rima e pela métrica preciosas e afetadas, mas pela atitude que se explicita quando os lemos com os títulos que têm. Num texto bem conhecido – "Os Meus Haicais" – encontra-se uma espécie de análise do poema pelo próprio autor[1]. Lendo a explicação do poeta e observando-se o poema, percebe-se claramente qual a função do título que o poeta atribui aos seus tercetos. Percebe-se mais: qual é a orientação do seu discurso, que é metafórico do ponto de vista da concepção, e sentimental do ponto de vista da disposição de espírito.

Vejamos aqui só um exemplo elucidativo. Este poema:

Desfolha-se a rosa.
Parece até que floresce
O chão cor-de-rosa.

Lido assim, sem título, é um *haiku*. Não, é claro, por causa das rimas e da métrica. Talvez mesmo apesar delas. É um *haiku* porque é objetivo. Mais exatamente, é *haiku* porque nele se contrapõe a uma observação predominante muito objetiva uma percepção fugaz e pessoal. E também porque é visual, até mesmo num sentido icônico: o desfolhamento da rosa se representa, de alguma forma, pela posição das palavras – no primeiro verso está a rosa que se desfolha, no último o chão onde caem as pétalas; no central, aquilo que une os dois planos num todo significativo, a observação pessoal do poeta, a sua ilusão de que a flor transitou do galho para o solo. Não há sentimentalismo, nem qualquer intenção simbólica ostensiva.

---

1. "Os Meus Haicais", publicado originalmente no jornal *O Estado de S. Paulo*, em 23 de fevereiro de 1937, encontra-se reproduzido em Guilherme de Almeida, *Haicais Completos*, São Paulo, Aliança Cultural Brasil-Japão, 1996.

Leiamos agora o comentário do poeta: "A flor, que se desfolha, é bem uma lição de alta caridade: dir-se-ia que ela se despe do que é seu, que ela toda se dá à terra humilde, para que o pobre chão, a seus pés, pense que também é capaz de florir". Há um abismo entre os versos e este comentário piegas e banal. O poema, porém, poderia conservar-se bom poema e com sabor de *haiku*, apesar do comentário, não fosse o gesto decisivo do poeta em franquear a sua intenção moralizante por intermédio de um título. Eis como se lê o poema, na sua forma completa:

CARIDADE

Desfolha-se a rosa
parece até que floresce
o chão cor-de-rosa.

É muito sensível, não só neste caso extremado, mas em todos os outros, que o título empobrece o texto, pois determina a direção da leitura ou força uma decifração metafórica do terceto que nomeia. Apresentados com o título que têm, os tercetos de Guilherme de Almeida quase nunca provocam aquele tipo especial de emoção que nos é transmitida por um bom haicai de Issa ou Buson, mesmo em tradução para outra língua. Definida uma tal orientação da leitura, os haicais, dotados ou não de estrutura métrica e rímica compatível com a tradição da língua portuguesa, perdem aquele *mood* específico que aprendemos a identificar com o haicai. O que não os impede de ser, às vezes, bons poemas, em outra clave de leitura.

O ponto que queria sublinhar com esse exemplo é que não reside na estrutura métrica ou na utilização de rimas o sabor ou a ausência de sabor de haicai num dado poema, mas na disposição interna do discurso que se apresenta nesse texto. Por isso, fracassou sempre a tentativa de aclimatar o *haiku* a partir de um trabalho de pesquisa formal, de virtuosismo rímico e métrico. E por isso também a simples inclusão de um título pode contribuir tão decisivamente para alterar por completo a percepção que temos a respeito da classificação genérica de um poema apresentado a nós como haicai. Repetindo de outra forma: o que permite caracterizar um poema breve como haicai não é a forma externa adotada pelo poeta, mas, sim, uma determinada atitude discursiva que o poema deve fazer supor ou manifestar. Menos do que uma aclimatação, portanto, o trabalho de Guilherme de Almeida consistiu apenas em encarar o haicai como uma forma relativamente neutra, a que se conforma um discurso poético orientado quase sempre de acordo com a nossa própria tradição.

250 ESTUDOS DE LITERATURA BRASILEIRA E PORTUGUESA

Num outro texto, o poeta nos dá a famosa definição de haicai: "anotação poética e sincera de um momento de elite"[2]. A definição é interessante, pois apela para a sinceridade e para o caráter imediato do haicai. "Anotação sincera de um momento" – dificilmente se conseguirá juntar três palavras mais significativas para a arte da poesia de haicai. Porém, partindo de um conhecimento muito limitado do que fosse o *haiku* japonês – o poeta acreditava mesmo que os *haiku* tivessem títulos e que o *furu-ike ya* se chamava *Solidão*! – Guilherme de Almeida acabou por não perceber que essa poesia que tanto o fascinava nascia de uma radical recusa ao sentimental e ao emotivo e de um apego igualmente radical à percepção mais imediata, à *sensação* concreta, visual, auditiva, táctil ou outra. Por não ter percebido isso é que também não percebeu completamente a função da palavra de estação (*kigo*) no *haiku* japonês.

Mas na composição, na prática dos seus versos, se deles eliminarmos os títulos que os destroem enquanto haicais, podemos ver que várias vezes Guilherme de Almeida captou o espírito do haicai, fazendo com que a fugacidade de uma sensação ecoasse nas diversas cordas da sensibilidade e da memória, num terceto vibrante. Como neste caso:

Um gosto de amora
comida com sol. A vida
chamava-se: "Agora".

De novo, como no caso de "Caridade", sem título o poema se deixa ler como haicai: o gosto da amora (que é o *kigo*, pois representa uma determinada estação do ano) está no presente do poema, é sentido pelo poeta enquanto poeta. Essa sensação lembra outra, o que a intensifica e abre espaço para a evocação (algo sentimental para haicai, é verdade) de um momento passado de plenitude.

Já com o título de "Infância", o gosto de amora faz parte do passado, é lembrança de um gosto, evocação mental e não sensação imediata. Com o título, a amora não é mais um *kigo* no sentido funcional de disparar uma determinada emoção. Agora, é o sentimento que recria a sensação como símbolo do bem perdido. Sem o título, podemos ler o poema num registro de haicai, numa atitude de haicai. Com o título, reencontramos os limites da

---

2. Trata-se de uma entrevista concedida à *Gazeta Magazine*, de 29 de setembro de 1941. Encontra-se reproduzida como orelha do volume dos *Haicais Completos*, referido acima.

nossa própria tradição e temos já outro texto, que faz parte de outro registro genérico.

Numa entrevista publicada em 1941, Guilherme de Almeida dizia, sobre a questão do título no haicai: "o título, no haicai é como o verbete num dicionário: o texto definirá o título". Infelizmente não é assim, e, no seu caso, o título é que define o texto. Tivessem sido publicados sem ele, um bom número dos seus tercetos seriam bons haicais e o poeta teria, apesar da ostentação de virtuosismo, um lugar ainda mais relevante na história desse tipo de poesia no Brasil.

17
PÓS-TUDO: A POESIA BRASILEIRA DEPOIS DE JOÃO CABRAL[1]

João Cabral e a Poesia Moderna

Em 1954, como parte das comemorações do aniversário de 400 anos da cidade, reuniu-se em São Paulo um grande Congresso Internacional de Escritores, promovido pela Comissão dos festejos e patrocinado pela Unesco.

Na seção consagrada à discussão da poesia, o balanço do momento foi feito por Aderbal Jurema, numa comunicação lida no dia 11 de agosto, intitulada "Apontamentos sobre a Niponização da Poesia". Nela se encontra esta apreciação sobre a tendência dominante na poesia brasileira nos anos que se seguiram ao término da Segunda Guerra Mundial:

> Venho observando, principalmente nos representantes da novíssima geração de poetas brasileiros, uma tendência para uma gratuidade temática que me assombra [...]. Escrevem sonetos e poemas com palavras exóticas, frias, quase mortas. [...] Não são propriamente sonetos e poemas, e sim epitáfios de uma geração que, ao invés de sentir o drama do homem nas fronteiras da técnica, se estiola nas velhas maneiras acadêmicas, com a disposição de quem quer cometer o *hara-kiri* em seus sentimentos mais puros e mais autenticamente humanos[2].

O ponto relevante do texto de Jurema – além de reafirmar uma avaliação da "Geração de 45" que, embora equivocada, continua vigorando até hoje – é a afirmação de que a novíssima geração reagia mal aos desafios do

---

1. Este texto, redigido em 2006, destinava-se a apresentar uma antologia da poesia contemporânea a ser publicada em Portugal.
2. *Congresso Internacional de Escritores e Encontros Intelectuais*, São Paulo, Anhembi, 1957, p. 264.

tempo moderno. A questão central, para ele, é a atitude reativa: ao invés de viver plenamente o "drama nas fronteiras da técnica", os poetas brasileiros do tempo refugiavam-se num "artesanato suicida", que distanciava a poesia do público e só lhe reservava um lugar na "camaradagem do suplemento dominical".

A percepção de que haveria um divórcio contemporâneo entre o escritor e o público percorre a maior parte das falas do Congresso dedicadas à poesia, independente da nacionalidade do orador. O que dá, porém, cor específica à representação brasileira do problema é, por um lado, a extensão desse divórcio aos demais gêneros literários, a relação causal entre ele e o crescimento dos novos meios de comunicação de massa e, especialmente, a proposição de que existe uma feroz concorrência entre a cultura erudita e cultura de massas:

> Será normal que o artista atual, porque não deseja imiscuir-se com as formas inferiores, ou porque receia que os novos métodos de difusão comprometam a sua dignidade, será normal ao artista eximir-se de participar, fugir à realização, silenciar, não concorrer? Parece-me que não e o seu dever é adaptar-se às novas condições, salvaguardando naturalmente a sua integridade e a qualidade dos seus padrões... Se os novos meios se considerarem obras diabólicas, fugir, isolar-se deles, é abandoná-los ao diabo. Não é esse o dever do espírito, mas sim vencer o príncipe das trevas[3].

Assim se expressava, a propósito, Afrânio Coutinho, um dos mais reconhecidos homens de letras do país.

A questão da concorrência entre as artes e a indústria cultural mereceu a atenção analítica, na mesma época, de outro crítico de grande expressão, Antonio Candido, que abordou o problema num texto publicado em duas partes – uma no ano anterior e outra no ano seguinte ao Congresso – e que se intitulou "Literatura e Cultura de 1900 a 1945"[4].

Na sua formulação, a partir de 1930 tinha sido sensível o aumento do público de literatura, devido à melhora da educação e à diminuição do analfabetismo. Entretanto, afirmava, "esse novo público, à medida que crescia, ia sendo rapidamente conquistado pelo grande desenvolvimento dos novos meios de comunicação", entre os quais nomeava o rádio, o cinema e as histórias em quadrinhos.

E continuava:

3. *Idem*, pp. 150-151.
4. Reproduzido em *Literatura e Sociedade*, 4. ed., São Paulo, Nacional, 1975.

Antes que a consolidação da instrução permitisse consolidar a difusão da *literatura literária* (por assim dizer), estes veículos possibilitaram, graças à palavra oral, à imagem, ao som (que superam aquilo que no texto escrito são limitações para quem não se enquadrou numa certa tradição), que um número sempre maior de pessoas participassem de maneira mais fácil dessa quota de sonho e de emoção que garantia o prestígio tradicional do livro[5].

Por fim, concluía Antonio Candido que as duas respostas perigosas ao estado de coisas decorrente da situação brasileira eram ou a busca de comunicação com o público por meio da aproximação da literatura com o relato direto da vida, para concorrer com o rádio ou o jornal, ou o aprofundamento da singularidade do literário, restringindo ainda mais o acesso a ela por parte do público geral.

Alguns dados sobre as instituições culturais brasileiras, todas muito recentes se comparadas com as equivalentes européias, permitem situar as questões discutidas nos textos de época.

No que diz respeito à cultura erudita, além do crescimento da produção de livros em fins do Estado Novo (1930-1945), avulta, na última parte da década de 1940, a criação de órgãos de preservação e difusão da cultura: em 1947 foi inaugurado o Museu de Arte de São Paulo; em 1948, a Escola de Arte Dramática, o Teatro Brasileiro de Comédia e o Museu de Arte Moderna de São Paulo; e, em 1949, o Museu de Arte Moderna do Rio de Janeiro; em 1951 realizou-se a primeira Bienal e foi fundado o Conselho Nacional de Pesquisa; e, entre 1945 e 1956, proliferaram as instituições de ensino superior em todo o país (para comparação: em 1937 havia quatro universidades e duas faculdades; em 1953 somam-se nada menos do que quinze universidades e quarenta faculdades). Já no que diz respeito à indústria cultural, se é verdade que os anos 1950-1960 são ainda a época de ouro do rádio, com os programas de auditório e as radionovelas, eles também já são o momento em que vai começar a predominar a televisão e, com ela, a sua forma artística mais específica, a telenovela. Também se percebe nos anos 1950-1960 uma proliferação massiva da grande imprensa e das revistas ilustradas (incluindo aí a fotonovela) e, sem dúvida, o momento mais forte de criação de novos padrões para a música popular, com a bossa-nova, e para o cinema brasileiro, com a experiência da Vera Cruz (1949-1954) e, posteriormente, o Cinema Novo.

---

5. *Literatura e Sociedade, op. cit.,* p. 137.

O problema da expansão e conquista do público estava, assim, na ordem do dia. Não espanta, pois, que tenha merecido, desde 1952, a atenção do poeta mais significativo dentre os que estrearam na década de 1940, João Cabral de Melo Neto. Naquele ano, numa conferência intitulada "Poesia e Composição", proferida na Biblioteca Municipal de São Paulo – local emblemático do Modernismo – Cabral tinha também se ocupado do problema da comunicação na literatura do pós-guerra, centrando-se na questão da poesia.

Nessa conferência, Cabral começa por opor os modos de composição que denomina "inspirado" e "construtivo", dos quais derivariam duas famílias de poetas. Para os da família da inspiração, a poesia seria um achado, algo que acontecia ao poeta; já para os da família da construção, a poesia seria o resultado de uma busca, de uma elaboração.

O que dinamiza essa oposição, que em certo sentido retoma a tipologia de Schiller, é o quadro contrastivo que Cabral traça entre a condição moderna e a "época feliz" dos tempos não-modernos. Naquelas "épocas de equilíbrio", a espontaneidade é "identificação com a comunidade", "o trabalho de arte inclui a inspiração", as regras da composição são explícitas e universalmente aceitas, "a exigência da sociedade em relação aos autores é grande" e, por isso tudo, a comunicação é o objetivo central da prática literária. Na modernidade, em contraposição, as condições são opostas: o que a define é a perda do leitor (e da crítica, epítome do leitor) como "contraparte indispensável do escritor". Sem esse fator de controle, as duas formas de composição se extremam em oposição radical, gerando famílias poéticas distintas e distantes, condenadas entretanto a se encontrarem, após o desenvolvimento de sua inclinação (isto é, depois de os inspirados esgotarem-se no "balbucio" incapaz de apreender o inefável e depois de arrastados os "construtores" ao artesanato furioso que conduz ao "suicídio da intimidade absoluta"), no isolamento solipsista, decorrente da "morte da comunicação".

No quadro dessa modernidade descrita quase como beco sem saída, Cabral optava, contra o espontâneo, pelo pólo construtivo. E o fazia, a rigor, como confirmação e último desenvolvimento da condição moderna, pois entendia que o poeta construtivo levava às derradeiras conseqüências o individualismo, na medida em que afirmava como referencial último da sua escrita "a consciência das dicções de outros poetas que ele quer evitar, a consciência aguda do que nele é eco e que é preciso eliminar a qualquer preço"[6].

---

6. Toca-se, nessa frase, no que Cabral julgava ser o mais característico da sua própria geração: a necessidade de construir um discurso individual à sombra dos grandes poetas modernistas, contra

Resta saber qual seria o "qualquer preço" que o poeta se dispunha a pagar, para, nesse momento, conquistar voz própria. Em alguma medida, esse preço parece incluir um tipo de comunicação com o leitor: a conseguida justamente à custa do já conhecido, isto é, dos "ecos" que o poeta construtivo deve tão ciosamente evitar que apareçam no seu discurso. Por outro lado, a poética construtiva, embora traga a marca cega de origem do individualismo definidor da modernidade, é a que lhe aparece como a única via conseqüente esteticamente e para reconduzir a literatura ao caminho da comunicação com o leitor. Nesse sentido, a poética construtiva termina por vigorar no texto como, simultaneamente, "anúncio de uma época de equilíbrio por vir" e "cicatriz da sua irreparável falta"[7].

A recuperação programática desse equilíbrio perdido dá o tom justamente do texto que João Cabral leu no Congresso de 1954, e no qual aborda a relação da poesia com os novos meios de comunicação de massa.

Nesse texto, embora ainda afirme o caráter multiforme da "poesia moderna", Cabral acredita ser possível achar um denominador comum às práticas contemporâneas: o "espírito de pesquisa formal". Em continuidade ao que apresentara na Biblioteca, dois anos antes, opera com a oposição entre as "duas famílias de poetas", mostrando em que direção, em cada uma delas, se teria processado a "pesquisa": a família dos subjetivos se empenharia em "captar os matizes sutis, cambiantes, inefáveis, de sua expressão pessoal", enquanto a dos objetivos em apreender "as ressonâncias das múltiplas e complexas aparências da vida moderna". Mas nenhuma das famílias se teria empenhado em promover o "ajustamento do poema à sua possível função", disso tendo resultado o caráter intransitivo e inócuo da poesia contemporânea em relação às necessidades do tempo. Daí que, apesar do refinamento formal, a poesia continuasse a "ser servida em invólucros perfeitamente anacrônicos e, em geral imprestáveis, nas novas condições que se impuseram" e a exigir do eventual leitor "lazeres e recolhimento difíceis de serem encontrados nas condições da vida moderna", bem como "um esforço sobre-humano para se colocar acima das contingências da sua vida".

---

cuja obra não faria sentido repetir o gesto – que fora o deles contra o seu passado imediato – de desqualificação e destruição. Nesse quadro, afirmar a exclusividade do viés construtivo, "artístico" – que reconhece como minoritário e raro na prática da poesia brasileira – é a forma válida de assumir a herança modernista, por meio da negatividade possível no momento.

7. Na breve exposição da conferência de João Cabral, tive sempre presente o ensaio de Abel Barros Baptista intitulado "O Livro Agreste (2)", publicado em *O Livro Agreste: Ensaio de Literatura Brasileira*, Campinas, Editora da Unicamp, 2005. A frase citada está na p. 167.

A partir desse diagnóstico, Cabral propõe como tarefa urgente buscar para o poema uma função na vida do leitor moderno, seja pela adaptação aos novos meios de comunicação (o rádio, o cinema e a televisão), seja pelo retorno a formas que pudessem aumentar a comunicação com o leitor, como a poesia narrativa, as *aucas* catalãs (que ele considera as antepassadas das histórias em quadrinhos), a fábula, a poesia satírica e a letra de canção.

Por fim, na conclusão programática, conclama os poetas a combater "o abismo que separa hoje em dia o poeta do seu leitor", por meio do abandono dos temas intimistas e individualistas e pela conquista de formas mais funcionais, que permitam "levar a poesia à porta do homem moderno".

A Poesia Concreta

Quando as atas do Congresso Internacional foram finalmente publicadas, em 1957, as preocupações de Cabral já tinham encontrado uma resposta programática de grande envergadura e radical aposta na integração da poesia no quotidiano da vida moderna. Uma resposta cuja apresentação, ajuste e transformação constituiriam o centro de energia da poesia brasileira ao longo dos cinqüenta anos seguintes: a Poesia Concreta, que estreara junto ao grande público por meio da Exposição Nacional de Arte Concreta, realizada primeiramente em São Paulo, no mês de dezembro, no Museu de Arte Moderna, e transferida, em fevereiro do ano seguinte, para o saguão do Ministério da Educação e Cultura, no Rio de Janeiro, onde ganhou desde logo as páginas da grande imprensa.

Um dos seus principais autores, Décio Pignatari, já em 1950 ecoava a preocupação com o esgarçamento do público moderno de poesia. Com base em George Thompson, traçava um rápido desenho evolutivo, que ia das sociedades tradicionais, nas quais a poesia fazia "parte do 'acervo comum de referências' e experiências", às sociedades letradas, que implicaram a redução do público do poeta, "até que suas excogitações poéticas se transformem no monólogo dos dias atuais". E completava: "sinto-me aventurado a acreditar que o poeta fez do papel o seu público".

Outro dos principais poetas concretos, Augusto de Campos, iniciará sua obra, no ano seguinte, com um livro cujo título pode ser lido como uma metáfora da ausência de público para a poesia em moldes tradicionais: *O Rei Menos o Reino*. Nesse volume, são várias as passagens que poderiam ser lidas na mesma clave, sendo a principal delas um poema em que o poeta e seu canto falam em primeira pessoa e que se intitula, muito apropriadamente, "Diálogo a um"[8].

Augusto de Campos, Décio Pignatari e Haroldo de Campos começaram a escrever no âmbito da Geração de 45. Os três se conheceram em 1948, durante o Congresso Paulista de Poesia[9]. No ano seguinte, publicaram poemas na *Revista dos Novíssimos*, no suplemento literário do *Jornal de S. Paulo* – dirigido por Péricles Eugênio da Silva Ramos e Osmar Pimentel – e na *Revista Brasileira de Poesia*.

Em 1950, Haroldo de Campos e Décio Pignatari lançam, pelo Clube de Poesia – órgão da Geração de 45 – cada um o seu primeiro volume de versos: *Auto do Possesso* e *O Carrossel*, respectivamente. No ano seguinte, tendo os três autores rompido com o Clube de Poesia, Augusto de Campos publica, por sua própria conta, o volume há pouco referido[10].

Nesses primeiros poemas, Haroldo de Campos é o mais próximo – por conta da dicção elevada, da cadência tradicional do verso sonoro, do vocabulário precioso e da preferência temática pelo exótico e distante – do gosto que caracteriza tantos outros volumes de versos seus contemporâneos, depois identificados como exemplares da Geração de 45. Décio Pignatari traz, no seu livro, o mostruário mais versátil, oscilando de poemas em versos breves, de linguagem coloquial e reminiscência modernista, a poemas marcados pelo preciosismo vocabular e pelo gosto de antiquário que marcou a época no Brasil. Já a poesia de Augusto de Campos, acentuadamente metapoética, nos melhores momentos retoma a contenção crispada do último Drummond e se aproxima de João Cabral de Melo Neto.

Os três poetas compõem, já em 1952, o grupo diretor de uma revista literária que virá a ser, em meados da década, o núcleo gerador do movimento da Poesia Concreta: *Noigandres*. A poesia apresentada no primeiro número da revista, lançado nesse ano, não se destaca, como não se destacaram os livros já referidos, do padrão médio da poesia da época.

Já no número seguinte, lançado em 1955, Augusto de Campos dá a público o *Poetamenos*, composto a partir de 1953. São os primeiros poemas brasileiros em que a disposição tipográfica não é ornamental, nem secun-

---

8. Augusto de Campos, *O Rei Menos o Reino*, São Paulo, Edição do autor, 1951. Reproduzido em *Viva Vaia*, São Paulo, Ateliê, 2003.

9. A informação está numa carta de Décio Pignatari a Ataliba T. de Castilho, de 11.6.1963, que se encontra depositada no Centro de Documentação Alexandre Eulálio, na Unicamp, em Campinas.

10. Cf. o documento referido na nota anterior.

dária, do ponto de vista da constituição do discurso. E os primeiros, salvo engano, em que a ordenação discursiva é substituída pela ordenação espacial de expressões nominais e fragmentos de frases ou palavras. O *Poetamenos* trazia também uma outra novidade: o uso de cores, sugerindo linhas de leitura e de oralização.

A comparação entre o *Poetamenos* e o poema que Haroldo aí publica – *Ciropédia ou a Educação do Príncipe* – evidencia não só a proximidade continuada de Haroldo com a dicção grandiloqüente da época – que ao longo do tempo se desenvolverá ou será redescrita como "neobarroco"[11] – mas principalmente a ousadia inventiva e experimental da poesia de Augusto de Campos, que será responsável pelas mais impressionantes realizações da poesia de vanguarda no Brasil: do *Poetamenos* à *Caixa Preta*, passando pelos *Poemóbiles* e pelas montagens denominadas *popcretos*.

Na apresentação do *Poetamenos*, o autor afirma a inspiração na música de Webern. Entretanto, a forma específica de reconstrução tipográfica da "melodia de timbres" terminava por conduzir à aspiração por um novo aparato tecnológico, mais apto à construção desse tipo de poemas do que o papel e a impressão colorida: "mas luminosos, ou filmletras, quem os tivera!". Mas, por enquanto, nem o poema se propõe como outra coisa que não uma obra experimental, nos mesmos moldes que a sua inspiração confessa, nem a utilização da tecnologia comparece, no prefácio, como instrumento para aproximar o poema do público, para inseri-lo na vida quotidiana. Pelo contrário, o anseio pelo recurso tecnológico dos luminosos (provavelmente os letreiros em gás neon) ou "filmletras" se devia apenas ao intuito de aperfeiçoar, sem sequer dar conta total das necessidades, a expressividade do poema, "destacando as linhas de superposição e interpenetração temática".

Nesse mesmo ano de 1955, Augusto de Campos publica dois artigos de grande interesse para a compreensão do que será a Poesia Concreta, de quais os autores tutelares da nova poesia e de quais as questões que ela privilegiará na tradição poética ocidental[12].

---

11. Cf. Haroldo de Campos: "Em minha prática poética, textos como *Ciropédia* e *Claustrofobia*, ambos de 1952, constituem, como já tenho afirmado, a pré-história barroquizante de minhas *Galáxias* (1963-1976)" (em "Barroco, Neobarroco, Transbarroco", prefácio a Cláudio Daniel (org.), *Jardim de Camaleões: A Poesia Neobarroca na América Latina*, São Paulo, Iluminuras, 2004).

12. Trata-se de "Poesia, Estrutura" e "Poema, Ideograma", publicados em 20 e 27 de março, no jornal *Diário de São Paulo*. Ambos os textos se encontram reproduzidos em Augusto de Campos et alii, *Mallarmé*, São Paulo, Perspectiva/Edusp, 1974.

Augusto propõe a existência de uma linha evolutiva na poesia moderna à qual responde e se filia a poesia concreta. Essa linha começa com Mallarmé (mais exatamente, com *Un coup de dés*), que é o objeto do primeiro texto, e prossegue com Ezra Pound, cummings e Joyce, passando pelo Futurismo e por Apollinaire (cuja importância, para a formulação da nova poesia, lhe parece bem menos significativa do que a dos outros quatro). Estava já aqui identificado o *paideuma* da nova vanguarda, e embora ainda a denominação da nova poesia não fosse "concreta"[13], a sua configuração básica já estava delineada:

A verdade é que as "subdivisões prismáticas da Idéia" de Mallarmé, o método ideogrâmico de Pound, a simultaneidade joyciana e a mímica verbal de cummings convergem para um novo conceito de composição – uma ciência de arquétipos e estruturas; para um novo conceito de forma – uma ORGANOFORMA – onde noções tradicionais como início, meio, fim, silogismo, tendem a desaparecer diante da idéia poético-gestaltiana, poético-musical, poético-ideogrâmica de ESTRUTURA[14].

Nesse primeiro momento de elaboração do projeto, portanto, a nova poesia não se apresentava como uma tentativa de superar o abismo entre o autor e o público. Na verdade, situava-se no pólo oposto, exigindo do leitor um esforço de obtenção de referências eruditas, de modo a poder aferir a arte de vanguarda como resultado de "uma ferrenha ânsia de superação culturmorfológica"[15]. Daí que a nova poesia demandasse, tanto do autor como do leitor, trabalho árduo e aplicação, sendo a ressurgência das formas tradicionais, que caracterizava a Geração de 45, duramente condenada por Haroldo:

O lirismo anônimo e anódino, o amor às formas fixas do vago, que explica, em muitos casos, a "redescoberta" do soneto à guisa de "dernier cri", são manifestações sobejamente conhecidas desse preguiçoso anseio em prol do domingo das artes, remanso onde a poesia, perfeitamente codificada em pequeninas regras métricas e ajustada a um sereno bom tom formal, aparelhada de um patrimônio de metáforas prudentemente controlado em sua abastança pequeno-burguesa por um curioso poder morigerador – o "clima" do poema – pudesse ficar à margem do processo cultural, garantida por um seguro de vida fiduciado à eternidade. Esse novo arcadismo,

---

13. Augusto de Campos utilizaria a expressão "poesia concreta" pela primeira vez alguns meses depois, em outubro de 1955, num artigo assim denominado, publicado na revista *Fórum*, do Centro Acadêmico 22 de Agosto, da Faculdade Paulista de Direito. O texto se encontra reproduzido em Augusto de Campos et alii, *Teoria da Poesia Concreta*, São Paulo, Duas Cidades, 1975, pp. 34-35.
14. "Poema, Estrutura", em *Mallarmé, op. cit.*, p. 186.
15. Haroldo de Campos, "Poesia e Paraíso Perdido", *Diário de São Paulo*, 5 de junho de 1955; reproduzido em Augusto Campos et alii, *Teoria da Poesia Concreta*, pp. 26-30.

262 ESTUDOS DE LITERATURA BRASILEIRA E PORTUGUESA

convencionado à sombra de clichês, sancionando a preguiça e a omissão como atitude frente aos problemas estéticos, autolimitado por um senso autárquico-solipsista de "métier" que excomunga a permeabilidade entre as soluções poéticas, musicais ou das artes visuais (por uma ignorância apriorística e não poucas vezes agressiva!), tem como palavra-senha entre nós o conceito de *humano*[16].

O passo seguinte constitui um dos pontos de maior interesse e tensão do programa da Poesia Concreta, tal como se delineará por ocasião do lançamento nacional do movimento: fazer coincidir a necessidade da evolução "culturmofológica" com as necessidades do mundo moderno, marcado pela técnica e dominado pelos meios de comunicação de massa. Isto é, fazer com que uma poesia elaborada a partir do pólo maior da negatividade, da recusa do leitor, como a poesia de Mallarmé, e articulada a partir do exemplo do artesanato joyciano, seja também um caminho para a positiva integração do poema no mundo industrial. Ou ainda: fazer com que a poesia que se reclama a origem mais erudita seja simultaneamente a poesia mais adequada à comunicação imediata com o leitor leigo e despreparado culturalmente.

Nesse quadro, a crise do verso e o abismo autor/público se explicam pela inadaptação do verso aos tempos modernos. À poesia não parece mais bastar a situação correta e conseqüente, face à evolução das formas. A evolução das formas deve ser agora valorizada e entendida em função da apropriação e aproveitamento dos recursos tecnológicos disponíveis, que são, ao mesmo tempo, o caminho para afirmar a poesia no mundo dos objetos industriais:

o verso: crise. obriga o leitor de manchetes (simultaneidade) a uma atitude postiça. não consegue libertar-se dos liames lógicos da linguagem: ao tentar fazê-lo, discursa adjetivos. não dá mais conta do espaço como condição de nova realidade rítmica, utilizando-o apenas como veículo passivo, lombar, e não como elemento relacional de estrutura. anti-econômico, não se concentra, não se comunica rapidamente. destruiu-se na dialética da necessidade e uso históricos. [...]
uma arte geral da linguagem. propaganda, imprensa, rádio, televisão, cinema. uma arte popular.
a importância do olho na comunicação mais rápida: desde os anúncios luminosos até às histórias em quadrinhos. [...]
contra a poesia de expressão, subjetiva. por uma poesia de criação, objetiva. concreta, substantiva[17].

16. *Idem*, pp. 27-28.
17. Décio Pignatari, "nova poesia: concreta", publicado na revista *ad – arquitetura e decoração* (São Paulo, novembro/dezembro de 1956) e republicado, em maio do ano seguinte, no Suplemento Dominical do *Jornal do Brasil*, do Rio de Janeiro. Reproduzido em Augusto Campos et alii, *Teoria da Poesia Concreta, op. cit.*

É a retomada da questão enunciada por João Cabral de Melo Neto, no Congresso de 1954. Em relação às suas preocupações há aqui, entretanto, diferenças de fundo e de ênfase. A primeira delas é a recusa do verso – isto é, de todo o arsenal de formas tradicionais – como estratégia para recuperar a comunicabilidade da poesia nos tempos modernos. Essa estratégia se resume, agora, à integração da poesia aos meios de comunicação de massa e aos princípios que os estruturam. A oposição cabralina entre "expressão" e "construção" se acirra, com a desqualificação do primeiro pólo e absolutização do segundo como único adequado aos novos tempos. Economia, objetividade e rapidez são as palavras-chave desse momento da Poesia Concreta para conseguir a integração da poesia na vida quotidiana, como objeto industrial de consumo:

a POESIA CONCRETA é a linguagem adequada à mente criativa contemporânea
permite a comunicação em seu grau + rápido
prefigura para o poema uma reintegração na vida quotidiana semelhante à q o BAUHAUS propiciou às artes visuais: quer como veículo de propaganda comercial (jornais, cartazes, TV, cinema etc.), quer como objeto de pura fruição (funcionando na arquitetura, p. ex.), com campo de possibilidades análogo ao do objeto plástico
substitui o mágico, o místico e o *maudit* pelo ÚTIL[18]

Nos anos que se seguem imediatamente à Exposição Nacional de Arte Concreta, a ênfase no caráter racional, econômico e integrado do poema tenderá a ser substituída por uma modalização da forma de entender a poesia nova nos primeiros textos dos integrantes do grupo Noigandres. Passado o momento inicial, já não se ressaltará a utilidade, o poema como veículo de propaganda comercial ou objeto decorativo integrado à moderna arquitetura. Como dizia Haroldo já em maio de 1957, o poema concreto se vai valer de uma "linguagem afeita a comunicar o mais rápida, clara e eficazmente o mundo das coisas" para "criar uma forma", criar "um mundo paralelo ao mundo das coisas – o poema"[19].

Na mesma linha, Augusto de Campos escrevia, assinalando uma mudança significativa de perspectiva, quanto à integração da poesia na vida quotidiana e conquista do público:

18. Haroldo de Campos, "olho por olho a olho nu", manifesto publicado conjuntamente com o de Décio Pignatari, há pouco referido. Encontra-se reproduzido no mesmo volume.
19. Haroldo de Campos, "Poesia Concreta – Linguagem – Comunicação"; reproduzido em Augusto Campos et alii, *Teoria da Poesia Concreta*, pp. 70-85.

Mesmo quando circunstancialmente divorciada do grande público, como hoje, (e nesse caso a missão social da poesia estaria limitada a um plano mais alegórico do que factivo) é de crer-se que a poesia possa intervir, ainda que *a posteriori*, à medida que o tempo vá permitindo a absorção das novas formas, no sentido de pelo menos compensar o atrofiamento da linguagem relegada à função meramente comunicativa[20].

Nesse momento, o poema concreto, objeto autônomo, "paralelo ao mundo das coisas", comunicaria imediatamente a sua própria forma nova. E apenas ela. A introdução do conceito de *alegoria* é o ponto de virada. A relação entre a poesia concreta e a tradição e entre a poesia concreta e o mundo contemporâneo – e essa é a resposta, portanto, à questão angustiosa de como fazer coincidir a vanguarda erudita com a arte adequada ao mundo dos *mass media* – passa a ser uma relação regida por um "como se". O poema concreto é produzido como se fosse um produto industrial; ao mesmo tempo deve ser lido como se fosse o herdeiro erudito da principal linha evolutiva da literatura ocidental. Cabe ao leitor – a um leitor por suposto bem aparelhado culturalmente – juntar os elementos indicativos dessas vinculações para compor "a provável estrutura conteudística relacionada com o conteúdo-estrutura do poema concreto". Assim concebido, o poema concreto é proposto simultaneamente como a "fisiognomia de nossa época" e como esperança de futuro, na medida em que, incompreendido pelo grande público, seria comunicativo *a posteriori*, quando, absorvido, pudesse ser um antídoto ao atrofiamento da linguagem meramente comunicativa.

A Poesia Concreta ocupa, dessa maneira, após um primeiro momento de aposta na comunicação, o lugar clássico da vanguarda.

Já agora, por conta da orientação do grupo Noigandres no que diz respeito à constituição, função e destinação do poema concreto, nasce a primeira quebra do movimento: ao mesmo tempo que, em 1958, Augusto de Campos, Haroldo de Campos e Décio Pignatari sistematizam o projeto da Poesia Concreta no "Plano Piloto para a Poesia Concreta", Reinaldo Jardim e Ferreira Gullar se afastam do núcleo principal, por meio do lançamento da dissidência denominada Neoconcretismo, que se erguia justamente contra a intransitividade da Poesia Concreta e a redução do poema a uma questão de técnica de linguagem.

O Neoconcretismo tampouco teve longa duração e seu principal teórico e poeta, Ferreira Gullar, em breve tentaria resolver pelo pólo oposto o pro-

---

20. Augusto de Campos, "A Moeda Concreta da Fala", texto publicado em 1.9.1957; reproduzido em Augusto Campos et alii, *Teoria da Poesia Concreta*, pp. 111-122.

blema do tempo: a inserção da poesia na vida quotidiana, a eliminação da distância entre o autor e o leitor.

Antes, porém, de tratar desse outro momento, vale a pena considerar com mais atenção a Poesia Concreta e, em especial, a obra dos três poetas cujos manifestos foram comentados.

Noigandres

Desde logo, é preciso frisar que a expressão Poesia Concreta não designa, no Brasil, um tipo de poesia, e sim um dos vetores de força mais relevantes da literatura brasileira (e talvez mesmo da cultura, como um todo, pois é bastante relevante o impacto do Concretismo nas artes plásticas e da Poesia Concreta na música popular e mesmo na propaganda) ao longo da segunda metade do século XX.

Na história desse movimento cultural, é possível encontrar vários nomes bem conhecidos. Em primeiro lugar, os irmãos Campos e Décio Pignatari. Em seguida, Ferreira Gullar, Ronaldo Azeredo e Wlademir Dias Pino, que também participaram da Exposição Nacional de Arte Concreta. A esse núcleo principal se acrescentam ainda outros poetas, como José Lino Grünewald e Pedro Xisto. E ainda, em algum momento, Mário Chamie e o veterano Cassiano Ricardo.

Mas, se é verdade que todos esses nomes integram a história da Poesia Concreta, também é verdade que é o grupo Noigandres original o que se mantém como o mais unido, ativo e influente no debate nacional ao longo de quatro décadas, sendo a sua intensa atividade de produção de poesia, crítica e tradução rotulada usualmente de "concreta" ou "concretista".

Também é certo que é em relação ao grupo Noigandres que se vão definir os demais autores, ao longo do tempo. Assim, enquanto Azeredo e Grünewald, bem como Edgard Braga e Pedro Xisto, se integram ao primeiro núcleo concretista, ou dele se aproximam muito, Gullar e Dias Pino dele se afastam, liderando grupos e movimentos que se apresentam como recusa e alternativa à "ortodoxia" ou "dogmatismo" dos poetas paulistas: o Neoconcretismo e o Poema-Processo.

Nesse sentido, a história da Poesia Concreta é principalmente a história daquele grupo de poetas da revista Noigandres: a história das suas produções, bem como das suas alianças e disputas com outros movimentos culturais e projetos de poesia de vanguarda no Brasil.

As questões centrais da Poesia Concreta podem ser resumidas e compreendidas a partir de dois pontos de vista: os pressupostos históricos e literários e os produtos resultantes da sua prática poética, isto é, o que denominamos "poema concreto".

Dos pressupostos já se tratou da forma possível num trabalho desta natureza. Quanto ao "poema concreto", de que se reúnem vários exemplos na antologia, a primeira constatação a fazer é que esse nome costuma designar objetos bastante diferentes entre si. Considerando apenas a obra de Augusto de Campos, por exemplo, é notável que sejam qualificados de "concretos" textos como "Greve", "Ovonovelo", "O Anti-ruído", "Luxo", "Pluvial" e "Tensão". O que há em comum entre eles? O fato de utilizarem poucas palavras (ou pedaços de palavras) e de elas virem dispostas espacialmente de modo a valorizar o tamanho e a forma dos caracteres tipográficos, bem como as semelhanças fônicas entre as palavras ou fragmentos de palavras. Mas isso é tudo, pois nem mesmo é possível dizer que todos abandonam a sintaxe da língua natural e a substituem pela justaposição espacial; ou que a ordenação espacial seja, a rigor, geométrica.

Poesia Concreta não é, portanto, o nome de um conjunto de procedimentos, mas de uma prática poética e crítica orientada por alguns princípios e negações que é possível reconhecer na variedade dos textos e que são reafirmados por um discurso teórico-crítico contínuo, aguerrido e persuasivo.

Na base da reflexão concretista parece estar a postulação de que a forma privilegiada da realização poética moderna é a forma impressa, isto é, de que a poesia dos novos tempos da modernidade industrial dos anos 1950 e 1960 é basicamente um objeto de forma gráfica e de que o consumo da poesia inclui necessariamente a atividade visual. É esse postulado que embasa a reivindicação central da Poesia Concreta: a de que a ordenação espacial deve ter precedência sobre a ordenação sintática do poema. É ele que informa os princípios concretos de racionalidade e economia de meios expressivos, bem como o de que a poesia deve comunicar basicamente a sua própria estrutura. É também sobre ele que se apóiam as recusas enfáticas à sintaxe e à musicalidade das cadências regulares das linguagens naturais como base da organização do poema, bem como da metáfora e do desenvolvimento discursivo, descritivo ou argumentativo. Face ao primado do visual, o verso, medido ou livre, já não atenderia às necessidades da sensibilidade moderna, não passaria de um momento já obsoleto na "evolução crítica de formas", cujo produto, como se lê no "Plano-Piloto", de 1958, é a Poesia Concreta.

Do ponto de vista da produção poética, após o primeiro momento de produção ainda no âmbito da Geração de 45, o grupo da revista *Noigandres* passará por várias "fases" ou momentos programáticos. Entre a Exposição Nacional e os primeiros anos da década de 1960, tem-se o que se costuma denominar a "fase ortodoxa" do movimento. Essa "fase", que se caracteriza, do ponto de vista teórico, pela afirmação polêmica dos princípios concretistas, caracteriza-se, do ponto de vista da produção poética, pela elaboração de poemas regidos por uma clara estrutura geométrica, e pelo esforço de intransitividade do texto, que só remete à sua própria forma ou princípio de composição.

A partir de 1961, tem-se o que se costuma denominar a fase do "salto participante", na qual os procedimentos de composição concretista passam a ser encarados como uma "forma revolucionária", capaz de expressar um "conteúdo revolucionário". Ou seja, a "comunicação de formas" deixa de ser o objetivo exclusivo, e as estruturas geométricas passam a nomear temas sociais: fome, greve, lucro, servidão etc. É o momento mais frouxo da Poesia Concreta, seja do ponto de vista teórico, seja do ponto de vista poético.

Nesse momento de intensa politização da vida brasileira, a reaparição do tema do divórcio entre o leitor e o público se faz de forma dramática, justamente na fala de Décio Pignatari num congresso de crítica literária, quando se faz a proposta de alteração de rumos: "A poesia concreta vai dar, só tem de dar, o pulo... Quando – e quem – não se sabe. Nem se será percebido, numa sociedade onde a poesia, sobre ser gratuita, é clandestina...[21]".

Ao longo dos primeiros anos da Poesia Concreta, por conta das edições restritas, mas também por conta do impacto da teorização, da crítica e das atividades de tradução, bem como de certo boicote crítico que era muito sensível ao longo dos anos de 1970, a poesia de Haroldo de Campos, Augusto de Campos e Décio Pignatari praticamente ficou em segundo plano[22]. Apenas na segunda metade da década de 1970 essa poesia foi reunida em volumes de grande circulação e passou a estar disponível a público mais amplo[23]. A reunião do percurso poético de cada um patenteia também o final do projeto concretista, precipitada talvez pela falência teórica do "salto participante",

---

21. O texto da comunicação se encontra reproduzido em Décio Pignatari, *Contracomunicação*, São Paulo, Perspectiva, 1971, pp. 107-108.

22. Sobre esse aspecto, ver Paulo Franchetti, *Alguns Aspectos da Teoria da Poesia Concreta*, Campinas, Editora da Unicamp, 1993, p. 17. O livro reproduz a tese de mestrado defendida na Unicamp em 1982.

23. Haroldo de Campos, *Xadrez de Estrelas – Percurso Textual 1949-1974*, São Paulo, Perspectiva, 1976; Décio Pignatari, *Poesia pois é Poesia 1950/1975*, São Paulo, Duas Cidades, 1977; Augusto de Campos, *Vivavaia (Poesia 1949-1979)*, São Paulo, Duas Cidades, 1979.

momento a partir do qual cada poeta reafirma as linhas de força individuais, tornando difícil a referência a suas obras como Poesia Concreta.

Haroldo de Campos desenvolve uma poesia caracterizada pela riqueza vocabular, pela grande carga imagética e pelo retorno à discursividade espacializada, à maneira de *Un coup de dés*; Décio Pignatari caminha na direção oposta, propondo um novo tipo de objeto artístico, o "poema semiótico", composto não de palavras, mas de puras formas geométricas associadas a palavras ou a frases por meio de uma legenda (por ele denominada "chave léxica"); já Augusto de Campos passa a construir "popcretos" – isto é, objetos visuais baseados nos processos de colagem da arte *pop* – e poemas que se estruturam sobre o desenho e a exploração da tipologia. Posteriormente, Haroldo volta a escrever poemas em versos livres, publicando um dos mais notáveis volumes do tempo, *Crisantempo* (1998), em que é grande a carga memorialista, e por fim se dedica à composição de um poema épico em tercinas de decassílabos rimados ou toantes (*A Máquina do Mundo Repensada*, 2000). Augusto, nos livros posteriores à reunião de 1979, prossegue produzindo uma poesia na qual a visualidade tem um papel central, mas que já não recusa a frase cadenciada e mesmo a frase banal. A junção de uma forma discursiva com a experimentação visual, que desenvolve, para cada poema, uma espécie de codificação *ad hoc* produz como resultado um tratamento visual que funciona, para usar a denominação de Philadelpho Menezes, como uma "embalagem"[24]. Não obstante o que possa haver, dessa perspectiva, de puramente decorativo nessa poesia de maturidade, suas coletâneas posteriores *Despoesia* (1994) e *Não* (2003), além de constituírem um desenvolvimento coerente da produção anterior do poeta, marcada pela busca constante de novas possibilidades técnicas, ainda radicalizam a proposição de que a vanguarda é um momento de negatividade forte (assinalada já no título dos volumes) e de recusa às necessidades do mercado[25].

A versatilidade, a erudição e o alto nível técnico explicam a sua contínua presença no centro das discussões sobre a poesia brasileira do século XX. De

---

24. Por "poema-embalagem", o autor designava o texto em que "o signo verbal retoma a sua potencialidade lingüística, articulado sintaticamente, ainda que nos moldes da sintaxe tradicional, e semanticamente carregado, enquanto a visualidade fica reduzida a sua função gráfica e retiniana". Cf. Philadelpho Menezes, *Poética e Visualidade: Uma Trajetória da Poesia Brasileira Contemporânea*, Campinas, Editora da Unicamp, 1991, pp. 118 e segs.

25. A respeito, ver o ensaio de Marcos Siscar, "A Crise do Livro ou a Poesia como Antecipação", em Eduardo Sterzi (org.), *Do Céu do Futuro: Cinco Ensaios sobre Augusto de Campos*, São Paulo, Marco Editora, 2006.

fato, basta observar atentamente o percurso poético e a produção teórica, crítica e tradutória por eles desenvolvida para constatar desde logo que é insustentável a visão estereotipada que deles se tentou fixar como um grupo fechado rigidamente em torno de algumas regras de escola. Pelo contrário, o que é notável é o grande esforço de atualização e inovação teórica, bem como a disposição experimental. Isso fez do "Concretismo de São Paulo" uma espécie de pai devorador, que incorporou, redefiniu e levou adiante as proposições e experiências dos movimentos de vanguarda nascidos do seu próprio proselitismo.

Nenhuma apresentação da Poesia Concreta poderia deixar de sublinhar a importância do pensamento crítico dos Noigandres, bem como a da sua atividade como tradutores. Além da sua produção poética, cumpre destacar três outras frentes de ação, por meio das quais os Noigandres produziram grande impacto na cultura brasileira. A primeira é a intensa atividade crítica de Haroldo de Campos, que combateu com vigor a visada nacionalista e a hegemonia da aproximação sociológica à literatura, especialmente a sua versão paulista, sedimentada na Universidade de São Paulo[26]. A segunda é a atuação de Décio Pignatari no campo da teoria lingüística e literária, por meio do estudo e divulgação principalmente das idéias de Charles Sanders Peirce no Brasil. A terceira é a atividade tradutória dos três Noigandres, que resultou na formação de um repertório poético que orientou as gerações subseqüentes e formou, por afinidade ou contraposição, o gosto ainda hoje dominante no Brasil[27].

---

26. Alguns títulos fundamentais: *A Arte no Horizonte do Provável e Outros Ensaios*, São Paulo, Perspectiva, 1969; *A Operação do Texto*, São Paulo, Perspectiva, 1976; *Metalinguagem: Ensaios de Teoria e Crítica Literária*, São Paulo, Cultrix, 1976 (4ª edição, ampliada: *Metalinguagem & Outras Metas*, São Paulo, Perspectiva, 1992); *Morfologia do Macunaíma*, São Paulo, Perspectiva, 1973; *ReVisão de Sousândrade* (com Augusto de Campos), São Paulo, Invenção, 1965 (3ª ed. ampliada: São Paulo, Perspectiva, 2002); *O Seqüestro do Barroco na Formação da Literatura Brasileira: O Caso Gregório de Matos*, Salvador, Fundação Casa de Jorge Amado, 1989.

27. Listam-se, a seguir, os títulos mais importantes: *Ezra Pound: Antologia Poética* (1968) e *Mallarmé* (1974), por Haroldo de Campos, Augusto de Campos e Décio Pignatari; *Panaroma do Finnegans Wake* (1962), *Maiakóvski: Poemas* (1967), *Poesia Russa Moderna* (1968) e *Traduzir e Trovar* (1968), por AC e HC; *Dante: Seis Cantos do Paraíso* (1976), *Qohélet– o-que-sabe (Eclesiastes)* (1990), *Bere´shith: A Cena de Origem* (1993), *Hagoromo de Zeami: O Charme Sutil* (1994), *Escrito sobre Jade* (1996), *Pedra e Luz na Poesia de Dante* (1998), *Ilíada de Homero*, vol. 1 (2001), *Ilíada de Homero*, vol. 2 (2002), *Ungaretti: Daquela Estrela à Outra* (2003), *Éden: Um Tríptico Bíblico* (2004), por HC; *Mais Provençais: Raimbaut e Arnaut* (1982), *Paul Valéry: A Serpente e o Pensar* (1984), *Porta-retratos: Gertrude Stein* (1990), *Rimbaud Livre* (1992), *Rilke: Poesia-Coisa* (1994), *Hopkins: A Beleza Difícil* (1997), *Poem(a)s - e.e. cummings* (1999), por AC; *Marina Tsvietáieva* (2005), por DP.

Decorrências da Poesia Concreta

Do grupo inicial concretista logo se cria uma primeira dissidência, centrada na recusa ao "cientificismo" e ao "positivismo" dos Noigandres. Na verdade, uma recusa à opção pela intransitividade e pela assunção do lugar vanguardista, com prejuízo da integração do poema na vida quotidiana, que se afirma em 1958, quando do lançamento do "Plano-piloto para a Poesia Concreta".

A reação, cujos principais autores são Ferreira Gullar e Reynaldo Jardim, tem, do ponto de vista da prática poética e do debate de idéias, seu ponto de maior interesse na concepção do poema como "não-objeto", isto é, como experiência que inclui necessariamente a participação construtiva do leitor, por meio da interação física, da manipulação dos seus materiais, etc.

Embora vá originar, a partir de 1959, uma significativa produção artística, o Neoconcretismo, em poesia, não apresenta, a não ser do ponto de vista de uma copiosa e pouco convincente argumentação teórica, real novidade em relação ao que foi apresentado na Exposição de 1956-1957 e à obra posterior do núcleo principal da Poesia Concreta.

Na seqüência, o Neoconcretismo se vai aproximar bastante da instalação artística, da arte conceitual. E é nisso que reside a sua originalidade, no que toca ao desenvolvimento das premissas concretas: na expansão do conceito de poema a um conjunto de atitudes e práticas não-verbais. O melhor exemplo dessa originalidade talvez seja o "Poema Enterrado", de Ferreira Gullar. Essa obra de 1959 era um cômodo subterrâneo, de forma cúbica, no centro do qual havia um grande cubo vermelho; este envolvia, por sua vez, um cubo menor, de cor verde, que envolvia um terceiro, de cor branca, em cuja face inferior o leitor poderia descobrir a palavra "rejuvenesça".

A dissensão neoconcretista ergue uma bandeira que também é brandida pela Poesia Práxis, movimento poético surgido no começo dos anos 1960.

A Poesia Práxis, que se autodenominava "vanguarda nova", pouco tem a ver com a primeira Poesia Concreta, tanto do ponto de vista dos pressupostos, quanto dos procedimentos compositivos. Mas é, como o "salto participante", uma tentativa de síntese ou compromisso entre as duas maiores tendências da poesia dos anos 1960: a "participação social" e a "vanguarda", isto é, o formalismo programático.

Seu principal expoente, Mário Chamie, é poeta de notável coerência de processos, pois já em poemas dos seus primeiros livros se encontram as principais características do movimento futuro. Um bom exemplo é "Olho no Espelho", do volume *Configurações* (1956). Aí já se encontra o desenvolvimento paralelístico do poema, tão característico da Poesia Práxis, que faz da estrofe a unidade principal, sem prescindir, necessariamente, do verso discursivo. Nos livros posteriores do autor, já na fase programática, apenas se acentua o caráter autodemonstrativo do poema, que explicita desde logo a sua própria dinâmica formal.

Na sua estrutura básica, o poema-práxis, tal como praticado por Chamie, consiste numa sentença nominal justaposta a outra sentença nominal, de modo a produzir um contraste e um choque – uma montagem, portanto. Os segmentos justapostos, por sua vez, se organizam de forma a valorizar o paralelismo sintático e/ou a paronomásia.

O custo, para o leitor, é o aumento da previsibilidade das combinações e desenvolvimentos, pois é tal a sua rigidez e regularidade que a leitura parece usualmente apenas a confirmação do já anunciado. Também é constante e ostensivo o caráter "participante" ou "social" da Poesia Práxis, que incessantemente denuncia a desumanidade da vida moderna, do capitalismo, da exploração do operariado e do campesinato, etc.

Como boa parte da poesia "engajada" do tempo, também a Poesia Práxis testemunha, além do imperativo ético da denúncia da injustiça social, a necessidade catártica da consciência burguesa ilustrada nos anos de chumbo do Brasil. Necessidade essa que freqüentemente se resolve num tipo de poesia que sobrevive mal ao momento e às razões da sua produção.

Dos poetas ligados originalmente ao projeto Práxis, construiu obra pessoal Armando Freitas Filho. Embora nos primeiros livros permanecesse prisioneiro da paronomásia e da aliteração – que constituíram a marca da filiação ao campo das vanguardas – o poeta foi gradualmente caminhando de volta às dicções maiores de Carlos Drummond de Andrade, de João Cabral de Melo Neto e Ferreira Gullar. Editor de Ana Cristina Cesar, Armando Freitas Filho ouviu também o chamado da poesia de notação existencial e confessional que caracterizou uma tendência da poesia brasileira dos anos 1970 e 1980. O ponto alto de sua obra, no qual os vários vetores de força se conjugam, é *Fio-terra* (2000), livro estruturado de modo a potencializar o movimento que é o geral da sua poesia: dissolver a energia bruta captada no registro do quotidiano na energia coletiva da tradição poética. Do ponto de vista técnico, o traço distintivo do poeta é a maestria com que maneja um tipo de verso baseado no suspense e surpresa da quebra sintática e rítmica e que parece, por isso, de corte arbitrário. Operando a suspensão brusca do discurso no final do texto ou no meio de um bloco de sentido, dando destaque à palavra rara, alterando subitamente o registro, e empregando o ana-coluto e a elipse como princípios de composição, sua poesia de maturidade representa uma superação seja da dicção previsível da Poesia Práxis, seja da dicção lacunar por ausência de estrutura e método, que caracterizou a quase totalidade da chamada "poesia marginal" dos anos de 1970 e 1980.

Uma última decorrência da vanguarda concretista é o Poema-Proces-so, cujo vulto proeminente é Wlademir Dias Pino, um dos participantes da Exposição de 1956. Lançado em final de 1967, com a usual exposição e os necessários manifestos, o Poema-Processo caracteriza-se desde o início pela recusa radical à discursividade. Tão radical que chega à literalidade: no início de 1968 os criadores do Poema-Processo destroem publicamente livros de poetas "discursivos" seus contemporâneos nas escadarias do Teatro Nacio-nal, no Rio de Janeiro.

Propondo-se combater tanto a discursividade quanto a poesia "tipográ-fica" concretista, o Poema-Processo visa, em última análise, a uma poesia sem palavras, ou, pelo menos, a uma poesia em que o signo verbal ocupe um lugar de importância secundária. Por isso mesmo estende de forma inaudita o sentido da palavra "poema", a ponto de poder denominar "poema" a uma passeata ou outra performance coletiva, bem como um objeto gráfico des-provido de letras ou palavras. Nesse sentido, o Poema-Processo representa a retomada e a exacerbação do ideal integrativo do momento de formulação do projeto concretista. "Só o consumo é lógica. Consumo imediato como antinobreza", lê-se num de seus documentos principais[28].

Visto de hoje, o Poema-Processo, do ponto de vista da produção e da re-flexão sobre a cultura, parece, no que ele teve de significativo, apenas um eco exacerbado e espetacular – "o poema/processo é uma posição radical dentro da poesia de vanguarda. É preciso espantar pela radicalidade", dizia o seu documento matricial[29] – das formulações e experiências mais conseqüentes e radicais levada a cabo, pouco antes ou simultaneamente, pelos poetas con-cretos do grupo Noigandres e pelo neoconcretismo de Ferreira Gullar.

O Outro Lado da Geração de 45

Embora a denúncia da incomunicabilidade da poesia seja recorrente a partir da conferência de João Cabral e produza como corolário a afirmação

---

28. "Proposição", texto de 1967. Reproduzido em Heloísa Buarque de Hollanda,. *Impressões de Via-gem – CPC, Vanguarda e Desbunde: 1960-1970*, São Paulo, Brasiliense, 1980.

29. "Processo – Leitura do projeto", texto de 1968. Reproduzido em *Impressões de Viagem, op. cit.*

PÓS-TUDO: A POESIA BRASILEIRA DEPOIS DE JOÃO CABRAL

da existência de um fosso entre o poeta e o público, a queixa de ausência de público para a poesia se produz e restringe a um âmbito específico: o da poesia que não abdicava do que Mário de Andrade, numa conferência de 1942, entendia como a grande conquista modernista, "o direito permanente de pesquisa estética"[30].

Ao mesmo tempo, ao lado e ao largo dos debates teóricos da vanguarda, continuava a existir no Brasil um público significativo para a poesia. Especialmente para a que repetia ou renovava as formas, os temas e mesmo a dicção da poesia de extração romântica ou parnasiana, como, por exemplo, em nível alto, a coletânea *Livro de Sonetos*, que Vinícius de Moraes publicou em 1957, e, em nível baixo, a obra completa de um fenômeno editorial hoje esquecido, J. G. de Araújo Jorge[31].

Mesmo para contemporâneos de João Cabral, integrantes da vertente socialmente empenhada da Geração de 45, a questão da ausência de público aparecia de forma menos dramática, ou não aparecia. Era o caso, para só referir os mais conhecidos, de dois poetas que dispuseram, e ainda dispõem, de público fiel e relativamente amplo: Thiago de Melo e Moacyr Félix[32].

A "poesia participante", aliás, será talvez, em fins da década de 1950 e início da seguinte, mais característica da chamada "Geração de 45" do que a produção erudita ou intimista, mas em qualquer caso distanciada da tematização dos problemas sociais, com que a tradição historiográfica brasileira

---

30. "O Movimento Modernista", reproduzido em Mário de Andrade, *Aspectos da Cultura Brasileira*, São Paulo/Brasília, Martins/Instituto Nacional do Livro, 1972.

31. Vinícius de Moraes (1913-1980) estreou na poesia com o livro *O Caminho para a Distância*, em 1933. A partir dos anos 1950, dedica-se também à carreira musical, sendo um dos criadores da bossa-nova. Foi, também por conta da projeção da música, um dos poetas populares do tempo. J. G. de Araújo Jorge (1914-1987) publicou o primeiro livro em 1934. Até a sua morte, lançou duas dúzias de livros de poemas e organizou antologias de sonetos, nacionais e traduzidos. Versando desde a lírica amorosa mais singela e edulcorada até a poesia social e declamatória, esse locutor de rádio e deputado foi um fenômeno de vendas: por exemplo, de seu livro *Amo!*, cuja primeira edição saiu em 1938, fizeram-se nove edições, num total de 80 000 exemplares. Quando se refere a persistência do gosto pela poesia de extração romântica ou parnasiana no Brasil – tanto quando se trata da difusão da prosa romanesca – não é possível esquecer a vastíssima produção espírita nacional. Nesse filão, o caso mais notável é o sucesso duradouro do *Parnaso de Além-túmulo*, volume publicado pela Federação Espírita Brasileira que reúne, "psicografados" por Francisco Cândido Xavier, poemas póstumos de uma grande gama de poetas brasileiros e portugueses românticos, parnasianos e simbolistas. O livro, que vem tendo reedições sucessivas desde 1932, está na 18ª edição, tendo sido comercializados, até 2006, cerca de cem mil exemplares.

32. Thiago de Melo (1926-) estreou em 1947 com *Coração de Terra*; seus livros mais conhecidos são: *Faz Escuro, mas eu Canto* (1965), *Poesia Comprometida com a Minha e a Tua Vida* (1975) e *Os Estatutos do Homem* (1977). Moacyr Félix (1926-2005) estreou com *Cubo de Treva* (1948) e publicou, entre outros, *Canto para as Transformações do Homem* (1964).

274 ESTUDOS DE LITERATURA BRASILEIRA E PORTUGUESA

fixou o seu retrato. Tanto é assim que, quando o Centro Popular de Cultura lança os "Violões de Rua" (1962-1963), na coleção "Cadernos de Cultura", entre os colaboradores principais se encontram, além de poetas egressos do Modernismo, como Cassiano Ricardo e Vinicius de Moraes, expoentes daquela geração: Paulo Mendes Campos, Moacyr Félix e Geir Campos.

Do ponto de vista da reflexão sobre o tema, central nos anos de 1950-1970, da relação do poeta com o seu público e das estratégias poéticas derivadas dessa reflexão, a leitura do Anteprojeto do Manifesto do Centro Popular de Cultura, de 1962, é imprescindível. Contra o pano de fundo das discussões da vanguarda, o Manifesto vem propor "o dever de impor limites à atividade criadora", sempre que houver conflito entre a sua dinâmica própria e "o que é exigido pela luta objetiva"[33]. A idéia de público é agora uma idéia de eleição de público. A comunicabilidade, portanto, não é um valor abstrato, pois só faz sentido tendo em mente o público correto, isto é, "o povo". A subordinação da criação e das questões formais ao destinatário justifica o controle completo da produção: "feitas as contas, a troca de uma liberdade vazia de conteúdo por uma atividade consciente e orientada a um fim objetivo é feita a favor dos interesses do próprio artista em sua qualidade de criador". E o argumento prosseguia: "de modo algum somos artistas impedidos de dizer o que queremos pelo fato de só dizermos o que pode ser ouvido".

Concebido como combate ostensivo contra "a liberdade do artista de minorias", o texto repõe a questão aflorada por Cabral, na conferência de 1954:

a chave que elucida todos os problemas relativos às possibilidades formais da arte ilustrada e da arte revolucionária é descoberta quando se compreende que o ato de criar está determinado em sua raiz pela opção original a que nenhum artista pode se esquivar e que consiste no grande dilema entre a expressão e a comunicação[34].

A solução proposta no manifesto do Centro Popular de Cultura, assim, radicaliza a proposta de Cabral no sentido oposto ao operado pela Poesia Concreta. Agora, o caminho para a comunicação não passa pela incorporação dos *mass media*, mas, sim, pela exploração sistemática e exclusiva das formas literárias tradicionais e mais difundidas entre o público-alvo do discurso revolucionário. Daí o ressurgimento instrumental do poema em versos medidos e das formas e gêneros mais vulgarizados. Daí também a aproxima-

33. O documento se encontra reproduzido em *Impressões de Viagem*.
34. *Impressões de Viagem, op. cit.*, p. 135.

ção, ao CPC, de poetas emblemáticos da Geração de 45, cultores de formas e gêneros tradicionais.

A década de 1960 – em cujo centro se situa o golpe militar que extinguiu a vida democrática por vinte anos no Brasil – vai se articular, do ponto de vista artístico, em torno desses dois pólos contrários de atração: a vanguarda autonomista e o imperativo de submeter a dinâmica própria da arte ao objetivo de ação política. Se a eles se acrescentar um terceiro, que é a integração da arte ao mercado de consumo, propiciada e exigida pelo avanço dos meios de comunicação de massa, obtêm-se as balizas entre as quais se moverá a mais significativa produção literária brasileira de meados do século XX.

A trajetória de Ferreira Gullar dá bem uma idéia da tensão entre esses lugares de força e do seu poder de atração: tendo sido um dos criadores do Concretismo e o principal expoente do Neoconcretismo, abandona a vanguarda em nome da participação social, no começo dos anos 1960, dedicando-se à composição de poemas panfletários, escritos na forma do poema de cordel (*João Boa-Morte, Cabra Marcado para Morrer*; *Quem Matou Aparecida*), e à redação do ensaio *Cultura Posta em Questão*. Já no final da década de 1970 e início da de 1980, trabalhará para a Rede Globo de Televisão, realizando adaptações de obras teatrais e escrevendo capítulos para programas seriados exibidos pela emissora. Por fim, será colaborador da grande imprensa, atuando hoje como cronista da *Folha de S. Paulo*.

Ao longo desse trajeto acidentado, de mudanças bruscas de orientação, Gullar afirma, a partir de *Dentro da Noite Veloz* (1975), a sua dicção característica e a forma particular do seu verso, que persistirá até seus livros mais recentes: a partição da frase em segmentos breves, de intenção icônica, semafórica ou simplesmente rítmica, na qual as orações se organizam segundo as cadências básicas da tradição do verso português. Ou seja, a sua não é apenas poesia para ser lida em voz alta. É poesia para ser lida em voz alta e cadenciada segundo os metros preferenciais da tradição portuguesa: aqueles cujo ritmo, ao longo dos séculos, tornou-se quase uma segunda natureza. Talvez por conta disso, Gullar acrescenta tanto os seus poemas, quando os oraliza. Ouvindo-o, a entonação levemente oratória impõe a dicção própria dos seus versos, que submete a superfície do desenho do poema na página às seqüências mais características da tradição da língua portuguesa: as redondilhas e, principalmente, os dois tipos de decassílabos definidos no Renascimento.

Nesse sentido, e também pelos temas e pelo tratamento deles, Gullar se apresenta como herdeiro direto da poesia do segundo Modernismo. Nessa poesia que se afirmou, ao longo do tempo, como a de mais amplo e fiel público dentre as suas contemporâneas, destacam-se, como constantes, o gosto de nomear as ações do quotidiano e aferir o seu peso na memória individual, a busca do sentido pessoal e contingente em todo ícone cultural ou religioso, a celebração do imperfeito, do sujo, de tudo o que traz a marca da luta do homem pela vida, bem como a afirmação da solidariedade e do espanto frente à beleza.

A Persistência da Memória

Também ligado às vanguardas, porém mais próximo da Geração de 45, é Mário Faustino, uma das figuras importantes da poesia brasileira no início dos anos de 1950. Prematuramente desaparecido, sua poesia, de extração poundiana, não teve talvez tempo de amadurecer e afirmar-se num caminho próprio. Companheiro de viagem dos poetas concretos, teve, entretanto, participação muito marcante na atualização do repertório poético brasileiro, por meio da atuação na imprensa periódica: entre 1956 e 1959, manteve no *Jornal do Brasil* uma página literária intitulada "Poesia-Experiência", na qual desenvolveu intensa atividade de crítica e de tradução de poesia, que ajudou a determinar os rumos da literatura brasileira subseqüente[35].

Da Geração de 45, a vertente convencional e classicizante teve, ao longo do período, a sua melhor realização na poesia de Hilda Hilst. Nela, não há que procurar uma dicção própria – a não ser talvez nos poemas de inspiração grotesca. A qualidade maior dessa poesia é a sua competência técnica, que a destaca como um ponto alto de realização da poética de 45, com seu gosto pela língua castiça e pelo exercício das formas tradicionais. De sabor lusitanizante, essa poesia tem ganhado leitores, nos últimos anos, principalmente a partir da projeção – graças a um esforço editorial bem-sucedido – da autora como prosadora de primeira linha.

Já a vertente propriamente neoparnasiana da Geração de 45 responderá, ao longo da segunda metade do século XX e até hoje, por uma ampla floração poética facilitadora e mesmo medíocre, que entende a "tradição" como domínio escolar da rima, da métrica e de algumas formas fixas. Por fazer do conservadorismo sua bandeira e apresentar-se, portanto, como simultâneo

---

35. A produção crítica e as traduções de Mário Faustino foram cuidadosamente recolhidas em dois volumes por Maria Eugenia Boaventura: *Artesanatos de poesia: Fontes e Correntes da Poesia Ocidental* (São Paulo, Companhia das Letras, 2004) e *De Anchieta aos Concretos: Poesia Brasileira no Jornal* (São Paulo, Companhia das Letras, 2003).

antídoto às vanguardas dos anos 1950/1960 e à desqualificação literária que terá lugar nos anos 1970, seus integrantes vêm progressivamente conquistando um lugar ao sol na Academia e no mercado editorial.

Nessa linha de força da poesia contemporânea brasileira, que atende à persistência do gosto beletrista, o mais consistente é Bruno Tolentino. Mas, afora o interesse isolado de alguns poemas narrativos de caráter didático ou ensaístico, e de passagens nas quais o tom geral elevado cede à irrupção do coloquial e do banal, produzindo um efeito cômico e grotesco, a leitura da sua poesia é de regra tediosa[36]. Especialmente a mais recente, que se esgota na demonstração de sua habilidade no manejo do verso e das formas fixas tradicionais e na abundante referência a lugares, obras de arte e pessoas célebres. O resultado da conjugação dessas características dominantes é um travo persistente de novo-riquismo cultural, que já foi descrito como "deslumbramento do poeta de província acolhido nos salões dos grandes, no centro da cultura".

Distinguindo-se, por um lado, dos herdeiros diretos das vanguardas e, por outro, da aluvião dos neoparnasianos, e tampouco mantendo laços estreitos com a poesia engajada, destacam-se, no período, alguns poetas que conseguiram, no influxo da Geração de 45, encontrar caminho próprio e voz pessoal, algumas vezes por meio da renovação do diálogo com a obra dos poetas surgidos nas décadas de 1920 e 1930.

Apresentando-se em continuação de certo coloquialismo modernista, com a novidade de ser uma espécie de poesia do alumbramento doméstico, da apologia do pequeno, do simples e quase do simplório, a poesia de Adélia Prado foi, há algumas décadas, amplamente lida e acolhida na instituição universitária, sendo objeto de várias comunicações e teses acadêmicas. No entanto, não é uma poesia que pareça sofrer bem a passagem do tempo. Hoje a sua leitura joga para o primeiro plano sobretudo aquilo que envelheceu, mas que responde pela ressurgência do interesse da obra, já agora no registro dos livros de sabedoria de apelo popular.

Deve-se ainda referir aqui José Paulo Paes, o mais velho dos integrantes desta antologia, que desenvolveu, a partir de uma estréia no âmbito da Geração de 45, um sincretismo curioso, que faria ampla escola: uma poesia na qual

---

36. A leitura generosa desse contraste foi feita por Alcir Pécora, na resenha "Gesto Besta, Sublime Intangível" (*Folha de S. Paulo*, 11 de maio de 2003, Suplemento "Mais!"), da qual foi retirada ainda a citação que encerra o parágrafo. A propósito, ver ainda o artigo de Marcos Siscar, "Tolentino Recusa Modernidade e Prega 'Contra-reforma' Poética", *Folha de S. Paulo*, 22 de julho de 2006, caderno "Ilustrada".

o gosto pelo poema-piada de extração modernista e do aforismo se combina a uma estilização elegante do minimalismo e da visualidade concretista.

Menos conhecido, Armindo Trevisan é poeta muito desigual, passando do pieguismo pietista ou moralizante a poemas de notável sopro lírico no interior de um mesmo livro. Nos momentos altos, é poeta de peso, mostrando-se capaz de renovar o arsenal metafórico tradicional, na linha dos segundos modernistas, como Murilo Mendes e Augusto Frederico Schmidt. Sofre, porém, além da irregularidade, do mal de ser, voluntária ou involuntariamente, um poeta quase confinado ao seu torrão, publicado o mais das vezes por editoras de distribuição regional, o que talvez explique que não tenha ainda recebido a atenção que merece.

Também nesse conjunto é preciso destacar o nome de Orides Fontela, que tem em comum com Paes a preferência pelas formas breves e com a Geração de 45 a fixação temática nos emblemas tradicionais do poético. Desde o primeiro livro, de 1969, Orides Fontela, entretanto, manifesta a sua solução própria aos impasses da dicção elevada da poesia atemporal, que se fixa a partir do livro seguinte (*Helianto*, 1973). Daí em diante, seus poemas se constituem usualmente de poucas frases breves, submetidas ao corte brusco do verso (que às vezes já nem parece verso, pois se compõe de uma só palavra ou sílaba) e ao arranjo espacial dos fragmentos, de modo a destacar palavras isoladas ou paralelismos fônicos ou sintáticos. O que a distingue dos contemporâneos, evidentemente, não é esse aproveitamento amaneirado dos procedimentos vanguardistas (que são moeda comum na época e ao longo de todos os livros da autora), mas o tom da sua poesia. Seu laconismo assume por vezes um caráter oracular, sentencioso, de que não é ausente certa nota de persistente gosto simbolista, e mesmo *kitsch*, como já se notou[37]; outras vezes, permite a construção de poemas permeados de elipses, nos quais os rápidos traços descritivos produzem o efeito de uma contemplação despojada que lembra a poesia oriental e as atitudes normalmente associadas, na moda do tempo, ao budismo zen[38].

---

37. A persistência simbolista foi registrada por Antonio Candido, no prefácio ao livro *Alba*. O *kitsch*, por Vinicius Dantas: "A Nova Poesia Brasileira & a Poesia", *Novos Estudos Cebrap*, n. 16, dez. 1986.

38. Vinicius Dantas, no ensaio referido, descreveu assim a combinação particular que constitui essa poesia: "a poesia de Orides persegue os ouropéis do translúcido mas, ao mesmo tempo, não oculta a astúcia da fatura: já que sua poesia é decorativa, ela não evita escolhos do tipo 'anárquica primavera' e vulgaridades tais que trufam seus versinhos". Daí que o crítico a avalie como poesia contemporizadora, capaz de exercer grande fascínio para "os inimigos da vanguarda", constituindo, na verdade, "mais um romantismo azedo para quem degusta a modernidade poética sob fórmulas convencionais e apaziguadoras" (*op. cit.*, pp. 53 e 52).

Um poeta de interesse é Leonardo Fróes, que conjuga de modo particular o gosto da forma tradicional do verso e da metáfora de extração surrealista com o apelo à experiência do quotidiano e à contemplação da natureza como fonte da poesia. Dessa conjunção de fatores, resulta uma obra que apresenta alguma proximidade com a de Armindo Trevisan. Nos seus dois primeiros livros, de final da década de 1960, ouvem-se ainda muito distintamente os ecos dominantes no momento. A impressão é de que esse "poeta fino de temperamento participante" tateia o terreno: aqui ressurge João Cabral, ali Drummond, um pouco por toda a parte a base metafórica e discursiva da Geração de 45. A partir de meados da década seguinte, instaura-se uma dicção nova, de forte marca surrealista, que se realiza principalmente na prosa poética, que comparecerá intercalada aos versos nos livros subseqüentes. Nesses, porém, nunca deixa de haver um namoro – o mais das vezes irônico, porém outras apenas concessivo – com a dicção empostada de 1945. Os melhores momentos de sua obra, que não é extensa, parecem dividir-se entre os dois pólos mais fortes e, até o momento, não conciliados: os poemas (e principalmente a prosa poética) nos quais o fluxo discursivo se organiza sobre seqüências de metáforas violentas e é sensível a influência da poesia *beat* norte-americana, à qual se dedicou como tradutor; e os poemas de caráter mais objetivo e descritivo, à maneira de William Carlos Williams ou de alguma poesia clássica oriental, que livremente recriou. Ausente da vida literária e, principalmente, do que nela se confunde tão amiúde com o *marketing* editorial, Leonardo Fróes vem construindo uma obra de repercussão modesta, mas de bastante individualidade.

O Centro e a Margem

"Curiosamente, hoje, o artigo do dia é poesia." Assim começava a apresentação, datada de 1975, de uma antologia que era também um anúncio e balanço precoce do que passará a ser conhecido, no Brasil, como "poesia marginal"[39].

Num texto escrito cinco anos antes, um dos antologiados, Roberto Schwarz, anotava, sobre o período que se seguiu à implantação da ditadura, em 1964:

---

39. Trata-se do volume *26 Poetas Hoje*, seleção e introdução de Heloísa Buarque de Hollanda, Rio de Janeiro, Labor, 1976.

280   ESTUDOS DE LITERATURA BRASILEIRA E PORTUGUESA

Apesar da ditadura da direita há relativa hegemonia cultural da esquerda no país. [...] Os intelectuais são de esquerda, e as matérias que preparam de um lado para as comissões do governo ou do grande capital, e do outro para as rádios, televisões e os jornais do país, não são. É de esquerda somente a matéria que o grupo – numeroso a ponto de formar um bom mercado – produz para consumo próprio[40].

Em fins de 1968, o regime militar recrudesceu, promulgando o Ato Institucional nº 5, que inaugurava uma nova fase de autoritarismo, na qual as notícias, os espetáculos artísticos, a publicação de livros e a circulação das idéias no interior da universidade passaram a ser rigidamente controlados.

É com esse quadro em mente que se devem ler e avaliar as proposições da apresentadora da antologia *26 Poetas Hoje*:

Há uma poesia que desce agora da torre do prestígio literário e aparece como uma atuação que, restabelecendo o nexo entre poesia e vida, restabelece o nexo entre poesia e público. Dentro da precariedade de seu alcance, esta poesia chega na rua [sic], opondo-se à política cultural que sempre dificultou o acesso do público ao livro de literatura e ao sistema editorial que barra a veiculação de manifestações não legitimadas pela crítica oficial.

[...]

No plano específico da linguagem, a subversão dos padrões literários atualmente dominantes é evidente: faz-se clara a recusa tanto da literatura classicizante quanto das correntes experimentais de vanguarda que, ortodoxamente, se impuseram de forma controladora e repressiva no nosso panorama literário.

As palavras estão todas aí: subversão, recusa à política cultural, à repressão e ao controle oficial sobre o artista. Seu sentido, porém, já não guarda relação com o que esses termos significavam, por exemplo, na arte engajada dos anos de 1960. As formulações vagas sobre o que seja o público e a política cultural que "sempre dificultou" o acesso ao livro não são privilégio da organizadora da antologia, mas percorrem os textos dos seus representantes, mesmo os mais preparados profissionalmente para lidar com a reflexão sobre a cultura, como o poeta e professor de teoria literária Antonio Carlos de Brito (Cacaso). Nisso, todos parecem falar em uníssono: a "poesia jovem" se define como oposição imediata não em relação ao centro do poder político, mas a um centro muito específico, identificado ao sistema editorial e à "crítica oficial". A repressão denunciada diretamente por ela, assim, não

---

40. Roberto Schwarz, "Cultura e Política, 1964-1969: Alguns Esquemas", *O Pai de Família e Outros Estudos*, Rio de Janeiro, Paz e Terra, 1978, p. 62.

é a do aparelho do Estado, mas a da aliança da vanguarda ortodoxa com o classicismo, e se daria tanto no campo editorial e crítico quanto no campo da expressão individual.

A propósito, detectava Cacaso, em 1978, "um grave problema cultural e social no Brasil de hoje: a escalada da marginalização, que barra ao escritor, sobretudo se for estreante, e mais ainda se for poeta, o direito de ter seu trabalho editado e distribuído em condições normais"[41]. Do seu ponto de vista, o "poeta jovem" dos anos 1970, barrado pelo sistema editorial, e opondo-se a um "mundo oficial" – no qual apareciam confundidas as instituições políticas da ditadura, o discurso neoparnasiano de 1945 e os programas e realizações da vanguarda – contra eles reagia assumindo uma dupla marginalidade: no plano dos "pressupostos materiais e institucionais de sua existência", assumia "pessoalmente os riscos de edição e distribuição"; e "no plano independente da linguagem" – talvez mesmo em função dos riscos da distribuição – promovia a desqualificação do propriamente literário, por meio da proposição de "uma quase coincidência entre a poesia e a vida"[42].

O resultado (ou sentido) político dessa marginalidade poética era apresentado nestes termos:

O efeito de distensão e afrouxamento operado neste movimento contém, virtualmente, os germes da atitude revolucionária diante da cultura: esta deixa de ser tratada como fetiche, como algo apartado e alheio à vida, para recuperar seu posto e significado na continuidade viva da experiência social. Tudo somado, aponta para uma situação que contém uma *utopia*: a distribuição manual do livro, ainda que a

---

41. Antonio Carlos de Brito, "Tudo da Minha Terra", *Almanaque*, n.º 6, 1978; reproduzido em *Não Quero Prosa*, Campinas/Rio de Janeiro, Editora da Unicamp/Editora da UFRJ, 1997. Soa curiosa essa reivindicação do *direito* do estreante ser publicado em "condições normais", considerando os dados da história recente. De fato, não só os poetas "oficiais" da vanguarda nunca dispuseram de editores para sua poesia – o que fizera Décio Pignatari, usando o mesmo tipo de associação, falar em tradição *samizdat* da Poesia Concreta –, mas tampouco tiveram editores para os primeiros livros as figuras mais destacadas do período. João Cabral de Melo Neto, por exemplo, imprimira com as próprias mãos a *Psicologia da Composição*, em 1947; Manuel Bandeira, por sua vez, publicou por conta, em 1936, *A Estrela da Manhã*, numa edição de cinqüenta exemplares, e em 1940, prestes a ser admitido na Academia Brasileira de Letras, bancou a publicação da *Lira dos Cinqüent'Anos*; Drummond igualmente publicara em edição particular, como era de conhecimento geral, *Alguma Poesia*, em 500 exemplares, e *Sentimento do Mundo*, com tiragem de 150 exemplares.

42. A identificação simultânea da Poesia Concreta e da poesia engajada com o "oficialismo" é proposta por Cacaso em vários momentos, mas com especial clareza e ênfase no artigo "Atualidade de Mário de Andrade", publicado na revista *Encontro com a Civilização Brasileira*, n. 2, de agosto de 1978. O artigo se encontra reproduzido no volume citado há pouco, pp. 154 e ss.

troco de algum dinheiro, atenua muito a presença do mercado, modificando funcionalmente a relação entre obra, autor e público e reaproximando e recuperando nexos qualitativos de convívio que a relação com o mercado havia destruído.

Analisado à distância, ressalta desse discurso, em primeiro lugar, a fragilidade conceitual. Em segundo, a alegoria rala do discurso engajado em que ele se constitui, pelo uso sistemático de termos que remetem ao universo político. Em terceiro, a impressão de descolamento da realidade que ele produz, na medida em que o mercado da poesia aparece como sólida instituição capitalista no Brasil. Não espanta, nesse quadro, que os nexos qualitativos a recuperar entre o leitor e o público sejam descritos como "uma conversinha", que o ideal seja ter a poesia como assunto do mesmo nível do "futebol e a vida alheia" e que, do ponto de vista técnico, a poesia marginal possa ser proposta como "uma poesia que requebra". O ponto de chegada de tal percurso teórico é a seguinte concepção de poesia, expressa por Cacaso na análise do livro de outro ícone do movimento, Ricardo de Carvalho Duarte (Chacal): "Escrever poesia é o mesmo que brincar com as palavras, do mesmo modo que jogar futebol é brincar com a bola, do mesmo modo que viver é, de certa forma, brincar, vadiar".

Do ponto de vista da realização poética, a obra de Cacaso reduz-se a um explorar sistemático das facilidades modernistas: o coloquialismo extremo, temperado com um fundo de piada e uma percepção "esperta" do traço brasileiro, usualmente reduzido à combinação surpreendente do arcaico com o moderno. A cinqüenta anos de distância, as ousadias de um Oswald ou de um Mário, já plenamente historizadas pela crítica, convertiam-se nos livrinhos de Cacaso, como nos de seu colega Chacal, em receita e eram repetidas com um ar malandro e não desprovido de certa graça infantil[43].

Roberto Schwarz, companheiro de geração e de poesia de Cacaso e Francisco Alvim, disse do primeiro que "ele andava atrás de uma poesia de tipo

---

43. Um balanço das aporias políticas e do nível de realização da "poesia marginal" se encontra no ensaio de Iumna Maria Simon e Vinicius Dantas, "Poesia Ruim, Sociedade Pior", *Novos Estudos Cebrap*, n. 12, junho de 1985, pp. 48-61. Preciso nas análises de caso, o ensaio sofre, entretanto, de uma visada em última análise tributária da concepção lukacsiana da literatura como reflexo da sociedade, que a hipálage do título só reforça. Dessa perspectiva, a literatura de uma sociedade ruim e, sobre ruim, periférica, tem de ser ruim, tanto quando diz quanto quando não diz. Está condenada *a priori* ao fracasso enquanto mimese artística, exceto se encontrar o pulo-do-gato, que parece ser a sua condição de sobrevivência nos países periféricos: colocar-se ainda mais "fora do lugar" do que a ideologia que tem de superar, assumindo um anacronismo estratégico ou exercendo uma espécie de teratologia voluntária, para colocar-se em fase com a monstruosidade e o atraso que visa representar e, em última análise, criticar.

sociável, próxima da conversa brincalhona entre amigos"[44]. Na mesma passagem, estendia a reflexão à poesia do grupo: "um emendaria o outro, tratando de tornar mais engraçada e verdadeira uma fala que pertencesse a todos, ou não fosse de ninguém em particular. Era um modo juvenil de sentir-se à vontade e a salvo das restrições da propriedade privada".

A descrição de Schwarz ressalta um aspecto da "poesia marginal", na sua versão engajada, que parece essencial em qualquer descrição: a sua redução a poesia em curto-circuito, já não agora para um público amplo, como antes de 1968, mas para um grupo restrito de pares, animados dos mesmos referenciais, crenças e objetivos[45].

Desse grupo, o poeta que se destacou ao longo dos anos foi Francisco Alvim. Como Schwarz, Alvim se dirige a um público evidentemente educado, que se diverte no trânsito entre as línguas, ironiza pequenas fofocas palacianas, se reconhece na experiência do tédio burocrático, aprecia a crítica elíptica dos maus costumes nacionais e valoriza uma forma específica de incorporação do popular: o *ready-made* que, por contraste com o resto, acaba produzindo freqüentemente um retrato entre irônico e sentimental (e às vezes culpado) do vulgar. O melhor leitor previsto nesse tipo de procedimento de montagem é o que é capaz de, desprezando a trivialidade e a repetição exaustiva do procedimento, interessar-se mais pela intenção de alegorizar o país que está presente nestes recortes frasais e nessa sistemática oposição dos registros. Ou seja, o leitor ideal da poesia de Alvim é o que está disposto a descobrir-lhe ou ressaltar-lhe a intenção paródica e política, e a apostar, dessa forma, que nisso reside algum tipo de excelência poética, de que seus poemas participam.

O último livro do poeta, *Elefante*, representa um momento de afirmação dos vetores de força principais da obra do poeta: de um lado, a afirmação de uma atitude "antipoética", que se materializa no gosto pela recolha da frase feita, do lugar-comum discursivo ou de expressões típicas de uma classe ou ambiente social; de outro, a manutenção, em alguns momentos, de uma dicção mais alta, em que ressurge uma sintaxe, uma imagética e uma dicção mais tradicionalmente identificadas como "poéticas". A evolução de Alvim

---

44. Roberto Schwarz, "Pensando em Cacaso", *Seqüências Brasileiras*, São Paulo, Companhia das Letras, 1999, p. 212.

45. Era a esse grupo de pares que Schwarz dava sua contribuição poética e engraçada, na construção de uma fala que "não fosse de ninguém em particular", com poemas como este: "*Jura* / Vou me apegar muito a você / Vou ser infeliz / Vou lhe chatear" (*26 Poetas Hoje, op. cit.*, p. 71) e *Passeata* / PAU NO IMPERIALISMO / ABAIXO O CU DO PAPA (Schwarz, *Corações Veteranos*, s/e., 1974).

284 ESTUDOS DE LITERATURA BRASILEIRA E PORTUGUESA

tem-se processado no sentido de reduzir o número de textos desse último tipo – que é onde está, sem dúvida, o melhor de sua poesia – e de acentuar o gosto pelo poema constituído por "achados" irônicos ou mordazes, alegóricos da má-formação brasileira, que se deixa ler como encenação minimalista das "idéias fora do lugar", conceito-chave da sua geração para interpretar a história nacional e propor um caminho para o país[46].

Ao lado de Alvim, avulta a figura de Ana Cristina Cesar, poeta, tradutora e professora de literatura, que se suicidou aos 31 anos de idade, em 1983.

No prefácio de um de seus livros, *A Teus Pés*, escreve seu editor, o poeta Armando Freitas Filho: "'Escrevo in loco, sem literatura', afirma A. C. em texto inédito. Esta frase sucinta revela toda sua práxis de escritora".

Na verdade, é o contrário disso o que ressalta da leitura da sua poesia, na qual abundam alusões e apropriações de textos e nomes emblemáticos da cultura ocidental: Baudelaire, Elisabeth Bishop, James Joyce, Gertrude Stein, Walt Whitman, Bandeira e Drummond, para só mencionar alguns[47].

"Sem literatura" é antes a forma literária por excelência de Ana Cristina Cesar. Ou, olhando por outro ângulo: autobiografia, registro imediato, fala confessional são configurações literárias da sua produção *in loco*. Escrever "*in loco*, sem literatura" não é, portanto, uma declaração que aspira à descrição da verdade, mas um desejo de estilo. Um desejo de efeito de verdade. Ou seja, um ideal literário. No caso, como mostra a história da recepção ampla da sua obra, um ideal atingido.

O desarranjo interior, a volubilidade da linguagem, o amor proibido, a angústia com a passagem rápida do tempo, tudo isso se conjuga com a estrutura frouxa e lacunar dos textos como índices de impossibilidade. Índices esses que adquirem excepcional força, em virtude do destino da autora, e acabaram por ser lidos de modo muito particular e significativo, num registro próximo do trágico.

Entretanto, a leitura atenta da sua obra publicada e da que ficou inédita e fragmentária permite ver, por cima da sedução biográfica determinada pelo gesto último, um consistente trabalho de elaboração poética, que redunda

---

46. A propósito das "idéias fora do lugar", ver Roberto Schwarz, *Ao Vencedor as Batatas*, São Paulo, Duas Cidades, 1977. Na avaliação dos rumos da poesia de Alvim, retoma-se aqui o artigo "O Poema-cocteil e a Inteligência Fatigada", publicado no jornal *O Estado de S. Paulo*, em 5 de novembro de 2000.

47. No final de *A Teus Pés*, um "índice onomástico" lista, sem referência de páginas, os autores incorporados ao texto da autora: são 23 nomes, 11 estrangeiros e 12 brasileiros.

num estilo próprio, distante do ideal *naïf* da massa dos autores "marginais"[48]. Um estilo que, por um lado, parece radicar em T. S. Eliot e Ezra Pound, no que diz respeito à incorporação de fragmentos de terceiros, transcritos ou livremente traduzidos; e que, por outro, explora (ou manipula, talvez fosse melhor dizer) o tom e a forma confessional, que é a marca do próprio tempo. O resultado é uma construção ambígua, na qual se misturam as instâncias elocutivas e o que conta é o jogo dos vários tons e registros justapostos, o seu contraponto e o sentido (ou ausência de sentido) que um adquire pela proximidade e contaminação do outro[49].

Fora esses poetas, o valor individual da vasta produção "marginal" do período parece pequeno ou nulo. Ao mesmo tempo, ela é notável como movimento coletivo: animada pela desqualificação e facilitação literária, e apoiada na proposição de que a expressão direta do cotidiano e das angústias juvenis era uma forma de protesto político, a "poesia marginal" encontrou no público universitário crescente um receptor simpático, produzindo no Brasil um momento de grande difusão da poesia, em exposições, revistas e antologias de novíssimos.

Nos círculos "oficiais" (ou, pelo menos, nada "marginais"), por sua vez, o acolhimento não se fez esperar: não só a instituição universitária abrigou e mesmo estimulou a realização de eventos consagrados à nova poesia, mas também o mercado editorial cedeu-lhe o espaço tão almejado nos primeiros tempos, como mostra a publicação dos seus principais poetas por uma editora de prestígio e de mercado[50]. Por fim, coube à indústria cultural difundi-la amplamente, já em 1982, por meio do volume *Poesia Jovem, Anos 70*, publicado na coleção "Literatura Comentada", da Abril Educação[51].

---

48. E principalmente do poema-piada, sobre o qual escreveu: "*A lei do grupo* / todos os meus amigos / estão fazendo poemas-bobagens / ou poemas-minuto" (transcrito em Flora Süssekind, *Até Segunda Ordem não me Risque Nada: Os Cadernos, Rascunhos e a Poesia-em-vozes de Ana Cristina Cesar*, Rio de Janeiro, Sette Letras, 1995, p. 17).

49. Sobre o método de Ana Cristina Cesar, ver *Até Segunda Ordem....*

50. A Editora Brasiliense publicou, no começo dos anos 1980, Chacal, Francisco Alvim, Wally Salomão, Alice Ruiz, Ledusha, Ana Cristina Cesar, Paulo Leminski.

51. Um rápido levantamento das relações da "poesia marginal" com as instituições culturais se encontra no texto "Um Quase Histórico do Movimento: A Hora e a Vez da Poesia", de autoria de Heloísa Buarque de Hollanda e Carlos Alberto Messeder Pereira, que abre o volume da coleção "Literatura Comentada". Publicada pelo segmento educacional do gigante da imprensa periódica brasileira, a coleção era vendida em bancas de revista do país todo. Compunham-se os livros de uma breve introdução crítica, uma antologia anotada, um quadro de época e, por fim, exercícios escolares de compreensão dos textos. Com a publicação desse pequeno volume, assim, graças à sua enorme distribuição, a "poesia marginal" passou a ser referência comum e se colocou ao alcance do público, de Norte a Sul do país.

286 ESTUDOS DE LITERATURA BRASILEIRA E PORTUGUESA

Nesse sentido, ao menos nos limites da classe média ilustrada, a "poesia marginal" foi bem-sucedida, como estratégia de refazer os laços do poeta com o público, a ponto de tornar o poeta jovem que vendia seus próprios versos e promovia *happenings* nos lugares consagrados da cultura uma figura conhecida, incorporada inclusive como personagem típico do folclore urbano pela principal forma de cultura de massas no Brasil, a novela de televisão.

Outras Margens

Dentre os poetas arrolados na primeira antologia da "poesia jovem", um havia que se distinguia dos demais: Roberto Piva. De fato, nada mais distante de sua prática poética do que a facilitação da linguagem para aproximar a poesia do leitor ou a definição da marginalidade como a sonegação de um direito de ocupar o centro. Sua poesia, a de maior originalidade desde os concretos, nada parece ter a ver com qualquer dos quatro pontos cardeais da poesia do período em que começa a escrever: não tem afinidades com as vanguardas, não se aproxima da poesia politicamente comprometida, não tem parentesco com o beletrismo neoparnasiano e apenas pelo fato de não se enquadrar em nenhuma das correntes anteriores deve ter sido assimilada à "poesia marginal".

Por outro lado, se há, no conjunto de autores apresentados em *26 Poetas Hoje*, algum que poderia fazer jus à denominação "marginal", esse autor é Roberto Piva. Sua poesia se origina de referências não muito usuais na poesia brasileira sua contemporânea. As mais imediatas e mais importantes são o surrealismo e os *beats* americanos. Ao mesmo tempo, trata-se de uma poesia que não abdica da referência erudita, que está presente todo o tempo em seus poemas, nem do aproveitamento dos motivos e dos ritmos tradicionais do verso. O resultado da combinação dessas referências é uma poesia poderosa e sensualmente desregrada, caracterizada pela metaforização exuberante, pelo elogio do alucinógeno, do xamanismo, pela composição por livre associação, pela ausência de censura e pelo homossexualismo escancarado, tudo isso vazado em versos cadenciados, sem a contenção prudente encontrável nos descendentes da vanguarda, nem na gaiolinha dourada das fórmulas neoparnasianas. Perto dessa obra, que permaneceu de fato marginal (senão maldita até muito recentemente), os "poetas marginais" seus contemporâneos de antologia acabam mesmo por parecer garotos instalados na "perspectiva estável de uma sala de jantar da classe média"[52].

---

52. Aproveita-se aqui a imagem utilizada por Iumna M. Simon e Vinicius Dantas no ensaio já re-

POS-TUDO: A POESIA BRASILEIRA DEPOIS DE JOÃO CABRAL 287

A segunda antologia que reuniu e difundiu a "poesia marginal" (mas não só) – o volume *Poesia Jovem, Anos 70* – incluiria no grupo um poeta que seria, nos anos seguintes, um dos mais populares e marcantes da literatura brasileira recente: Paulo Leminski.

Seu traço de ligação com a poesia de Alvim, de Chacal ou Cacaso é o informalismo do registro lingüístico, que ora se compraz na frase feita, ora no registro imediato de uma situação vivencial, ora na construção de epigramas que soam mais como *slogans*. Já sua aproximação à Poesia Concreta não deixou rastros significativos na sua poesia, sendo mais sensível na sua obra em prosa, amplamente tributária do experimentalismo vanguardista.

João Cabral de Melo Neto, na conferência de 1952, fez uma observação que poderia aplicar-se à "poesia marginal" como um todo, mas que parece especialmente talhada para definir a de Paulo Leminski:

[...] o autor é tudo. É o autor que ele [o poeta inspirado] comunica por debaixo do texto. Quer que o leitor sirva-se do texto para recompor a experiência, como um animal pré-histórico é recomposto a partir de um pequeno osso. A poesia deles é quase sempre indireta [...]. O poema desses poetas é o resíduo de sua experiência e exige do leitor que, a partir daquele resíduo, se esforce para colocar-se dentro da experiência original[53].

"Caipira cabotino", "polilíngue paroquiano cósmico", "caboclo polaco-paranaense", no dizer de Haroldo de Campos, Leminski foi uma personalidade de grande projeção de *media*: letrista de música popular, tradutor, romancista, biógrafo de Bashô, John Lennon e Jesus Cristo, lutador de judô, poeta, conferencista e agitador cultural. Publicitário de formação, soube tirar o máximo proveito dos meios de comunicação e, ao mesmo tempo, desenvolver uma poesia de caráter epigramático que conjugou, sobre a base da frase de efeito (palavra de ordem, "sacada" esperta ou lema irônico), numa retórica da libertação pessoal, a contestação contracultural, o espontaneísmo e o apelo à irracionalidade "zen-budista", em moda desde a descoberta do pensamento oriental pelos *beats* norte-americanos.

Lida hoje, a poesia de Leminski se ressente da ausência do seu criador. A consideração objetiva dos seus gestos verbais nem de longe permite ter uma idéia da energia que os animava, e que provinha daquilo que não era texto: a

---

ferido, à p. 58. Lá, a imagem era usada para contrastar os poetas marginais brasileiros com os representantes da "*confessional poetry*" americana.

53. João Cabral de Melo Neto, "Poesia e Composição", *Prosa*, Rio de Janeiro, Nova Fronteira, 1998, p. 59.

construção de uma figura pública de alto poder de sedução, graças ao brilho da inteligência, ao ecletismo de princípios e procedimentos e à eficácia da carreira de poeta *pop*, capaz de transitar à vontade entre os *mass media* e os redutos da cultura erudita. Sua poesia tinha assim um caráter essencialmente performático, que tornava já efetivo aquilo que apresentava como ideal futuro: "vai chegar o dia / em que tudo o que diga / seja poesia".

A obra poética de Leminski, por isso, tanto a publicada em vida, quanto a reunida postumamente, exibe com mais clareza, a cada ano, os seus limites, enquanto texto autônomo; ao mesmo tempo, num movimento complementar, vem ganhando maior interesse crítico a sua obra em prosa.

Neste momento, Leminski continua a ser uma presença forte na poesia brasileira, com legião de imitadores, enquanto a poesia de Piva mal começa a ser conhecida fora dos círculos mais estreitos que assistiram ao seu nascimento. Entretanto, tudo indica que será a obra desse último a que, com o decorrer do tempo, acabará por se impor como a mais consistente e original dentre as surgidas à margem tanto do núcleo duro das vanguardas quanto do resistente academicismo beletrista.

Esta História

À medida que se aproximava do momento da escrita, esta narrativa da história da poesia brasileira pós-cabralina precisava estabelecer o ponto de corte, sob pena de a falta de distância crítica dissolver a perspectivação e o comentário dos relevos em mera relação de autores, obras e de tendências ainda pouco definidas. Uma baliza a orientar o corte foi a cronológica, restringindo-se a antologia aos poetas nascidos até 1950[54]. Delimitado o período, o próximo passo foi definir o escopo da antologia, isto é, estabelecer os critérios que presidiriam à escolha dos poetas e, em cada caso, dos poemas. O primeiro critério de escolha, tanto dos poetas quanto dos poemas, foi o interesse da leitura hoje. O segundo foi o da representatividade dentro das linhas de força de desenvolvimento da poesia brasileira. A combinação de ambos garantiu a exeqüibilidade do projeto, por meio da eliminação da ambição panorâmica e renúncia ao inventário.

---

54. A exceção é Ana Cristina Cesar (1952), pois a antologia e a exposição introdutória ficariam prejudicadas sem ela, dado o lugar central que ocupa em certa tendência historicamente importante e dado o fato de que sua obra permanece como referência ativa na definição dos rumos da poesia brasileira de hoje.

O elenco dos autores se construiu, portanto, a partir de um duplo movimento: a redução do espectro aos poetas que pareceram, na leitura do conjunto da poesia brasileira da segunda metade do século XX, mais representativos de uma tendência dada e a não-inclusão de tendências que representam, sem novidade, apenas a repetição ou continuidade rebaixada de atitudes ou pressupostos anteriores à fase nela compreendida[55].

Com tais princípios, a seleção talvez pareça enxuta demais e prenhe de lacunas, do ponto de vista de alguns leitores; e provavelmente a outros parecerá muito ampla e mesmo concessiva. O próprio autor do trabalho oscilou constantemente entre os dois julgamentos, sendo especialmente sensível ao segundo. A forma atual é, entretanto, a que foi possível, dada a dimensão necessária do livro, por um lado, e o seu objetivo, por outro[56].

55. Para o leitor português ao qual se destinava a antologia apresentada por este estudo, não seria grande perda, uma vez que a maior parte dos poetas que não constariam deste volume está publicada em Portugal, senão em livros próprios, ao menos em antologias. Entre as antologias merece destaque a *Antologia da Poesia Brasileira Contemporânea*, que Carlos Nejar organizou, em 1986, para a Imprensa Nacional-Casa da Moeda, na coleção "Escritores dos Países de Língua Portuguesa" e que cobriu aproximadamente o mesmo período recoberto aqui. Esse livro merece destaque não só pelo lugar institucional que advém de ter sido publicado por aquela editora naquela coleção, mas principalmente porque foi constituído por este gesto crítico: "afasta-se esta Antologia, deliberadamente, do vazio formalismo experimental e de todos os *ismos*, na tentativa de revelar ao leitor português o que julgo ser a melhor poesia brasileira desse período". Em face de opções editoriais tão diversas, não espantaria que apenas sete poetas comparecessem simultaneamente entre os cinqüenta e dois do livro de 1986 e entre os dezenove do volume que viria apresentado por este texto.

56. Para maior clareza, listam-se a seguir, com indicação da data de nascimento, os poetas que integrariam a antologia: J. P. Paes (1926), D. Pignatari (1927), H. de Campos (1929), F. Gullar (1930), H. Hilst (1930), M. Faustino (1930), A. de Campos (1931), A. Trevisan (1933), M. Chamie (1933), A. Prado (1935), R. Piva (1937), F. Alvim (1938), A. Freitas Filho (1940), B. Tolentino (1940), O. Fontela (1940), L. Fróes (1941), Cacaso (1944), P. Leminski (1944) e A. C. Cesar (1952).

NOTA BIBLIOGRÁFICA

"As Aves que aqui Gorjeiam: A Poesia Brasileira do Romantismo ao Simbolismo". Introdução a uma antologia da poesia brasileira publicada em Lisboa, que integra a coleção "Curso Breve de Literatura Brasileira", dirigida por Abel Barros Baptista: *As Aves que aqui Gorjeiam: A Poesia Brasileira do Romantismo ao Simbolismo,* Lisboa, Livros Cotovia, 2005. Nesta publicação, aproveitei o título do livro português para denominar a sua apresentação.

"O Sonho Brasileiro de Garrett". Escrito por ocasião do centenário de Almeida Garrett, não ficou pronto a tempo de integrar uma publicação prevista para o ano de 1999. Terminou por ser publicado no jornal *Correio Popular,* de Campinas, em 26 de agosto de 2000.

"*I-Juca Pirama*". Apresentação do poema de Gonçalves Dias, redigida em 2005 para integrar uma publicação conjunta de vários poemas épicos brasileiros, a sair pela Editora da Universidade de São Paulo.

"O Indianismo Romântico Revisitado: *Iracema* ou a Poética da Etimologia". Texto apresentado no simpósio "Local e Global: Literatura e Cultura Ibero-Afro-Americana", no 52º Congresso Internacional de Americanistas, realizado em Sevilha, em julho de 2006. Esse ensaio foi depois muito desenvolvido para servir de introdução do volume: José de Alencar, *Iracema,* apresentação de Paulo Franchetti, notas e comentários de Leila Guenther, São Paulo, Ateliê, 2007.

"A Novela Camiliana". Trata-se da aula do concurso de livre-docência, que prestei no Instituto de Estudos da Linguagem, em agosto de 1999. Essa circunstância responde pelo tom de ostensiva coloquialidade do discurso. O texto, tal como aqui reproduzido, foi a seguir publicado na revista *Leitura: Teoria e Prática*, Campinas, Associação de Leitura do Brasil, ano 18, n. 34, dezembro de 1999. Alguns anos depois, essas idéias foram bastante desenvolvidas no estudo introdutório da edição que preparei do romance *Coração, Cabeça e Estômago*, para a editora Martins Fontes, em 2003.

"História e Ficção Romanesca: Um Olhar sobre a Geração de 70 em Portugal". Texto lido no Colóquio "Literatura e História: Portugal em Foco", na Faculdade de Ciências e Letras da Unesp, em Araraquara, em 25 de abril de 1996. Publicado a seguir na revista *Santa Barbara Portuguese Studies*, Santa Barbara, Center for Portuguese Studies, vol. IV, 1997.

"Oliveira Martins e o Brasil". Texto apresentado, em 27 de março de 1998, no VII Seminário de Estudos Literários, realizado no campus da Unesp, em Assis. Publicado primeiramente em *Voz Lusíada – Revista da Academia Lusíada de Ciências, Letras e Artes*, São Paulo, Academia Lusíada de Ciências, Letras e Artes, n. 10, 1º semestre de 1998, e republicado, com algum acrescentamento, na forma atual, na revista *Remate de Males*, Campinas, Instituto de Estudos da Linguagem, n. 22, 2002.

O Primo Basílio. Estudo introdutório da edição anotada do romance: Eça de Queirós, *O Primo Basílio*, Cotia, Ateliê Editorial, 1998.

"Um Patife Encantador?" Texto publicado em Beatriz Berrini (org.), *A Ilustre Casa de Ramires: Cem Anos*, São Paulo, EDUC, 2000.

"*O Primo Basílio* e a Batalha do Realismo no Brasil". Texto apresentado no 2º Colóquio do Pólo de Pesquisa sobre Relações Luso-Brasileiras do Real Gabinete Português de Leitura, de 26 a 28 de abril de 2004. Publicado a seguir na revista *Convergência Lusíada*, Rio de Janeiro, Real Gabinete Português de Leitura, vol. 21, 2005.

"Etnia e Julgamento Literário: O Caso B. Lopes". Texto apresentado em agosto de 2000, no VII Congresso da Associação Brasileira de Literatura Comparada (Abralic). Publicado a seguir, eletronicamente, na página pessoal do autor. Esta é a primeira publicação em papel.

"Utopias Agrárias na Literatura Brasileira do Começo do Século XX". Texto lido em abril de 1997, no XX Symposium on Portuguese Traditions (Europa, Asia, Africa), realizado na UCLA, em Los Angeles, Califórnia. Publicado eletronicamente em 2000 na página pessoal do autor. Esta é a primeira publicação em papel.

NOTA BIBLIOGRÁFICA

"Um Certo Poeta Japonês." Artigo publicado no suplemento "Cultura", do jornal *O Estado de São Paulo*, em 16 de julho de 1988.

"Wenceslau de Moraes e o Exotismo". Publicado em *Voz Lusíada – Revista da Academia Lusíada de Ciências, Letras e Artes*, São Paulo, n. 4, janeiro-junho de 1995.

"Wenceslau de Moraes e o Haicai." Publicado na revista *Colóquio/Letras*, Lisboa, Fundação Calouste Gulbenkian, n. 110-111, 1989.

"Guilherme de Almeida e a História do Haicai no Brasil." Publicado como prefácio ao livro de Guilherme de Almeida, *Haicais Completos*, São Paulo, Aliança Cultural Brasil-Japão, 1996.

Título	*Estudos de Literatura Brasileira e Portuguesa*
Autor	Paulo Franchetti
Produção Editorial	Aline Sato
Capa	Tomás Martins
Editoração Eletrônica	Amanda E. de Almeida
Revisão	Geraldo Gerson de Souza
Formato	16 x 23 cm
Tipologia	Minion
Papel	Cartão Supremo 250 g/m² (capa)
	Pólen Soft 80 g/m² (miolo)
Número de Páginas	296
Impressão e Acabamento	Prol Editora Gráfica